全国教育科学规划国家一般课题

『民国时期我国私立大学教师薪俸研究』（BOA1600028）成果

借鉴与融合

JIE JIAN YU RONG HE

民国时期私立大学教师薪俸研究

王彦才 ◎ 著

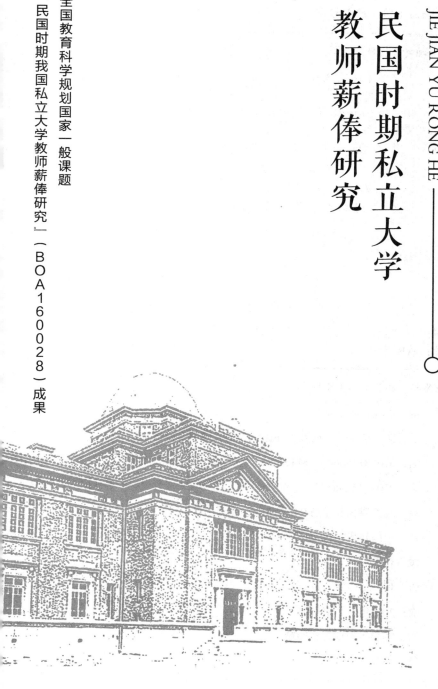

广东省岭南文化研究基地—韶关学院粤北华南教育历史研究中心资助

中国文史出版社

图书在版编目（CIP）数据

借鉴与融合：民国时期私立大学教师薪俸研究 / 王彦才著. -- 北京：中国文史出版社, 2023.5

ISBN 978-7-5205-4020-9

Ⅰ.①借… Ⅱ.①王… Ⅲ.①私立大学－教师－薪金－研究－中国－民国 Ⅳ.①G648.7

中国国家版本馆CIP数据核字（2023）第032020号

责任编辑：刘　夏
封面设计：欧阳春晓

出版发行：中国文史出版社
网　　址：www.wenshipress.com
社　　址：北京市海淀区西八里庄路69号　　邮编：100036
电　　话：010-81136606　81136602　81136603（发行部）
传　　真：010-81136655
印　　装：北京温林源印刷有限公司
经　　销：全国新华书店
开　　本：1/16
印　　张：17　　字　数：284千字
版　　次：2023年6月北京第1版
印　　次：2023年6月第1次印刷
定　　价：48.00元

前　言

　　教师队伍是私立大学办学成败的关键，而教师薪俸是决定教师队伍是否稳定、质量高低的关键因素。当前，一些民办高校教师队伍不稳定，一个主要原因是教师待遇不高。对民国时期我国私立大学教师薪俸问题进行研究，对当前高等学校教师队伍建设有启示作用和参考价值，对当前民办大学的办学具有重要的借鉴意义。本书分为七个部分。

　　"绪论"部分阐释了本书的写作缘由及意义，梳理了国内外研究现状，对相关概念进行了界定，简要介绍了本书的研究思路、方法，以及民国时期我国私立大学发展历程。

　　第一章"民国时期我国私立大学教师队伍建设"，考察了民国时期我国私立大学教师的来源、数量、职称结构，梳理了民国时期我国私立大学教师聘任的制度规范，以及南开大学、厦门大学等私立大学的教师聘任做法，总结了民国时期我国私立大学教师队伍的建设策略。

　　第二章"民国时期我国私立大学经费来源"，分析了民国时期我国私立大学的经费来源情况：主要有社会捐款、学费、政府补助、财产收入、杂项收入等。私立大学经费来源情况受政治、经济、政府政策和人们的思想观念等因素影响很大，各项经费来源所占比重处在不断变化之中，不同私立大学的经费来源情况互不相同。

　　第三章"民国时期我国私立大学教师薪俸分析"，介绍了民国初期及北洋政府时期、南京国民政府时期私立大学教师薪俸状况，分析了民国时期我国私立大学教师薪俸的特点：私立大学教师薪俸差距较大，不稳定，占总支出比例较高。

　　第四章"私立大学教师薪俸与其他行业薪俸比较"，通过对民国时期私立大学教师薪俸与公立大学教师薪俸、公务员薪俸、中小学教师薪俸、工人薪俸进行比较，

1

发现私立大学教师薪俸低于同时期同类公立大学教师的薪俸，实际收入低于公务员的收入，薪俸高于中小学教师和工人的薪俸。

第五章"民国时期私立大学教师兼职考察"，对民国时期私立大学教师兼职情况及原因进行了考察和分析，梳理了民国时期政府对私立大学教师兼职的规范与管理情况，分析了私立大学教师兼职的影响：加重教师负担，影响学风，降低教学质量。

第六章"教师薪俸的影响因素"，探讨了私立大学办学者、学校办学质量对教师薪俸的影响。私立大学办学者筹集经费能力强，学校办学质量高，经费充足，教师薪俸较高且有保障。

目　录

绪 论

一、民国时期我国私立大学研究的背景

选择"民国时期我国私立大学教师薪俸"这一主题进行研究，一方面是因为这是一个需要系统梳理和给予新解的主题，另一方面也是对现在民办高校办学的关注所致，是由现今民办高校教师队伍不稳定所产生的困境所引发。无论是对于民国时期的私立大学，还是当前的民办高校来说，教师队伍都是至关重要的。教师队伍是私立大学办学成败的关键，而教师薪俸是决定教师队伍是否稳定、质量高低的关键因素。当前，一些民办高校教师队伍不稳定，一个主要原因是其教师待遇不高。本着以史为鉴，笔者产生了探讨民国时期我国私立大学教师薪俸的渴望。

新中国成立后，私立大学暂时退出了中国大陆的历史舞台，公立大学"一统天下"。这一时期，教育史研究领域的有些学者"谈私色变"，对私立大学的相关研究及成果可谓凤毛麟角。改革开放以后，这一领域的研究呈现复苏和发展的新局面。20世纪90年代以来，民国时期我国私立大学的相关问题得到越来越多的学者关注，但鲜有学者对该时期我国私立大学教师的薪俸问题进行研究。这一研究领域基本上是一块未开发的处女地。

私立大学是民国高等教育的重要组成部分，值得认真梳理和研究，对该领域进行系统研究非常必要。然而，目前学术界对私立大学的研究比较薄弱，对民国时期我国私立大学教师薪俸问题深入系统的研究更少。本书可以丰富和拓展教育史的研究领域，弥补该领域研究的不足。本书的研究成果将对当前民办大学的办学具有重要的借鉴意义，对当前高等学校教师队伍建设有启示作用和参考价值。

二、国内研究现状

利用中国知网、维普、万方、读秀等数字文献资料库或学术搜索引擎进行文献

检索，以篇名作为检索范围，以"民国""私立大学""教师薪俸"作为关键词，逻辑关系选择"并"，检索结果显示为"0"。可见，目前我国学界对于"民国时期我国私立大学教师薪俸"缺乏深入系统研究，相关研究主要集中在探讨民国时期我国公立大学教师薪俸、私立大学经费来源与使用、私立大学历史发展等问题。

（一）民国时期我国公立高校教师薪俸

很多学者对民国时期我国公立高校教师薪俸进行了探讨。如陈育红的博士论文《民国时期国立大学教师薪俸研究》，余文盛、吴定初的《中国高校教师收入研究（1949—2011）》、葛福强的《民国高校教师待遇的历史考察（1912—1949）》、吴锦旗的《抗战前后大学教授薪酬待遇的变化及其影响》、吴琼的《民国时期教师薪俸的历史演变》等。大多数学者以1937年为界限，来探讨当时公立高校教师的待遇情况。学者们普遍认为，1937年以前高校教师薪俸较高，待遇较好，属于高收入群体。民国前期，尽管不同地区各级各类学校教师薪俸差别较大，但教师的收入较稳定，大学教师的薪俸较丰厚，可以确保他们过着殷实的生活。抗战爆发后，由于受经费紧张、物价上涨等因素影响，高校教师的薪俸及生活水平较之前有很大下降。有学者指出，当时的工资制度不能保障高校教师生活的安定，教师的薪俸不仅远低于全面抗战前，且较同期其他行业所受冲击较为严重，到抗战结束前两年，高校教师的生活水平已降至社会的下层。有学者对私立大学与公立大学教师薪俸进行对比后指出，私立大学教师薪俸本来也应遵照教育部有关规定及公立大学教师薪俸标准发放，但事实上，私立大学教师的薪俸鲜有达到该标准的。

（二）民国时期我国私立大学经费来源与使用

教育经费与教师薪俸息息相关。关于私立大学经费来源，有学者认为，私立大学与公立大学最主要的区别在于教育经费来源不同。公立大学教育经费主要靠政府拨款，其他收入所占比例很小。而私立大学经费来源于多方面，主要有社会捐款、学费、政府补助、财产收入、杂项收入等。其经费来源情况受政治、经济、政府政策、人们思想观念等因素影响很大，各项经费来源所占比重处在不断变化之中。不同私立大学经费来源情况各不相同。关于私立大学经费的使用，有学者认为，私立大学经费主要用于两方面：一是学校创建时的开办费，如购买或租赁校舍，购置仪器设备、教学用具等；另一个是维持学校正常运转的经常费用，如教职工薪俸、办公费、设备费、修缮费、水电费等。有学者总结了私立大学经费使用的主要特点：压缩开支，勤俭节约；机构精简，少聘教职员；充分使用经费，该花的钱决不吝啬；经费使用效率比公立大学高等。也有一些学者对私立大学的经费筹集策略、经费管理体制等进行了探讨。

（三）近代中国私立大学的产生及发展

在涉及这部分内容的著作中，大多数对近代私立大学与各级各类私立学校或教会大学同时进行介绍。有学者对私立大学的产生动因进行了探讨，认为当时私立大学的产生有着深刻的社会历史原因，熊明安的《民国时期私立高等教育的简要评述》和田正平的《关于中国近代私立高等学校的几点思考》指出，中国近代私立高等教育的产生与当时的社会政治、经济、文化发展密不可分。还有的学者认为，私立大学作为现代高等教育的一个组成部分，是伴随着中国社会政治、经济、文化方面的转型发展起来的，民主政体形式建立为私立大学发展创造了条件，市场经济体制的初步发展为私立大学提供了生长空间，自由与民主观念促进了私立大学的发展，开放的社会加速了私立大学的发展。宋秋荣等学者对近代中国私立大学的发展历程、发展的外部环境、发展的政府政策、近代中国私立大学的办学特征和精神、近代中国私立大学的教育和社会功能、近代中国私立大学的制约因素等进行了研究。

三、相关概念界定

1. 民国时期

民国时期指 1912 年中华民国成立至 1949 年中华人民共和国成立这段历史时期。

2. 私立大学

私立大学指教会大学以外的私立大学。中华民国成立后，大学大致分为公立大学和私立大学两种。私立大学包括教会大学（外国人创办的大学）和中国人创办的大学。而本书中的私立大学主要指中国人创办的大学，包括私立大学、私立独立学院、私立专科学校和专门学校等，不包括民国时期港、澳、台和革命根据地的私立大学。以此为研究对象基于以下考虑：一方面，目前学术界对民国时期教会大学的研究及成果较多，对教会大学以外的私立大学缺乏系统深入的研究；另一方面，由于资料方面的原因，近代港、澳、台、革命根据地的私立大学不在本书研究之列。

3. 教师薪俸

本书所指称的"教师薪俸"，是指民国时期私立大学教师得到的，由学校支付的、相对固定的、有明确数额的账面收入，不包括写作等其他方面的收入，与薪水、薪金、薪资等表述同义。

四、本书的研究思路与方法

（一）研究思路

本书的研究难点在于民国时期私立大学教师薪俸相关原始资料的收集。现在有关民国时期私立大学教师薪俸的资料主要收藏在国家图书馆、中国第一历史档案馆、中国第二历史档案馆及各大学的图书馆和档案馆里，比较分散，这方面资料的收集工作既难查找又费时间。本书遵循以下研究思路：首先，全面收集相关资料，选择当时有代表性的几所私立大学进行重点调查；其次，整理、分析所收集和调查的相关资料，全面揭示和总结民国时期我国私立大学教师薪俸的状况、特点和影响因素，并与公立大学教师、中小学教师及其他行业人员的薪俸相比较；最后，总结民国私立大学教师薪俸对教师队伍建设的经验教训，提出现实借鉴意义。

（二）研究方法

本书综合运用文献研究法、调查研究法、比较研究法、个案研究法等研究方法。

1. 文献研究法

对于教育史的研究来说，文献史料的发现、收集、梳理、研究是至关重要的。厘清民国时期我国私立大学教师的薪俸状况，主要依据书面材料来进行，尽量获取第一手资料。本书文献资料来源主要有两类：一类是保存在北京图书馆、南京历史档案馆和一些大学的图书馆、档案馆中的原始资料；另一类是通过各类中文数据库查阅的期刊论文、博士和硕士学位论文。

2. 调查研究法

选择南开大学、复旦大学、厦门大学、同济大学、焦作工学院、上海立信会计学校等当时有代表性的私立大学进行走访调研，寻访当时在私立大学任教的老领导、老教师。

3. 比较研究法

有比较才有鉴别，为了更准确和深入地分析民国时期我国私立大学教师的薪俸状况，本书对民国时期我国私立大学教师薪俸与公立大学教师薪俸、中小学教师薪俸、公务员薪俸、工人薪俸进行比较，从教育学、管理学等角度进行分析，获得了对民国私立大学教师的薪俸状况的客观及全面的认识。

4. 个案研究法

选取南开大学、复旦大学、厦门大学等几所当时有影响力的私立大学，对这些学校的教师薪俸情况进行深入研究，揭示了当时私立大学的教师地位及薪俸对教师队伍建设的影响。

五、民国时期我国私立大学发展历程

近代意义上的私立大学产生于清末，其发展贯穿于民国年间。民国时期私立大学发展历程可分为两个阶段：民国初期和北洋政府时期的私立大学（1912—1927年）、南京国民政府时期的私立大学（1927—1949年）。

（一）民国初期及北洋政府时期的私立大学（1912—1927 年）

辛亥革命推翻了清王朝以及在中国延续了数千年的封建专制政体，建立了资产阶级民主共和国，在中国历史上具有划时代的意义。中华民国建立伊始，政府颁布了一系列有关私立大学的法律法规。1912 年 10 月 22 日，教育部公布《专门学校令》，规定："凡私人或私法人筹集经费，依本令之规定设立专门学校，为私立专门学校。"①1912 年 10 月 24 日，教育部公布《大学令》，规定："私人或私法人亦得设立大学。"②同年 11 月 2 日《公立私立专门学校规程》公布。1913 年 1 月《私立大学规程》公布，这是近代中国关于私立大学的第一个成文法规。至此，政府彻底放开了私人兴办大学的权力。

究其原因，主要有以下几方面：第一，政府财力有限，教育经费紧张，兴建私立大学能够减轻政府的财政负担。第二，中华民国建立以后，民主、共和的观念深入人心，民主政体为近代私立大学的发展提供了理论上的合理性，私立大学的发展遇到了前所未有的宽松环境。第三，有识之士的倡导。如 1912 年 5 月 13 日，蔡元培在《向参议院宣布政见之演说》中强调："私立学校，务提倡而维持之。"

1912—1927 年，曾出现两次兴办私立大学的热潮，第一次出现于 1912—1913 年间；第二次出现于 1917 年，直至 1924 年达到高潮。

（二）南京国民政府时期的私立大学（1927—1949 年）

南京国民政府成立后，私立大学进入一个新的发展阶段。1922 年，新学制规定设一科者也可称为大学，导致了一些私立专科学校盲目升格的状况，为了整顿私立大学盲目设校、质量欠佳的状况，1927 年 12 月，国民政府公布了《私立大学及专门学校立案条例》，要求私立大学重新立案，明确规定"私立大学及专门学校须经中华民国大学院立案"。"凡未立案之私立大学或专门学校，其肄业生及毕

---

①中国第二历史档案馆.中华民国史档案资料汇编.第三辑.教育.南京:江苏古籍出版社,1991：107.
②中国第二历史档案馆.中华民国史档案资料汇编.第三辑.教育.南京:江苏古籍出版社,1991：110.

业生不得与已立案之私立大学及专门学校学生受同等待遇。"①对不符合规定者不予立案，立案后成绩不良或发展无望者，立即撤销立案或令其逐年结束办学。次年2月，政府又公布了《私立大学条例》《私立大学董事会条例》，进一步加强对私立大学的管理和规范。

经过规范和整顿，私立大学办学质量有所提高，盲目办学的现象得到了控制。根据《第一次中国教育年鉴》的有关统计，1931年政府承认的私立大学有10所，占全国大学总数的25%，在校生5 568人，占全国大学在校生总数的20.5%;私立独立学院12所，占全国独立学院总数的35.3%，在校生9 178人，占全国独立学院在校生总数的38.4%;私立专科学校9所，占全国专科学校总数的57.6%。1931年全国私立高校共计31所，占全国高校总数的30%，在校生共计17 924人，占全国在校生总数的39.6%。②（以上数据不包括教会大学）

从1927年到1937年这段时间，战争较少，政局相对稳定，经过规范和整顿，这一时期的私立大学获得了较大的发展。私立大学的发展速度超过了公立大学。在继续发展的同时，通过政府的整顿和规范，私立大学的整体质量得到了提高，进入了相对规范的平稳发展轨道。但由于政府执法不严等种种原因，此时仍不可避免地存在一些办学质量低劣的私立大学。

1937年，抗日战争全面爆发，中国再一次进入战火纷飞的年代，稍有发展的高等教育事业在战争中遭受极大破坏。战争使原本就比较困难的私立大学雪上加霜，这时的很多私立大学处境艰难。对私立大学所处的困境，国民政府给予了力所能及的帮助，除了将南开大学、焦作工学院、南通学院等迁往内地之外，对其他私立大学的内迁也给予了极大的支持。也向私立大学的师生提供了很大的帮助，先后颁布了《省私立专科以上学校战区学生贷金暂行规则》《非常时期国立中等以上学校及省私立专科以上学校规定公费生办法》，对私立大学的大多数学生给予补助，同时对私立大学的教职工进行救济。这一时期的私立大学虽然处境艰难，但总的来说仍处于不断发展之中。

这一时期的私立大学处境艰难，一些私立大学在战火的摧残下被迫停办。平民大学于1937年停办，两江女子体育专科学校由于日军侵华被迫停办，办学条件较好的雷士德工学院在抗战全面爆发后被迫停办，北京美术学院在全面抗战期

---

① （日）多贺秋五朗.近代中国教育史资料民国编（中册）.台北:文海出版社,1976:425-426.
② 第一次中国教育年鉴.丁编教育统计.台北:宗青图书公司,1991:34-39.

间停办，持志大学、北平戏曲专科学校也于1939年、1940年相继停办。另外，还有很多专科学校及未在政府立案的私立大学在这一时期被迫停办。继续存在的一些私立大学步履维艰，如抗战时的中华大学，借古庙培育人才，历尽艰辛。1941年，抗战进入极其艰苦的阶段，国家各项经费都处于紧张状态。中华大学学生增多，校舍紧张，经费更加困难，几百名教职工的生活和吃饭都成了问题。[1] 再如，1937年抗战全面爆发后，光华大学一迁再迁，为了避免日寇的控制与压迫，校方决定将留在上海的学校表面上停办，实际将学校分成"诚正文学社""格致理商学社""壬午补习社"几部分继续办学。使在沪的光华大学得以延续下来。[2] 此外，留在战区的大同大学在学校设施损失严重的情况下，被迫屡次搬迁，学校师生受尽了寄人篱下、颠沛流离之苦。

很多以前办学较好的私立大学经过战争的摧残，整体办学实力下降。抗战结束后，著名的北京铁路学院和东亚体育专科学校的办学水平较以前有较大下降。有些学校虽然办学规模有所扩大，但教学质量却呈下降趋势，如中华大学刚复原回武昌时办学条件很差：校舍遭日军破坏，大学部已经空屋，破烂不堪；小学部已折毁，留下断垣碎瓦，惨不忍睹。连几百套学生桌椅板凳和床铺都不能凑齐，临时将成、德、达、材四斋的地板撬起，放在砖上，当作桌椅。1947年，中华大学师生人数虽然超过战前，但此时教学松散，学校在币值急剧下降、物价天天上涨、师生生活困难、社会秩序紊乱的情况下，教与学几乎停顿。[3]

一些著名私立大学的公立化及一些私立大学的消亡，大大改变了当时公立、私立大学的力量对比，使原本就处于弱势的私立大学进一步呈萎缩之势。

中华人民共和国成立后，在全国范围内展开了有计划、有重点的院系调整，在此过程中，所有私立高校通过并、转等方式被公立高校所接收。至此，在近代中国存在了近半个世纪的私立大学暂时退出了中国大陆的高等教育舞台。

---

①王秋来.中华大学.武汉：华中师范大学出版社，1993：22.
②光华的足迹——光华大学建校七十周年纪念集.上海：华东师范大学出版社，1995：38.
③王秋来.中华大学.武汉：华中师范大学出版社，1993：28 - 30.

第一章

民国时期我国私立大学教师队伍建设

第一节　民国时期我国私立大学教师队伍构成

一、教师来源

民国时期，我国私立大学教师的来源多元化，有外国大学毕业者、本国大学毕业者、师范学校毕业者，还有未上过大学的"自学成才"者。教师来源受多种因素影响，不同类型、不同层次、不同时期的私立大学的教师来源情况不同。以1931年为例，当时外国大学毕业者很受青睐，各大学优先招聘此类人员任教，私立大学、私立独立学院教职员中外国专门大学毕业者所占比例最大，厦门大学的这一比例为62.2%，中法大学为57.4%，朝阳学院为60.3%，上海法政学院为59%，上海法学院为56%。除少数学校，如正风文学院、武昌中华大学外，绝大多数私立大学、私立独立学院教职员本国专门大学毕业者所占的比例小于外国大学毕业者。所有私立大学教职员中，师范学校毕业者人数最少、比例最小，大夏大学、复旦大学、光华大学、上海法学院、正风文学院、华北学院、朝阳学院等学校的教职员中一个师范学校毕业者都没有，详见表1-1、表1-2。

表1-1　1931年部分私立大学教职员来源情况

校别	外国专门大学毕业	本国专门大学毕业	师范学校毕业	其他
大夏大学	66(49.6)	35(26.3)	—	32(24.1)
复旦大学	69(40.4)	57(33.3)	—	45(26.3)
广东国民大学	35(36.1)	28(28.9)	4(4.1)	30(30.9)
厦门大学	46(62.2)	21(28.4)	1(1.3)	6(8.1)
中法大学	89(57.4)	37(23.9)	—	29(18.7)
武昌中华大学	24(31.6)	41(54.0)	3(3.9)	8(10.5)
光华大学	35(42.2)	15(18.1)	—	33(39.7)

续表

校别	外国专门大学毕业	本国专门大学毕业	师范学校毕业	其他
广州大学	46(46.5)	37(37.4)	—	16(16.1)
南开大学	43(37.7)	26(22.8)	5(4.4)	40(35.1)

资料来源:教育部统计室.二十年度全国高等教育统计.上海:商务印书馆,1933:56－57.

注:表中括号外数据代表人数(单位:人),括号内数据代表百分比(单位:%),"—"表示无统计数据。下同。

表1－2 1931年部分私立独立学院教职员来源情况

校别	外国专门大学毕业	本国专门大学毕业	师范学校毕业	其他
焦作工学院	11(25.0)	16(36.4)	3(6.8)	14(31.8)
中国学院	64(31.5)	71(35.0)	10(4.9)	58(28.6)
民国学院	87(54.7)	57(35.9)	5(3.1)	10(6.3)
南通学院	24(27.0)	28(31.5)	5(5.6)	32(35.9)
上海法政学院	43(59.0)	17(23.3)	1(1.3)	12(16.4)
上海法学院	28(56.0)	18(36.0)	—	4(8.0)
正风文学院	3(13.0)	16(70.0)	—	4(17.0)
华北学院	44(48.9)	33(36.7)	—	13(14.4)
朝阳学院	41(60.3)	12(17.6)	—	15(22.1)

资料来源:教育部统计室.二十年度全国高等教育统计.上海:商务印书馆,1933:141－142.

私立专科学校教职员的来源情况则有所不同。由于外国专门大学毕业者优先选择私立大学、私立独立学院等本科院校任教,因此,私立专科学校教职员中本国专门大学毕业者所占比例最大。如1931年,武昌艺术专科学校教职员中本国专门大学毕业者占66.2%,苏州美术专科学校的这一比例为58.3%。其次是其他来源者,中山体育专科学校这一比例为46.9%,新华艺术专科学校这一比例为40.9%。外国专门大学毕业者所占比例较小,中山体育专科学校这一比例为3.1%,东亚体育专科学校这一比例为8.3%。详见表1－3。

表1-3 1931年部分私立专科学校教职员来源情况

校别	外国专门大学毕业	本国专门大学毕业	师范学校毕业	其他
上海美术专科学校	16(23.2)	28(40.6)	1(1.4)	24(34.8)
新华艺术专科学校	13(29.5)	12(27.3)	1(2.3)	18(40.9)
武昌艺术专科学校	8(10.4)	51(66.2)	10(13.0)	8(10.4)
中山体育专科学校	1(3.1)	15(46.9)	1(3.1)	15(46.9)
东亚体育专科学校	6(8.3)	37(51.4)	3(4.2)	26(36.1)
苏州美术专科学校	7(19.4)	21(58.3)	2(5.6)	6(16.7)

资料来源:教育部统计室.二十年度全国高等教育统计.上海:商务印书馆,1933:210-211.

就教师国籍而言,私立大学也有一些外籍教职员。1934年,私立大学教职员总数为4 183人,其中外籍教职员数为542人,占私立大学(包括学院专科学校)教职员总数的13%,[1] 其中大部分外籍教职员在教会大学任教。国人自办的私立大学中外籍教职员人数多少不一,很多学校没有外籍教职员。表1-4显示了1934年部分私立大学外籍教职员人数情况。

表1-4 1934年部分私立大学外籍教职员人数(单位:人)

校别	外籍教职员总数	外籍教员人数	外籍职员人数
震旦大学	61	45	16
武昌华中大学	26	25	1
大夏大学	6	6	0
厦门大学	4	3	1
光华大学	3	3	—
中法大学	2	2	—

---

①教育高等教育司.二十三年度全国高等教育统计.上海:商务印书馆,1936:12、24.

校别	外籍教职员总数	外籍教员人数	外籍职员人数
武昌中华大学	1	1	—
大同大学	0	—	—
复旦大学	0	—	—
南开大学	0	—	—
广州大学	0	—	—

资料来源:教育部统计室.二十三年度全国高等教育统计.上海:商务印书馆,1936:70－71.

注:"—"表示无统计数据。

二、教师数量

中华民国成立之初,百废待兴,高等教育亟须发展。民初几年,专科学校数量激增,但大部分学校规模小、办学质量不高。随着政府对一些专科学校开展整顿,有的专科学校被取消,有的升格为大学。因此,民国时期高校数量呈"一增一减"趋势:即大学及独立学院数量不断增加,专科学校逐渐减少。与之相对应,大学及独立学院教师数量不断增加,而专科学校教师逐渐减少,见表1－5。

表1－5 民国时期高校数量及教员数量

年份	高校数(所)					教员数(人)		
	合计	大学(独立学院)		专科		合计	大学	专科
		公立	私立	公立	私立			
1912	115	2	2	77	34	2 312	229	2 083
1913	116	3	4	76	33	2 467	319	2 148
1914	102	3	4	71	24	2 297	312	1 985
1915	104	3	7	67	27	2 370	319	2 051
1916	86	3	7	55	21	2 036	420	1 616
1917	—	3	7	—	—	—	—	297

续表

年份	高校数（所）					教员数（人）		
	合计	大学（独立学院）		专科		合计	大学	专科
		公立	私立	公立	私立			
1918	89	3	7	58	21	—	—	1 767
1919	—	3	7	—	—	—	—	—
1920	87	3	8	59	17	—	—	1 622
1921	—	4	11	—	—	—	—	—
1922	—	7	11	—	—	—	—	—
1923	—	12	12	—	—	—	—	—
1924	—	20	12	—	—	—	—	—
1925	108	26	24	42	16	7 578	4 669	2 909
1926	—	26	30	—	—	—	—	—
1927	—	23	21	—	—	—	—	—
1928	74	28	21	20	5	5 214	4 567	647
1929	76	29	21	21	2	6 218	5 495	723
1930	86	32	27	21	6	6 985	6 212	773
1931	103	36	37	20	10	7 053	6 183	870
1932	104	38	38	20	8	6 709	5 974	735
1933	108	37	42	20	9	7 209	6 501	708
1934	110	37	42	22	9	7 205	6 447	758

资料来源:教育部统计室.二十三年度全国高等教育统计.上海:商务印书馆,1936:4.

　　随着私立大学数量的不断增加,私立大学教师队伍越来越庞大,成为当时支撑高等教育的一支重要力量。20世纪30年代初期,私立大学进入稳步发展期,据教育部统计,1931年私立大学、私立学院、私立专科学校教职员总人数为3 002人,1932年私立大学教师队伍有了较快发展,私立大学、私立学院、私立专科学校教职员总人数增加为3 970人,1933年增加至4 277人(详见表1-6)。此后,由于抗日战争全面爆发和解放战争的爆发，私立大学教师队伍数量总体上并没有太大增长。

表1-6　1931—1933年私立大学教职员人数统计表（单位：人）

学校类别	1931 年	1932 年	1933 年
私立大学	1 508	2 205	2 409
私立学院	1 135	1 436	1 496
私立专科学校	359	329	372
总计	3 002	3 970	4 277

资料来源：教育部统计室.二十年度全国高等教育统计.上海：商务印书馆，1933：7；教育部.二十一年度全国高等教育统计.上海：商务印书馆，1935：3；教育部统计室.二十三年度全国高等教育统计.上海：商务印书馆，1936：14.

再来看一下当时公立大学教师队伍的情况。1931 年，公立大学教职员人数为 4 051 人，1932 年为 6 284 人，1933 年为 7 010 人，教职员人数逐年增加，详见表 1 - 7。

表1-7　1931—1933年公立大学学校数与教员人数

学校类别	学校数（所）			教职员数（人）		
	1931 年	1932 年	1933 年	1931 年	1932 年	1933 年
国立大学	13	13	13	2 599	3 647	4 253
国立学院	3	5	5	71	261	280
国立专科学校	2	3	4	41	84	129
省立大学	9	9	7	563	916	925
省立学院	11	11	12	307	615	724
省立专科学校	13	12	10	372	572	454
公立（部立）专科学校	5	5	6	98	189	245
总计	56	58	57	4 051	6 284	7 010

资料来源:教育部统计室.二十年度全国高等教育统计.上海:商务印书馆,1933:7;教育部.二十一年度全国高等教育统计.上海:商务印书馆,1935:3;教育部统计室.二十二年度全国高等教育统计.上海:商务印书馆,1936:14.

就具体学校而言，私立大学教师队伍人数与学生数量成正比，教师数量不断变化，不同学校由于学生数量不同，教师数量相差较大。例如，1928 年朝阳学院教职员总数为 144 人，中国学院为 143 人，而武昌中华大学只有 41 人，大同大学和上海法政学院均为 65 人。1930 年，中国学院教职员总数为 203 人，朝阳学院为 177 人，而大同大学只有 52 人，武昌中华大学为 63 人。详见表 1 - 8 至表 1 - 12。

表 1 - 8　1928—1930 年私立大学教职员人数统计表(单位:人)

校别	教职员总数			教员数			职员数		
	1928 年	1929 年	1930 年	1928 年	1929 年	1930 年	1928 年	1929 年	1930 年
厦门大学	105	75	71	83	51	49	21	14	12
大同大学	65	51	52	44	36	35	9	7	8
复旦大学	102	131	130	68	76	76	26	31	30
光华大学	75	92	95	47	54	54	18	30	33
大夏大学	128	122	137	86	55	58	27	36	47
南开大学	73	102	80	46	48	48	25	52	30
武昌中华大学	41	59	63	20	25	29	13	19	21
中国公学	110	100	111	84	73	80	24	25	28
上海法政学院	65	72	84	37	41	52	33	26	27
南通学院	69	72	71	32	34	30	30	31	29
中国学院	143	175	203	107	128	139	26	42	59
朝阳学院	144	148	177	117	120	149	22	23	23

资料来源:教育部高等教育司.全国高等教育统计.上海:商务印书馆,1931:10.

表 1-9　1931—1933 年部分私立大学教职员人数统计表(单位:人)

校别	1931 年	1932 年	1933 年
中法大学	104	200	170
武昌中华大学	88	44	74
南开大学	73	132	157
光华大学	81	70	92
广东国民大学	119	83	94
广州大学	75	65	71
厦门大学	104	104	106
复旦大学	126	119	138
大夏大学	151	114	128
大同大学	52	60	54

资料来源:教育部统计室.二十年度全国高等教育统计.上海:商务印书馆,1933:38-39;教育部.二十一年度全国高等教育统计.上海:商务印书馆,1935:5-6;教育部统计室.二十二年度全国高等教育统计.上海:商务印书馆,1936:48-49.

表 1-10　1932 年部分私立独立学院教职员人数统计表(单位:人)

校别	合计	教员数	职员数	互兼数
中国学院	189	136	62	9
焦作工学院	46	21	29	4
朝阳学院	113	82	36	5
上海法政学院	91	63	30	2
上海法学院	64	51	17	4
福建学院	36	33	14	11
南通学院	69	45	41	17

续表

校别	合计	教员数	职员数	互兼数
民国学院	151	121	37	7
正风文学院	33	22	14	3
中国公学	79	61	24	6

资料来源:教育部.二十一年度全国高等教育统计.上海:商务印书馆,1935:7-8.

表 1-11 1947 年部分私立大学教职员人数统计表(单位:人)

校别	教职员	校别	教职员	校别	教职员
中法大学	132	广州大学	230	大夏大学	189
大同大学	143	武昌中华大学	106	民国大学	62
江南大学	77	中国学院	192	珠海大学	61
朝阳学院	87	华北文法学院	133	南通学院	202
上海法学院	162	上海法政学院	74	福建学院	74
诚明文学院	48	无锡国学专修学校	48	南华学院	50
正阳法学院	77	立信会计专科学校	78	川北农学院	58
焦作工学院	27	苏州美术专科学校	40	东南医学院	57

资料来源:第二次中国教育年鉴第五编高等教育.台北:台北宗青出版社,1991:166-304.

总体来说,私立大学教师数量呈不断增长的趋势,表 1-12 显示了 1931 年与 1946 年部分私立大学教师人数比较情况。

表 1-12 1931 年与 1946 年部分私立大学教师人数比较表(单位:人)

校别	教师数		校别	教师数	
	1931 年	1946 年		1931 年	1946 年
中法大学	71	92	广州大学	62	173
大夏大学	85	100	武昌中华大学	68	67

续表

校别	教师数		校别	教师数	
	1931 年	1946 年		1931 年	1946 年
大同大学	32	105	中国学院	144	139
朝阳学院	59	87	上海法政学院	49	52
上海法学院	35	107	南通学院	34	132
焦作工学院	24	27	无锡国学专修学校	14	48
福建学院	17	46	苏州美术专科学校	47	40

资料来源:第一次中国教育年鉴第五编丙编教育概况.台北:台北宗青出版社,1991:87 - 185;第二次中国教育年鉴第五编高等教育.台北:台北宗青出版社,1991:166 - 304.

三、教师性别构成

中华民国成立之初,高校教师全部为男性。20 世纪 20 年代初,随着女子接受高等教育的权利逐渐被认可,高校中才逐渐有了女教师。1922 年颁布的"壬戌学制"明确了女子享有高等教育的权利。这一年共有 665 名女子就读于高等学校(不包括教会大学),其中 1/3 在北京女子高等师范学校,11 名在北大,23 名在南开。此后,高校中才逐渐有了女教师,但数量很少,而且主要在教会大学。

1931 年,全国高校教员绝大多数是男性,私立大学(包括独立学院和专科学校)男教员为 2 754 人,占私立大学教员总数的 91.7%,女教员为 248 人,占私立大学教员总数的 8.3%。[①] 就具体学校而言,教员性别比例各不相同,表 1 - 13 和表 1 - 14 列举了 1931 年部分私立大学的教师性别分布情况。

表 1 - 13　1931 年部分私立大学男、女教员人数及比例

校别	男教员	女教员
大夏大学	96(92.3)	8(7.7)
复旦大学	94(97.9)	2(2.1)

①教育部统计室.二十年度全国高等教育统计.上海:商务印书馆,1933:7.

续表

校别	男教员	女教员
广东国民大学	73(92.4)	6(7.6)
厦门大学	59(95.2)	3(4.8)
中法大学	77(92.8)	6(7.2)
武昌中华大学	68(100.0)	—
光华大学	62(96.9)	2(3.1)
广州大学	56(100.0)	—
南开大学	41(97.6)	1(2.4)
大同大学	40(90.9)	4(9.1)

资料来源:教育部统计室.二十年度全国高等教育统计.上海:商务印书馆,1933:50-51.

注:表中括号外数据代表人数(单位:人),括号内数据代表百分比(单位:%),"—"表示无统计数据。下同。

表 1-14　1931 年部分私立独立学院男、女教员人数及比例

校别	男教员	女教员
中国学院	131(96.3)	5(3.7)
上海法学院	130(91.5)	12(8.5)
民国学院	110(94.0)	7(6.0)
朝阳学院	81(98.8)	1(1.2)
中国公学	60(98.4)	1(1.6)
华北学院	65(100.0)	0
南通学院	45(100.0)	0
上海法政学院	55(96.5)	2(3.5)
焦作工学院	27(100.0)	0
福建学院	33(100.0)	0

资料来源:教育部统计室.二十年度全国高等教育统计.上海:商务印书馆,1933:135-138.

从表 1-13 和表 1-14 可以看出，1931 年，私立大学男教职工所占比例普遍较高，所有学校女教职工所占比例在 10% 以下，南开大学、朝阳学院、中国公学只有 1 名女教职工，武昌中华大学、广州大学、华北学院、南通学院、焦作工学院、福建学院等学校一个女教职工都没有。

四、教师职称结构

北洋政府时期，政府颁布的文件中对大学教师职称称谓不断变化，主要有正教授、教授、预科教授、助教授、副教授、讲师、助教等。实践中，有些大学对教师职称有自己的分类，但总体上与教育部的文件大同小异。1927 年 6 月 15 日，南京国民政府教育行政委员会公布了《大学教员资格条例》，将大学教员分为教授、副教授、讲师、助教四等。对每种职称资格做了原则规定：助教，国内外大学毕业，得有学士学位，而有相当成绩者，于国学上有研究者；讲师，国内外大学毕业，得有硕士学位，而有相当成绩者，助教定满一年以上之教务，而有特别成绩者，于国学上有贡献者；副教授，外国大学研究院研究若干年，得有博士学位，而有相当成绩者，讲师满一年以上之教务，而有特别成绩者，于国学上有特殊之贡献；教授，副教授完满两年以上之教务，而有特别成绩者。《大学教员资格条例》附则还规定，凡于学术有特别研究而无学位者，经大学之评议会决议，可充大学助教或讲师。《大学教员资格条例》中对教师职称晋升所规定的年限很短，助教升讲师、讲师升副教授满一年即可，副教授晋升教授满两年即可。实践中，教师的聘用及所任职称主要由学校决定，做法各不相同。由于各个学校情况不同，教师职称结构的差别也很大。表 1-15 至表 1-18 显示了 20 世纪 20 年代末 30 年代初一些私立大学的教师职称结构情况。

表 1-15　1928—1930 年私立大学教员职称情况（单位：人）

校别	教员总数			教授及副教授数			讲师数			助教数		
	1928 年	1929 年	1930 年	1928 年	1929 年	1930 年	1928 年	1929 年	1930 年	1928 年	1929 年	1930 年
厦门大学	84	61	59	54	37	41	23	15	12	7	9	6
大同大学	56	44	44	19	18	19	26	17	16	11	9	9

续表

校别	教员总数			教授及副教授数			讲师数			助教数		
	1928年	1929年	1930年	1928年	1929年	1930年	1928年	1929年	1930年	1928年	1929年	1930年
复旦大学	76	100	100	68	81	80	—	—	—	8	19	20
光华大学	57	62	62	16	35	35	22	23	23	19	4	4
大夏大学	101	86	90	58	39	37	32	38	42	11	9	11
南开大学	48	50	50	21	29	29	15	18	16	12	3	5
武昌中华大学	28	40	42	19	28	28	7	7	11	2	5	3
中国公学	86	75	83	69	73	57	10	—	12	7	2	14
上海法政学院	42	46	57	42	46	57	—	—	—	—	—	—
南通学院	39	41	42	28	29	29	5	5	6	6	7	7
中国学院	117	133	144	—	14	14	117	112	123	—	7	7
朝阳学院	122	125	154	33	34	37	89	91	87	—	—	30

资料来源:教育部高等教育司.全国高等教育统计.上海:商务印书馆,1931:11.

表1-16 1931年部分私立大学教员职称人数及比例

校别	教授	副教授	讲师	助教
大夏大学	32(30.8)	—	54(51.9)	18(17.3)
复旦大学	76(79.0)	—	—	20(21.0)
广东国民大学	41(51.8)	—	38(48.2)	—

续表

校别	教授	副教授	讲师	助教
厦门大学	39(62.9)	8(12.9)	7(11.3)	8(12.9)
中法大学	29(35.0)	—	51(61.4)	3(3.6)
武昌中华大学	24(35.3)	15(22.0)	24(35.3)	5(7.4)
光华大学	10(15.6)	16(25.0)	26(40.7)	12(18.7)
广州大学	17(30.4)	—	22(39.2)	17(30.4)
南开大学	24(57.1)	—	6(14.3)	12(28.6)
大同大学	19(43.3)	—	16(36.4)	9(20.3)

资料来源:教育部统计室.二十年度全国高等教育统计.上海:商务印书馆,1933:50-52.

注:表中括号外数据代表人数(单位:人),括号内数据代表百分比(单位:%),"—"表示无统计数据。下同。

表1-17　1933年部分私立大学教员职称人数及比例

校别	教授	副教授	讲师	助教	其他
中法大学	41(35.3)	—	62(53.4)	7(6.0)	6(5.2)
复旦大学	95(89.6)	—	—	11(10.4)	
大夏大学	38(42.2)	—	41(45.6)	11(12.2)	—
南开大学	33(39.3)	—	10(11.9)	6(7.1)	35(41.7)
光华大学	25(37.9)	—	28(42.4)	7(10.6)	6(9.1)
厦门大学	39(60.0)	6(9.2)	10(15.4)	6(9.2)	4(6.2)
广东国民大学	21(38.2)	—	24(43.6)	—	10(18.2)
武昌中华大学	24(48.0)	5(10.0)	16(32.0)	2(4.0)	3(6.0)
广州大学	3(6.4)	—	33(70.2)	11(23.4)	—
大同大学	25(56.8)	—	10(22.7)	6(13.6)	3(6.8)

资料来源:教育部统计室.二十二年度全国高等教育统计.上海:商务印书馆,1936:58-59.

表1-18 1934年部分私立大学教员职称人数及比例

校别	教授	副教授	讲师	助教	其他
中法大学	33(33.0)	—	55(55.0)	8(8.0)	4(4.0)
复旦大学	77(81.0)	—	3(3.2)	13(13.7)	2(2.1)
大夏大学	78(84.8)	—	—	14(15.2)	—
南开大学	34(46.6)	—	14(19.2)	9(12.3)	16(21.9)
光华大学	24(39.3)	—	25(41.0)	6(9.8)	6(9.8)
厦门大学	36(57.1)	5(7.9)	5(7.9)	12(19.0)	5(7.9)
广东国民大学	29(41.4)	—	27(38.6)	1(1.4)	13(18.6)
武昌中华大学	24(50.0)	5(10.4)	15(31.2)	3(6.3)	—
广州大学	52(100.0)	—	—	—	—
大同大学	27(60.0)	—	9(20.0)	6(13.3)	3(6.7)

资料来源:教育部统计室.二十三年度全国高等教育统计.上海:商务印书馆,1936:62-63.

由表1-15至表1-18可以看出,不同学校的职称结构相差很大,教师职称结构处于不断变化之中。有些学校教师职称结构不太合理,如1928—1930年,上海法政学院所有教师都是教授及副教授,而同一时期中国学院、朝阳学院的讲师比例过高,1928年竟然所有教师都是讲师(注:中国学院所统计的"讲师"可能指的是兼职教师);复旦大学高级职称所占比例较大,1933年教授比例接近90%;厦门大学教授比例也较高,达到60%左右,1931、1933、1934年,中法大学、复旦大学、南开大学、广东国民大学、广州大学、大同大学等学校没有一个副教授。

第二节　民国时期我国私立大学教师聘任

一、民国时期高校教师聘任的制度规范

民国时期，最早提及大学教师聘任的是 1912 年 10 月 24 日教育部公布的《大学令》。《大学令》中指出："大学设教授、助教授"，"大学遇必要时，得延聘讲师"。① 1912 年 11 月，教育部又公布了《公立私立专门学校规程》，其中关于教师聘任的规定为："凡具有下列各款资格之一者，得充公立私立专门学校教员；具有下列各款资格之一，且曾充专门学校教员一年以上者，得充校长：一、在国外大学毕业者，二、在国立大学或教育部认可之私立大学毕业者，三、在国外或中国专门学校毕业者，四、有精深之著述，经中央学会评定者。如校长教员一时难得合格时，得延聘相当之人充之，但须呈教育总长认可，其认可之效力，以在该校任职时为限。"②

1913 年 1 月 16 日，教育部公布了《私立大学规程令》，专门针对私立大学的教师聘任作出了规定："凡具有下列各款资格之一者得充私立大学教员；具有下列各款资格之一，且曾充大学教员一年以上者得充校长：（一）在国外大学毕业者；（二）在国立大学或教育部认可之私立大学，并积有研究者；（三）有精深之著述，经中央学会评定者。如校长教员一时难得合格时，得延聘相当之人充之；但须呈教育总长认可。"③这是专门针对私立大学师资聘任制定的规程，该规程将教师聘任资格量化，包括教师的学历文凭、研究成果等，具有可操作性。

1926 年，实据广州的国民政府出台了一个内容比较丰富的有关大学教师聘任的规定——《国民政府对于大学教授资格条例之规定》，其中关于教师聘任的规

---

① 中国第二历史档案馆. 中华民国史档案资料汇编. 第三辑. 教育. 南京：江苏古籍出版社，1991. 108 - 110.
② 《教育杂志》，第 4 卷第 10 号，1913 年 1 月. (编者按：无作者和题名)
③ 中国第二历史档案馆. 中华民国史档案资料汇编. 第五辑. 教育（一）. 南京：江苏古籍出版社，1997：142 - 143.

定有:"甲、名称:一、大学教员名称分一二三四四等,一等曰教授,二等曰副教授,三等曰讲师,四等曰助教。二、以上四种名称,惟大学教员得用之。乙、资格:(一)助教:一、国内外大学毕业而与学士学位者。二、于国学上有研究者。(二)讲师:一、国内外大学毕业而得硕士学位者。二、助教完满一年以上教务而有特别成绩者。三、于国学上有贡献者。(三)副教授:一、外国大学研究院终业而得博士学位者。二、讲师完满一年以上之教务而有特别成绩者。三、于国学有特殊贡献者。(四)教授:一、副教授完满二年以上之教务,而有特别成绩者。丙、审查:一、凡大学教员均须受审查。审查时,须呈验:(一)履历,(二)毕业文凭,(三)著作品,(四)服务证书。二、审查机关,大学之校务会议为审查教员资格之机关。审查时,由中央教育行政机关认可,派代表一人列席。三、前项教员资格中之(一)(二)(三)审查合格后,由中央教育行政机关认可,给予证书。四、前项教员资格中之第(四)种(即教授资格)审查合格后,其教授资格由政府特授之。五、除国立及省立大学外,其他私立大学审查合格之教员,必该大学经中央教育行政机关立案后,方由报由认可给予证书。"①

1927年6月15日,南京国民政府教育行政委员会公布了《大学教员资格条例》,规定:"第一章名称:大学教员名称分一二三四四等,一等曰教授,二等曰副教授,三等曰讲师,四等曰助教。以上四种名称,惟大学教员得用之。第二章资格:甲助教:国内外大学毕业,得有学士学位,而有相当成绩者,于国学上有研究者。乙讲师:国内外大学毕业,得有硕士学位,而有相当成绩者。助教定满一年以上之教务,而有特别成绩者。于国学上有贡献者。丙副教授:外国大学研究院研究若干年,得有博士学位,而有相当成绩者。讲师满一年以上之教务,而有特别成绩者。于国学上有特殊之贡献。丁教授:副教授完满二年以上之教务,而有特别成绩者。第三章审查:凡大学教员均须受审查。审查时,须呈验:(一)履历,(二)毕业文凭,(三)著作品,(四)服务证书于审查机关。大学之评议会为审查教员资格之机关。审查时由中央教育行政机关派代表一人列席。前项教员资格审查合格后,由中央教育行政机关认可给予证书。凡私立大学审查合格之教员,必须经该大学呈请中央教育行政机关立案,报由认可,给予证书,方为有效。第四章附则:凡于学术有特别研究而无学位者,经大学校务会议议决,可充大学助教或讲师。大学教员以专任为原则,如有特别情形不能专任时,其薪俸得以钟点计

---

①《教育杂志》,第18卷第9号,1926年9月.(编者按:无作者和题名)

算。"①这个《大学教员资格条例》与1926年广州国民政府出台的《国民政府对于大学教授资格条例之规定》关于教师聘任的很多内容基本一致。《私立大学规程令》中规定的学历文凭、研究成果等标准均得到了延续，使教师的任职资格保持相对稳定。此外，为了防止有真才实学的人因学位不合格而被摒弃在教师队伍之外，该条例也对一些特殊情况作了相关规定。

1929年7月，国民政府颁布的《大学组织法》中涉及教师聘任的规定为："大学各学院教员分教授、副教授、讲师、助教四种，由院长商请校长聘任之。""大学得聘任兼职教员，但其总数不得超过全体教员三分之一。"②《大学组织法》规定了大学兼职教师的比例上限，目的是保持教师队伍的稳定性，但私立大学由于经费有限，难以维持一支稳定的教师队伍，只能聘任大量的兼职教师，这个规定一定程度影响了私立大学的教师聘任。

1940年10月4日，为了统一大学和独立学院教员资格审查，教育部公布《大学及独立学院教员资格审查暂行规定》，规定："大学及独立学院教员分教授、副教授、讲师、助教四等。大学及独立学院教员等别，由教育部审查其资格定之。""助教须具左列资格之一：一、国内外大学毕业，得有学士学位而成绩优良者；二、专科学校或同等学校毕业，曾在学术机关研究或服务二年以上著有成绩者。""讲师须具左列资格之一：一、在国内外大学或研究院所得有硕士或博士学位，或同等学历证书，而成绩优良者；二、任助教四年以上，著有成绩，并有专门著作者；三、曾任高级中学或其同等学校教员五年以上，对于所授学术确有研究，并有专门著作者；四、对于国学有特殊研究及专门著作者。""副教授须具左列资格之一：一、在国内外大学或研究院所研究得有博士学位或同等学历证书而成绩优良，并有有价值之著作者；二、任讲师三年以上著有成绩，并有专门著作者；三、具有讲师第一款资格，继续研究或执行专门职业四年以上，对于所习学科有特殊成绩，在学术上有相当贡献者。""教授须具有左列资格之一：一、副教授三年以上，著有成绩，并有重要之著作者；二、具有副教授第一款资格，继续研究或执行专门职业四年以上，有创作或发明，在学术上有重要贡献者。""凡在学术上有特殊贡献，而其资格不合于本规程第五条或第六条之规定者，经教育部学术审议委员会出席委员四

①中国第二历史档案馆.中华民国史档案资料汇编.第五辑.教育（一）.南京：江苏古籍出版社，1994：168-169.

②中国第二历史档案馆.中华民国史档案资料汇编.第五辑.教育（一）.南京：江苏古籍出版社，1997：171-173.

分之三以上之通过，得任教授或副教授。"①

二、民国时期私立大学教师聘任实践

在民国时期，教师聘任是一个双向选择的过程，教师最终定下来的大学通常是他们比较满意的大学。教师选择大学时一般考虑学校待遇、科研氛围、地域特点等。正是由于教师群体的自由流动特征，使得民国时期私立大学除聘请年轻毕业生外，还可以聘请知名教授到校任职。教师来源的不同使得私立大学在教师聘任中呈现不同的取向。民国时期诸多私立大学中，在教师聘任方面比较有代表性的是南开大学与厦门大学，其中南开大学聘任主要面向刚毕业的青年学生，而厦门大学则主要聘任已有成就的知名教授。

（一）南开大学教师聘任实践

1.张伯苓的办学理念

南开大学能吸引著名的学者来校任教，这与校长张伯苓的办学理念，尤其是与其大学教师理念有关。张伯苓抱着"教育救国"的理念，曾几度出国考察教育，以借鉴日本与欧美的教育经验。为了办好高等教育，张伯苓于 1917 年 8 月赴美国哥伦比亚大学师范学院研修教育。在美期间，张伯苓考察了美国的大学教育，特别是美国私立大学的教学和管理情况。这些为其以后在南开大学借鉴美国的教育模式、聘请留美学生至南开任教奠定了基础。张伯苓将"允公允能，日新月异"作为南开大学的校训，这也是他的大学理念。他认为，"学校不是校长的学校，是大家的学校"，"私立学校不是私有学校"，② 即办学经费取之于私而用之于公。"允公"，是它的最高目的，私立学校应该是"私办公有"。张伯苓的这一办学理念体现在教师的聘用方面，他认为办学不能任人唯亲，而要任人唯贤。选用教师，要注重学历和专长，严格把关，教师来源主要是推荐和招聘，但要通过一定的程序进行公开的考核。南开大学建立后，张伯苓一直注重师资队伍建设，在经

---

①中国第二历史档案馆.中华民国史档案资料汇编.第五辑.教育（一）.南京:江苏古籍出版社，1997:716－718.
②南开大学校长办公室.张伯苓纪念文 428 集.天津:南开大学出版社 1986:99.

费有限很难从国内网罗知名教授的情况下，南开大学更注重从留学生中聘请年轻才俊为师，尤以留美学生居多，这些教师不仅有较专深的近代科学知识，而且熟悉美国的教育制度与教学方法，能够迅速融入以美国大学模式为标准办学的南开大学。因此，南开大学的教师主要源于留美归国的学者或美籍教师，其质量之高令一般私立大学难以企及。

2. 多层次多渠道选聘教师

1922 年 10 月 18 日，张伯苓在南开大学讲话中指出："现在座诸教授，皆一时之彦，从此教诲得人，诸生受益，当非浅鲜。"并明确提出"大学最要者即良教师。"①选聘教师一直是张伯苓办学的一项重要工作。南开大学逐渐形成了多层次选聘教师的机制。除了张伯苓亲自物色外，学校还规定大学主任"商同校长延聘教员"、各系的系主任"推荐该系教员"。② 这一多层次的延聘人才机制有效地保证了早期南开大学的师资来源。南开大学教师的来源主要是留美学生。早在南开大学筹备时，张伯苓就利用在美国哥伦比亚大学进修之机，时时留心，为即将开办的大学物色教师。他以纽约为中心，遍访在美国各地留学的中国学生，联络感情，建立联系。南开大学从一开始就聘任了一些留美学者或美籍教师到校任教，张伯苓对他们十分重视，他们中不少人大学刚毕业就被南开大学聘为教授，担任重要的教学任务。到 20 世纪 30 年代，留美学生在南开大学教师中已占绝对优势。据统计，1930 年全校教师有 41 人，有留学美国经历者 31 人，占 76%，其中博士 14 人、硕士 14 人。③

另外一部分教师是本校或国内著名大学的毕业生。这些刚刚毕业的青年教师，一方面，得到南开大学著名教授的指导；另一方面，能够在南开大学这样的环境中较早地承担教学与研究任务，成长较快，在很短的时间内就崭露头角。如申又枨、吴大猷、吴大业、吴大任、殷宏章、李锐等，就是从南开大学毕业后留校任教并很快成长起来的年轻教师中的佼佼者。最早到南开大学任教的是凌冰。凌冰曾在南开中学肄业三年半，后留学美国哥伦比亚大学。张伯苓在哥伦比亚大学研究教育时，就约聘他到南开大学执教。凌冰很愿意回母校服务，并在美国积极为南开大学物色教师。凌冰于 1919 年获教育学博士学位回国后即到校，任大学部

①王文俊等.张伯苓教育言论选集.天津:南开大学出版社，1994:92.
②王文俊等.南开大学校史资料选(1919－1949).天津:南开大学出版社，1989:429.
③南开大学校史编写组.南开大学校史(1919－1949).天津:南开大学出版社，1989:119.

主任兼大学教务主任。开办之初，其他教师尚有鲁易斯(美籍)、孙继丁(物理)、王晋生(化学)等。第二年，化学教授段育华、经济学教授兼商科主任李宝鎏、簿记教授蔡星五、算学科教授兼主任姜立夫、政治历史教授余文灿及生物学教授钟心煊到校，他们分别来自美国加利福尼亚大学、芝加哥大学、哈佛大学。1921年秋，段育华、蔡星五、余文灿三人因事他就，学校又新聘教授数人，包括薛桂轮(地质学)、邱宗岳(无机化学、定性分析)、罗素(英籍，英文、社会学)、张见安(教育学)、孙启濂(政治学、商法)、胡理(美籍，历史学、政治学)、白芝(Baise，法籍，法文)、李子明(机械制图、解析几何)、万德尔(Van Gern，美籍，英文)，还有国文教员程修之、张皋如、骆鸿凯等。梁启超也应聘，为历史班开设《中国历史研究法》。1922—1927年，先后在南开任教的有司徒月兰、应尚德、徐谟、陈定谟、孙锟、孙昌克、蒋廷黻、董守义、张彭春、李济、杨石先、董任坚、刘少山、王恭宽、曾克熙、范文澜、刘乙阁、陈礼、楼光来、勒荣禄、周贤颂、刘崇宏、陶少甫、戴静山、李崇武、许日升、崔子丹、黄钰生、肖叔玉、侯洛荀、竺可桢、李继侗、张平群、张希陆、何廉、肖公权、汤用彤、唐文凯等。这期间，教师队伍虽然有出有进，经常变动，但基本上有了三四十人的规模，并且形成了一支相对稳定的骨干教学力量。每个系至少有一两位专任教授，开设必需的各门基础课程。[①]

3. 注重教师队伍建设，选聘与培养相结合

南开大学早期教师队伍建设有以下特点。第一，教师非聘即走。对于一所大学来说，解聘不胜任的教授和延聘优异的教授同样重要。"南开解聘人员，皆在学年结束前知照当事者，俾得早作新职洽商。"[②]这种做法有利于促进教师的流动，保持教师队伍的活力。第二，强调引进各学科学术带头人和海外优秀人才，从机制上保证教师队伍的水平和质量；同时，有利于学校社会声誉的扩大，使人才引进成良性循环。吴大猷曾回忆说："在南开大学创始初年，邱宗岳师讲授化学课时，适美国罗氏基金会某君来参观，听邱师讲课，惊赞不已，该基金会旋捐十万元为建科学馆之用。民国十三年，八里台新校址之科学馆思源堂落成；该基金会复赠一美籍物理教授来校，协助建立物理实验室。理科承邱、姜、饶、陈、应、徐、杨诸师的经营，建立甚高之课程水准，乃先后获中华教育文化基金董事会的补助

①南开大学校史编写组.南开大学校史(1919—1949).天津:南开大学出版社,1989:120-121.
②王文俊等.南开大学校史资料选(1919—1949).天津:南开大学出版社,1989:73,77.

十六万五千元。各科教学仪器设备及外国期刊，该时或仅次于清华而已。"①第三，连续聘任几年的学科带头人，不再每年进行续聘，改为长期聘任，以稳定骨干师资队伍。第四，建立评议会或教授会，参与学校管理，实行教授治校。

张伯苓认为，大学是学者为学问而聚集之所。学者之聚集，就像磁铁吸铁屑，学者吸引学者，教师吸引学生，吸引学生的最大力量是好教授。"延揽人才以全校为准，不必拘于院系，并宜慎重，宁缺毋滥。"每个科系都要有一定数量的学术带头人，"才必上选，数必充实"，由他们形成教授队伍的核心。各科系已有核心者，"即以此人为核心，而树立科系"；尚无核心者，应选定一枢纽人物，然后授权此人，延揽有关人才。② 多年间，南开师资队伍以优良、精干著称，这是与张伯苓坚持由专家教授约聘相关科系教师分不开的。直到晚年，他仍然认为，吸引教师之原始磁力，在于学术趣味相同及彼此相互倾慕，强调要请同行专家举荐人才，例如一个化学家造诣如何，只有另一个化学家才能识别。为此，南开大学成立了一个由黄钰生、杨石先、陈序经、邱宗岳、姜立夫、冯文潜、孟广酷七人为委员的学校聘任委员会。各委员就其学术专长，见闻所及，提出聘任推荐名单，再由张伯苓主持的遴选委员从中选择。这是保证南开大学师资队伍质量较高、充满活力的原因之一。

南开大学聘任教师的另一个成功经验是选聘与培养相结合。无论延聘留学国外的学者，还是选任国内大学的毕业生，南开大学都十分注重培育新进，为他们创造适宜的环境，而不是一味强调延揽现成的人才。这也是南开日新月异、充满蓬勃向上活力的重要原因。南开大学在师资建设上这一远见卓识之举，造就了不少优秀人才。正是在张伯苓"允公允能，日新月异"这一大学理念的指导下，南开大学吸引了一批优秀的青年学者来校执教。留美学生何廉，1926 年自美学成归国时，岭南大学即致函聘任他为该校商学院院长，月薪 300 元。但他考虑到学术上的发展，还是决定就任月薪仅 180 元的南开大学商科教授。此后，他在南开大学创办经济研究所，从事中国社会经济研究，坚持实地调查与统计分析，出版了大量学术研究成果。

从教师收入水平上来说，南开大学不占优势。从全国来看，1931 年，国立大学教师月薪平均 165.6 元，省立大学为 217.5 元，私立大学为 124.3 元。作为

---

①王文俊等.南开大学校史资料选(1919—1949).天津:南开大学出版社,1989:73，77.

②王文俊等.南开大学校史资料选(1919—1949).天津:南开大学出版社,1989:92.

私立大学的南开大学，教职员的薪金要低于国立与省立大学。如，中央大学1928年副教授的月薪300～340元，教授月薪为400～500元；[①]1935年，北京大学副教授月薪为280～320元，教授月薪为250～400元；[②]1934年，清华大学教授的月薪为300～400元，[③] 而南开大学教授的月薪大多为180～300元。[④] 南开大学除了上面提到的在聘任教师方面所采取的种种措施以外，还有其他吸引教师的长处与方法。

20世纪20年代中期，北京、天津一带是全国的学术中心，学术界很活跃。那时，一批刚刚回国的青年学者都想在事业上有所贡献，他们对学术环境比较看重。就大学水准而言，他们觉得南开大学学风朴实、勤奋，脚踏实地，不好高骛远。招生既从严格，开设课程也宁缺毋滥。学生专心向学，教员认真授课。教员的人数虽不多，但多有实学专长。南开大学的薪资虽然低，但专心致力于学术研究的学者都认为有利于自己的前途。李济、蒋廷黻、何廉等人都是以这样的眼光与抱负来南开大学执教的。

此外，南开大学位居天津，躲开了北京纷乱的政治环境，这也是吸引知识分子的一个方面。北洋军阀统治时期，反动政府摧残教育事业，北京的国立大学首当其冲。教师在政治上、生活上都很不安定，学校经费没有保障，欠薪十分严重，有时仅能拿到月薪的十分之一二。与这种景况相比，私立的南开大学较少受时政的干扰。学校经费虽然困难，但绝无挹注无资、维持不暇之虞。虽教师待遇低，但可保证月月按时发给薪俸，绝无拖欠，这在当时社会政治动荡的情况下是十分难得的，对教师有很大的吸引力。胡适就曾对南开大学的学风表示过赞赏。

作为一位校长，张伯苓的个人魅力对教师来说也是一种无形的吸引力量。正因为如此，20世纪二三十年代不断有大批优秀学者来南开大学任教。他们不顾待遇低薄、生活清苦，却热心负责，努力从事教学与研究工作，其中如姜立夫、邱宗岳、杨石先、黄钰生等，皆数十年在南开大学服务，对此，国内教育界多有好评。当时报纸载文云："其教授待遇虽不优，而能奋勉从事；有教授在职十年，其他大学虽以重金邀约，亦不离去者。"[⑤]

①中央大学编印.国立中央大学一览.1928:64.

②王学珍，郭建荣.北京大学史料(第二卷).北京:北京大学出版社,2000:502-513.

③清华大学校史研究室.清华大学史料选编第2卷国立清华大学时期(1928—1937).1991:174-175.

④南开大学校史编写组.南开大学校史(1919—1949).天津:南开大学出版社,1989:121.

⑤南开大学校史编写组.南开大学校史(1919—1949).天津:南开大学出版社,1989:123.

在张伯苓"允公允能，日新月异"的大学理念及"大学最要者即良教师"的教师观指导下的南开大学，尽管在很长一段时期内是一所私立大学，但其教师队伍却是高素质的。据统计，至 1936 年，全校 85 名教师中，有留学海外经历者 43 人，占教师总数的一半以上，有 17 人和 19 人分别获得博士学位和硕士学位；学校一些专业的学术水平在全国占有重要地位。南开大学在近代中国高等教育史上的贡献与影响，是与这样一批高素质的教师队伍分不开的，而这支队伍的集结与凝聚，从一定意义上可以说正是张伯苓教育理念的体现。

由于校长只熟悉本学科，而对其他学科知之甚少，因此，私立大学主要采取各科系主任同校长商议、共同选聘教师的方式。除了校长及各科系主任外，私立大学也设立由各科教授组成的学校聘任委员会选聘师资。学校聘任委员会的设立，使得各教授可以其学之所专、见闻之所及，草拟征聘推荐名单，委员会在校长的组织下讨论决定合适人选，然后由校长发出聘书或委托他人进行接洽。私立大学的多主体聘任制具有明显的优越性，不仅可以扩大教师聘任的来源，还有利于从专业角度鉴别所聘人员教学水平、学术水平的高低。这种校长、院长、学科专家多层次选聘教师的机制从师资来源上保证了私立大学教师的质量。此外，"以才引才"也是南开大学教师聘任的一个特点。何廉于 1926 年在美学成归国后任南开大学商科教授，创办经济研究所，为了充实师资力量，何廉利用他在美国读研究生时建立的个人关系，引进介绍其他经过良好训练的年轻的经济学者。例如，方显廷于 1928 年在耶鲁大学获博士学位，1929 年加入南开的教师队伍，并成为南开经济研究所的骨干。

(二) 厦门大学聘任教师实践

厦门大学在创建初期，正是陈嘉庚实业的鼎盛时期，厦门大学的经费较为充裕，因此厦门大学在聘任教师时，除了选聘年轻学者之外，更多的是网罗国内知名学者。陈嘉庚在办学之初就非常重视师资的聘任和培养，对于优秀教师，更是不惜重金礼聘，给予优厚待遇，且绝不把老师当作被雇用者。当时，陈嘉庚参照国内其他大学尤其是复旦大学校长及专任教授月薪 200 元的标准，为厦门大学各级教师拟定了待遇标准，其中教授月薪最高可达 400 元，当时，由于社会动荡，很多大学经费窘迫，京沪等地诸多教授纷纷南下应聘。相比较而言，引进年轻才俊，尤其是学成归国的毕业生可以为学校的发展注入新的活力，带来国外最新的学术思想，但由于学术研究需要日积月累的努力，因此，引进青年学者更多的是为了学校将来的发展储备人才，对于学校的长远发展较为有利。网罗知名教授在提高学校科研、教学水平方面则见效甚快，并且可以建立以知名教授为中心的学术团体，带动年轻教师的快速成长。在两种教师来源各有优势的情况下，学校的实际情况往往决定了学校聘任教师的最终取向。

如上所述，南开大学与厦门大学，在办学者都十分重视师资队伍建设的情况下，两校的经费多寡、科研教学情况以及学校所处地区直接影响了两校的教师聘任工作。南开大学所处的京津地区，是全国的经济、文化中心，学术机构云集，其浓厚的科研氛围有利于年轻学者的成长，因此众多年轻才俊愿意在南开大学开始自己的科研生涯。由于办学经费全靠自筹，南开大学办学经费一直比较紧张，难以负担大量聘请知名教授所需的高额薪俸，所以南开大学主要以聘请年轻才俊为主。而厦门大学地处中国东南一隅，该区的文化、经济均不甚发达，年轻学者因考虑自身的学术发展一般不愿前来。当时正值陈嘉庚实业的鼎盛时期，厦门大学经费充足，拥有坚实的物质基础。因此，为了建设一支高水平的教师队伍，厦门大学采用重金相邀的办法从全国礼聘教授。这些教授的到来，不仅提高了学校的教学科研水平，也营造了良好的科研氛围，由此也吸引了其他高水平学者的到来。

第三节　民国时期我国私立大学教师队伍建设策略

不可否认，与公立大学相比，私立大学在竞争中处于劣势。私立大学教师的待遇比不上公立大学，那么为什么还有这么多教师，其中包括当时著名教授、学者到私立大学任教呢？私立大学教师队伍受学校发展前景、私立大学校长（或管理者）的感情投入、学校待遇等多种因素的影响。事业留人、感情留人加上待遇留人是很多私立大学稳定教师队伍的法宝。私立大学总体经济实力薄弱，要与经济实力雄厚的公立大学同生并存，求得发展空间，需要一种群体的凝聚力，以吸引、挽留一大批的学者教授。私立大学既然在工资待遇上无法与公立大学竞争，他们就靠"事业＋感情＋待遇"的多种办法来稳定教师队伍。

一、私立大学"事业留人"

营造一种科研、精神氛围成为私立大学师资管理的重要手段。私立大学非常注重科研氛围的营造，为教员的发展提供良好的科研环境。南开大学就是"事业留人"的典范。何廉在受聘于南开前曾做过一番选择，"在某种意义上，南开的聘约似更为可取。京津地区系中国文化中心，教育水准较全国其他地方均胜一筹，权衡之下还是忍痛放弃暨南丰厚的薪水，决定去南开"。① 到南开大学后，何廉曾向张伯苓提交了一份备忘录，提议在南开设立一个社会经济研究委员会，主要研究任务是探讨和评价中国的社会、经济和工业存在问题的实况，何廉的这一想法得到了张伯苓的支持，同时也符合南开大学的发展方向。张伯苓认为，南开大学在很多方面竞争不过实力雄厚的国立大学，要在中国的高等教育中占有一席之地，必须充分利用社会环境与地域环境提供的条件。南开位于商业都市天津，天津还有成为华北大工业中心的前景，南开大学应把重点放在培养应用型人才上，加强学校与社会的联系。该提议很快就被批准，张伯苓还从南开大学 1927—1928 年的预算中拨出现洋 5 000 元以支持该所的研究工作。在张伯苓的支持下，何廉于 1930 年将社会经济委员会与商学院和经济系合并，组建了经济学院，将其变为一个教学与科研相结合的机构，为教师的科研工作提供了更大更好的平台。这样不仅扩大了研究范围，还吸引了一批青年学者的加盟，如耶鲁大学的博士方显廷、张存明，哈佛大学的博士丁佶等。即使多年以后，何廉仍怀念在南开的那段日子："回想起 20 世纪 30 年代早期天津的南开校园，研究气氛是很浓的。经济学院中教职员工的刊物引起了广泛的注意，师生们的工作积极性都大大提高了。"②

著名物理学家吴大猷对南开这一师资培养特色，极为赞赏。他晚年曾回忆道："南开在声望、规模、待遇不如其他大学的情形下，借伯乐识才之能，聘得年轻学者，予以研教环境，使其继续成长，卒有大成，这是较一所学校借已建立之声望，设备及高薪延聘已有声望的人为'难能可贵'得多了。前者是培育人才，后者是延揽现成的人才。我以为一个优良的大学，其必需条件之一，自然系优良的学者教师，但更高一层的理想，是能予有才能的人以适宜的学术环境，使其发展他

---

① 梁吉生.张伯苓与南开大学.太原：山西教育出版社，1995：122.
② 梁吉生.张伯苓与南开大学.太原：山西教育出版社，1995：130.

的才能。从这观点看，南开大学实有极高的成就。"①

20 世纪 30 年代的焦作工学院可谓人才济济，学校聘请了许多国内知名学者担任学校教授。1934 年，学校共有教师 30 名，其中教授 18 人，副教授 1 人，讲师及助教等 11 人。这些教授绝大多数曾留学欧美并在海外有一定的工作经验，在国内教学也很有成就。其余教员或曾经留洋，或毕业于国内清华大学、北京大学、北洋大学等名牌大学。他们多能"牺牲京沪平津优越之环境与国立大学优厚之待遇，来兹鄙壤，授此朴士，与其他教职员同仁实皆重视友谊及本院之前途也"。② 这些教师之所以到焦作工学院任教，一个重要原因是他们看中了学校的发展前景和学术氛围。他们认为在焦作工学院能够发挥自己的专业优势，对自己将来的发展有利。教师们优良的人品和学问，为学生树立了榜样，风尚所及，奢靡斯除。一时间，焦作工学院在国内名声日振，被誉为"海内办理成绩较良的工校之一"。

厦门大学在创建国学研究院时，校长林文庆可以说是集全校之力创造了良好的国学研究环境，1926 年沈兼士等"抱一国学研究之绝大愿望"来校，向林文庆提出一项大规模的筹办计划，并准备将以往在北京大学未能出版的国学专著陆续由厦门大学刊印。林文庆基本上完全同意了该计划，并为国学院提供高达 14 000 元的巨额常年预算，以支持国学院研究工作的开展。

南通大学的教师待遇并不高，但很多具有高学历、高职称的教师都愿意到该校任教，主要原因是他们感到在南通大学有较好的发展前景，在南通大学工作能发挥自己的专业优势。因为当时南通大学的农、医、纺是国内新兴专业，很有发展潜力。南通纺织专门学校是我国第一所纺织学校。学校以纺织专业为主而形成了学校的基本办学特色。学校的教学注重理论联系实际。根据教育部的视察报告，南通纺织专业"各生毕业后，均拨入大生纱厂，充当监工及技术助理等员，服务三年，始得外谋生计"，"以私立专门学校……而能办有如斯成绩，在中国求之，殊不易得。且其安置毕业生，能以经验为重，著其入厂实习，尤得培养工业人才之要旨"。③ 注重实践的教学方式使南通大学享有"全国第一纺织学府"的美誉。因此，很多高学历、高职称的教师放弃了公立大学优厚的待遇而到南通大学任教。

①梁吉生.张伯苓与南开大学.太原：山西教育出版社，1995：117.
②邹放鸣.中国矿大九十.徐州：中国矿业大学出版社，1999：34.
③潘懋元，刘海峰.中国近代教育史资料汇编·高等教育.上海：上海教育出版社，1993：588 - 589.

如农科首任科长李敏孚，在国外大学取得硕士学位；继任科长郭守纯，在美国康乃尔大学取得畜牧学硕士学位；教授郑步青、冯肇传、张通武等也都在国外大学取得硕士学位；其他不少教师也都有过留学经历。

二、私立大学"感情留人"

民国时期，私立大学在教师管理中通常以物质激励与精神激励相结合、精神激励为主的方式调动教师的积极性。私立大学的管理者们或以自身高尚的人格魅力，或以高超的管理艺术和对教师的真情，赢得广大师生的信赖。按照马斯洛需要层次理论，人的需要有高低之分，其中生存需要、安全需要属于基础性需要，而归属与爱的需要、自尊需要和自我实现的需要是高级需要。人的低级需要主要是从外部使人得到满足，人的高级需要只有从内部才能使人得到满足。物质激励仅能在一定程度上满足其高级需要，但并不具有持久性。只有采用精神激励的方式，才能真正满足教师的高级需要，使其工作积极性维持更长时间。精神激励成本较低，且其效果更为持久。私立武昌中华大学在师资管理中非常尊重教师的知情权和参与权。学校的行政会议和校务会议允许专任教员和特别邀请之兼任教员参加，讨论全校重要行政及校董会交议事项。中华大学还定期出版《中华周刊》，该期刊刊登学校会议、校闻、校友消息、诗词、日记、信简等，内容繁多，是社会、学校、教师以及学生之间信息交流的重要窗口。其中的"校闻"专栏，专门刊登学校各项会议内容和公布学校各项政策，为全校师生了解学校管理情况提供了一个视窗。厦门大学等各私立学校也都出版了《××周刊》，以公布学校各项政策及最新校务信息。

五四运动前后，中华大学聘请了很多名人、学者到校任教讲学，主要原因是校长陈时一向主张"尊师重教，唯才是举，宁缺毋滥"。陈时当二三十年校长都是尽义务，分文不取。他用自己"苦干"的实际行动和待人以"诚"的品质，团结了一批志同道合、热心于教育事业的人在自己的周围，充分发挥每个教职员工的潜力，使他们在艰难困苦的情况下不计报酬，埋头苦干，心系中华大学。陈时对老师们以诚相见、以礼相待，既重视发挥大家的积极性，又设法帮他们在校外兼职，使其实际收入尽量不低于一般学校。他的"诚"感召了很多教员，其中，严士佳、邹昌炽、方宗汉等都是"风雨同舟数十载，含辛茹苦为育才"的教员。在中华大学为严士佳举行的 60 岁祝寿会上，严士佳说："我到中华大学来，确实排除了一切外来引诱，高官厚禄，非我所求。抗战时，中华大学……在粮道街缺粮，在米市街无米，我这个教授越教越瘦。有人劝我改行，以优厚待遇相罗致，我不为所动，愿与中华大学共甘苦而不去。我想，换一个位置，可能钱多一些，可是'袁大头'（指光洋）不会对我发笑。而我的学生在街上碰着我，老远就笑眯眯打招呼。他们会高兴地喊：'严老师，我陪你老人家干一杯吧！'我自得其乐，其乐融融。"①

这种以苦为乐的风气洋溢于整个学校。就连门卫郑文启老师傅，从中华大学的校牌挂起到最后摘下，包括抗战期间学校西迁，他都坚守在自己的岗位上。②正是这种和衷共济的精神，使得中华大学能冲破惊涛骇浪，一步一步向前进。对待有真才实学的教师，校长陈时谦让尊重，礼遇有加，在生活和工作上给予充分照顾。他常说，校长将就教师不是丢脸的事。章太炎的学生黄侃是个学富五车的著名音韵训古专家，同时又是有名的"怪人"。他有个通宵读书、下午睡觉的习惯，上课常不能按时到校，讲起课来兴致所至，又常常忘了下课时间。掌握这个特点后，陈时就尽量把黄侃的课排在上午。还有，黄侃一般都乘人力车来校，常因时间紧迫而忘付车钱。陈时就预先把车钱放在门卫手上，嘱咐门卫替黄侃付车钱。陈时常开导对黄侃有意见的师生说："我们要学黄先生的学问，不要学他的脾气。"③

南开大学对广大教职员工十分关心，学校处处散发着"家庭学校"气氛。校长张伯苓不自私、不虚伪、不腐化，以诚待人，他懂得教师心理，善于养贤用贤，善于疏通和联络感情，努力为教师创造适宜的学术环境和生活环境。新校址一开辟，就把兴建教员宿舍列入第一期工程。在教员居住区还设立了俱乐部、草坪、网球场等健身娱乐场所。新聘教师到校，要召开新教员茶话会。每到放寒假，学校都惯例宴请全体教职员工，以酬谢大家一年的辛劳。这一切虽是小事，却融融和畅，使教师及其家人感到温暖。因此，南开大学的教职员工都与学校有着很深的感情，他们爱校如家，埋头苦干，兢兢业业。有的一家叔伯弟兄几人在南开大学当工人，很多职工终生为南开大学服务。对此，国内教育界多有好评，时人曾评

---

①娄章胜，郑昌琳.陈时教育思想与实践.武汉：华中师范大学出版社，2001:292.

②中国现代教育家传编委会.中国现代教育家传（第五卷）.长沙：湖南教育出版社，1987:230-231.

③周川，黄旭.百年之功——中国近代大学校长的教育家精神.福州：福建教育出版社，1994:103-104.

论：“南开大学……其教授待遇虽不优，而能奋勉从事；有教授在职十年，其他大学虽以重金邀约，亦不离去者。”①

　　刚刚创建的大夏大学经费困难，教师待遇低于公立大学，但学校对教师们非常尊重和信任，使许多著名教授、专家学者都乐意到这所学校来任教，抱有乐育英才、不计报酬的宏愿。如校长马君武不领校长职薪和讲课费，建校时还把自己上海的住宅借给大夏大学做贷款抵押；朱经农教授是光华大学的创办人兼教务长，为了支持大夏大学，不辞辛苦，不领教薪，抽出时间，风雨无阻地到大夏大学上课。学校在上海开办时，文学家郭沫若、田汉、邵力子，教育学家、史学家李石岑、何炳松，物理学家周昌寿、夏元瑮等先后担任过大夏大学教授。抗战期间，大夏大学内迁，许多著名教授随大夏大学历尽艰辛来到贵州。他们宁可放弃公立大学的优厚待遇，而对大夏大学不舍不弃，他们的无私奉献精神可见一斑。

　　校长对教职员的真情得到了他们的回报。教职员们以校为家，团结合作，表现了很强的内部凝聚力。如大同大学在学校建校之初，无基本办学经费，11位立达学社社员不仅义务为学校授课、办事，而且还将在校外兼职所得收入的20%拿出来补助学校。此外，每遇到学校购地建房等事需要经费时，比较富裕的社员往往还会慷慨解囊。

　　同样，焦作工学院的师生团结合作，平日相处，犹如一家，一遇经费困难，即行减成发薪，紧缩开支，而教职员从无怨言，学生亦未有过动摇，能以同心同德，共济时艰。② 大夏大学建校初期，大家一条心、一股劲，当时学校请不起太多职员，所有刻印讲义、管理图书仪器及采购、庶务等工作，大部分由学生分任，多数是尽义务。③ 1927年，北伐军兴，上海一些大学相继关闭，唯独大夏大学按时开学，弦歌依旧。那时，学校所有的教职员都未曾拿到分文薪金。

　　不仅私立大学的教师义务教学，职员和学生也常义务工作或向学校捐款。早年复旦公学在无锡惠山李公祠开学之时，经费无着，学校职员甘愿义务尽职，力任其难。④ 校长李登辉主持校政以后，学校经费入不敷出，学校与教职员协商减少薪金，广大教职员对复旦怀有深厚感情，宁愿多做工作，少取报酬也毫无怨

---

①《庸报》，1930年5月14日.（编者按：无作者和题名）

②钟叔河，朱纯.过去的学校.长沙：湖南教育出版社，1982：364.

③上海市委员会文史资料工作委等.上海文史资料选集第59辑.上海：上海人民出版社，1988：145.

④复旦大学校史编写组.复旦大学志.上海：复旦大学出版社，1985：85-86.

言。1917年复旦公学升格为大学后，新建的建筑物，除第二宿舍和科学馆为富商郭子彬捐助外，其余均由校董、师生、校友零星募集而来，如学校的体育馆，即在1926年由学生自治会倡议，每位同学出钱七元，不足部分由学校凑足，于1928年建成。[①] 广州大学初创之际，由于学校经费紧张，职员概不支薪，往返办公，自己反贴车费。

三、私立大学"待遇留人"

教育经费是影响教师队伍建设的重要因素。民国私立大学的发展表明，经费充足，教师待遇较高时，学校招聘教师就比较容易，教师队伍也比较稳定；经费短缺，教师待遇较低时，教师流失比较严重，师资队伍就不稳定。

中华大学在五四运动前后经费较充足，在私立大学中教师待遇较高。学校利用经费较充足这个有利条件，广招四方贤士。不仅聘请了黄侃、刘博平等著名学者和施洋、恽代英、黄负生等进步教师到校任教，同时还聘请了康有为、梁启超、章太炎、蔡元培、杜威、何尔康、泰戈尔、顾维钧、胡适、李四光等一批中外大师到校讲学。在军阀统治、封建思想禁锢的武汉，中华大学因其思想活跃、学术风气自由而吸引了不少优秀青年，不仅很快成为当时私立大学中的佼佼者，而且成为武昌著名的新文化运动中心和湖北地区五四运动的策源地。抗战期间，迁至重庆的中华大学再度出现群贤毕至、人才济济的盛况。当时学校聘请郭沫若教授甲骨文，卢前教中国文学史，太虚法师教佛学。先后到中华大学讲学的还有邹韬奋、邓初民、陶行知、冯玉祥、邵力子、李公朴等有影响的名人学者，使中华大学成为国民党统治中心的一个"民主讲坛"。为抗日战争培养了一大批有用人才。

20世纪20年代中期的厦门大学经费较宽裕，原因是当时厦门大学的主要捐款人陈嘉庚的实业处于鼎盛时期，有强大的经济实力做后盾。陈嘉庚与校长林文庆决定重金礼聘教师，以"待遇吸引人才"。学校规定：教授月薪最高可达400元，讲师可达200元，助教可达150元，而且从不欠薪。当时使用的货币是银元（大洋），25元就能养活一个五口之家，当时复旦大学校长及专任教授的月薪最高仅200元，相比之下，厦门大学的待遇确实优厚。

再来看一看当时公立大学的情况。1926年正值第一次国内革命战争时期，

---

①复旦大学校史编写组.复旦大学志.上海：复旦大学出版社，1985：108.

北京政府处于风雨飘摇之中，公立各大学经费无着，教职员工资经常拖欠，无法保障。"已到山穷水尽之势"，北京多所高校校长被迫集体辞职，京沪等地教授学者纷纷另谋新职。在这种情况下，厦门大学重金礼聘教师的策略收到了不错的效果。从3月到12月，林语堂、沈兼士、鲁迅、张星琅、顾颉刚、张颐、史禄国、姜立夫等很多著名教授和学者到厦门大学任教。①

除了从外面引进教师外，厦门大学还从本校毕业生中选聘优秀学生到国外深造，以备将来回校任教。厦门大学在建校之初就非常重视教师的进修和培养。学校规定："本大学得由校长酌派教授、助教或物色预定教授分赴欧美各国考察研究"；"考察研究年限，教授不得过二年，助教不得过三年，预定教授由校长临时酌定"；"考察研究期内，教授、助教除留学费外得酌给津贴，唯不得逾原俸之半"；"考察研究期满，须将所考察研究之成绩报告本大学"；"考察研究期满回校服务年限须倍其留学之年数"。②

校长林文庆认为"本校学生成绩优良者将来毕业后或能得留学外国奖学费优待，以为养成将来本校教授之材。现在本校有预定教授欧元怀君留学美国受本校之津贴"。③ 此外，厦门大学还制定了《优待教职员规则》和《教职员养老金规则》，对在本校工作一定年限的教职员，并符合以上规则的教职员发放一定数额的恤金和养老金。这种做法在当时私立大学中还是很少见的。学校以此来鼓励教职员在厦大任教。

当时由于军费开支过大，教育经费极其紧张。很多公立大学经费无法保障，拖欠教师工资如家常便饭。当时南开大学教师待遇虽低，但能保证月月按时发给薪俸，这在当时社会政治动荡不安的情况下是十分难得的，也对教师有很大吸引力。蒋廷黻在回忆他最初到南开大学任教时曾经写道："在我返国时，大多数学校都发不出薪水，老师无心上课，或者尽量兼课，因为薪水是按钟点计算的，某些老师成了兼课专家。这种情形在南开是没有的。张校长很严格，他按规定付酬，学校名气虽不算大，但学生和老师的出席率是极高的。"④

此外，为了充分发挥教师的专业特长，最大限度地激发教师工作的积极性，一些学校在教师分配上实行"按劳分配，多劳多得"的制度。20世纪20年代前后

①厦门大学校史编委会.厦门大学校史第一卷.厦门：厦门大学出版社，1990:67-69.
②上海《民国日报》，1921-03-30,31（第七版）.（编者按：无作者和题名）
③厦门大学校史编委会.厦门大学校史.第一卷.厦门：厦门大学出版社，1990:26.
④蒋廷黻.蒋廷黻回忆录.长沙：岳麓书社，2003:91.

的同济医工学堂(同济大学的前身)充分利用分配这个杠杆来调动教师工作的积极性。同济医工学堂的教师主要由中国教师和德国教师组成,不同时期中、德两国教师比例有所不同。1917年华人校董接管学校之初,全校有52名教师,其中德籍教师34人,中国教师17人,罗马尼亚教师1人。第一次世界大战后,1919年根据协约国的规定,德籍教师大部分被遣送回国。这一年全校教师共35人,其中本国教师25人,德籍教师9人,罗马尼亚教师1人。从1920年起,学校又陆续增聘德籍教师。1921—1925年,全校教师总数在40人左右,其中本国教师占1/4到1/3,德籍教师占2/3到3/4。[1] 德籍教师任教资格,在工科以在德国理工科大学毕业得有特许工程师证书,并有5年以上的实际经验为限;在医科,以曾在德国医科大学医科得有讲师以上的资格者为限。他们大都有博士学位,其中少数人是德国大学的教授。德籍教师担负的教学任务较重,加之大部分教师学历、职称高,因此工资待遇高;本国教师担负的教学任务较轻,在学历、职称上较低,因此工资待遇低。以1920年为例,在任课时数方面,德籍教师21人中,每周授课20~24小时者14人;授课16~18小时者3人;授课4小时者3人;还有1人担任实习工厂指导,每日工作8小时。本国教师12人,每周授课20小时者1人;授课13~19小时者6人;授课6~9小时者4人;还有1人担任实习工厂指导,每日工作7小时。在工资待遇方面,德籍教师21人中,月薪600~800元者5名;400~550元者6名;200~350元者10名。在12名本国教师中,月薪300元以上者1人;100~150元者5人;50~80元者6人。在上海吴淞,有设备较好的宿舍供德籍教师及其家属居住,如果住在上海市区,另有津贴。[2] 本国教师则没有这项待遇。当时有人评论说学校在教师待遇方面崇洋媚外,不公平。实际上这种说法欠妥,当时学校是按教师的学历、职称、工作量来计报酬,体现了"按劳分配,多劳多得"的原则。

---

①翁智远.同济大学史:第一卷.上海:同济大学出版社,1987:6、33.
②翁智远.同济大学史:第一卷.上海:同济大学出版社,1987:19,33.

第二章

民国时期我国私立大学经费来源

经费是否充足直接影响教师薪俸的高低。私立大学与公立大学的最主要区别在于经费来源不同。公立大学经费主要靠政府拨款，其他收入所占比例很小。而私立大学经费来源于多方面，其经费来源主要有社会捐款、学费、政府补助、财产收入、杂项收入等。私立大学经费来源情况受政治、经济、政府政策、人们思想观念等因素影响很大，各项经费来源所占比重处在不断变化之中。各私立大学经费来源情况互不相同。因此，就全国私立大学而言，很难说哪项收入所占的比例最大。即便是同一所学校，其不同时期的教育经费来源状况也不相同。有些私立大学某些时候社会捐款所占比重较大，有些私立大学的学费是其收入的主要来源，还有些私立大学某些时候主要靠杂项收入或政府补助。总之，私立大学经费来源多元化且处在不断变化之中。本文以1929—1930年度为例，来说明公立大学与私立大学教育经费来源的总体情况。见表2-1。

表2-1　1929—1930年度公立大学与私立大学教育经费来源情况表（单位:%）

学校类别	国省款	捐款	学生缴费	杂项收入
公立大学	92.8	1.2	4.3	1.7
私立大学	4.9	54.4	24.5	16.2
公立专科学校	93.0	2.6	3.4	1.0
私立专科学校	3.5	28.1	54.3	14.1

资料来源:教育部高等教育司.全国高等教育统计.上海:商务印书馆,1931:6.

从表2-1可以看出，在1929—1930年度，公立大学、公立专科学校的经费来源主要靠国省拨款，高达90%以上。而国省拨款在私立大学、私立专科学校经费中所占比例很小。捐款和学费在私立大学、私立专科学校经费中占到了80%左右。下面就私立大学经费来源情况作一具体分析。

第一节　社会捐款

毋庸置疑，筹集办学经费是私立大学面临的最大困难。当时虽然很多人士为兴学曾慷慨解囊，有的甚至倾家荡产、毁家兴学，但对于人口众多的中国来说，这些捐资助学的人毕竟是少数，而且少得可怜。即使在这些少数人当中，也有相当一部分的捐款不是出于自发的，而是经过募款者想方设法、煞费苦心争取来的。

一、私立大学经费筹集面临的困难

民国时期，捐资助学之风初开，捐资助学者较少，使得一些有识之士开始反思中国的国民性，激烈批评国民的劣根性——自私自利。时人林语堂对这种现象批评道：中国人"只关心自己的家庭，而不关心社会"，"'公共精神'是一个新名词，正如'公民意识''社会服务'等名词一样，在中国没有这类商品"。① "资本家根本就极少，而热心文化事业的人更是凤毛麟角，真正资本家是新旧军人，其巨款都已汇存欧美各国大银行，根本就不愿拿回祖国来使用。并且他们对于文化事业毫无兴味，多采取一毛不拔的态度。""资本家在个人享乐上虽然挥金如土，但在社会服务上并无踊跃输将的勇气。"②有人认为这种国民的劣根性成为制约民国时期私立大学发展的重要因素之一。笔者认为，这一现象不应归罪于国民本身，而与中国两千多年的封建专制社会制度息息相关。在长期的封建专制统治下，民众无法参政议政，缺乏民主意识和社会责任感，团体观念淡薄，缺乏对社会公益事业的热情就不足为奇了。

以上一些言论虽有些过激，但在一定程度上反映了当时中国社会的状况。相比之下，在欧美等国家，热心于文化教育等社会公益事业的国民是推动私立大学发展的一个重要因素。在美国，早期的一些著名大学大多是私立的，在1860年以前的264所院校中，私立有147所，这些学校主要靠私人捐赠而建。燕京大学校长司徒雷登的话也说明了这一点，他说："作为燕京大学校长，在美国我拥有一批潜在的赞助者。美国人习惯于响应国内和国外在教育和宗教方面的呼吁。他们了解传教士呼吁的目的。"③

南开大学校长张伯苓对当时一些国民的麻木、自私也多有论述："吾国人素有不问国事之劣点。"④从张伯苓描述的"九一八"事变后的国人反应可见一斑："东北

---

① 林语堂.中国人.上海：学林出版社，1994：177.
② 朱新涛.民国时期私立高等教育浅探.厦门大学硕士研究生毕业论文，1990：31-32.
③ 梁吉生.张伯苓与南开大学.太原：山西教育出版社，1995：270.
④《南开周刊》第114期，1925年3月2日.

问题发生以后，余曾以冷静态度观察各方情形……凡南开学生无论其人已未毕业，对此事件似尤为注意。二日之间，就余询问者接踵而至。然吾人一观外间情况，则迩来方届华商赛马，余住宅旁每日皆车马往来甚盛，络绎于途。其盛况几令人不信国家之有事变。外间商人，亦各仍其业，熙攘如故，令人不感丝毫异样。当今晨余过冀北会时，有日人在内跑马，国人约有十数正围而观之，有持鸟笼之逸士，有抱婴孩购蔬果之妇女。总余所观，今日对此事加以深切注意者，唯学校中之教师、同学耳。社会一般固犹在不知不觉之中，而更有醉生梦死者在也。"①

一些人对事关国家存亡的此等大事尚且不闻不问，对教育事业就更漠不关心了。难怪有人说"发了财的人，肯全拿出来的，只有陈嘉庚"，"中国人多自私自利之心，惟陈公能公而忘私"。② 陈嘉庚对国人的自私性也深有感触，多次募捐失败后无奈地说："我国人但知竞争财利，而不知竞争义务，群德不进，奴隶由人，故国弱而民贫。"③"所可怪者我国人传统习惯，生平艰难辛苦多为子孙计，若夫血脉已绝，尚复代人吝啬，一毛不拔。既不为社会计，亦不为自身名誉计，真愚不可及。"④"文明国教育，个人社会，多有倾家兴学者；我国国民自顾私利，视财如命，互相推诿，袖手旁观，以致教育不兴，实业不振，奄奄垂危，以迄于今日。"⑤

可见，我们在充分肯定民国时期一大批捐资助学人士为教育所做的努力的同时，也应客观正视当时大多数民众"私"与"散"的人性，其成为制约民国时期私立大学发展的一个因素，同时也给私立大学经费的筹集带来了很大困难。因此，募捐者要有百折不挠、锲而不舍、知难而进、越挫越奋、不怕失败的决心和勇气。中华大学校长陈时在募捐时经常碰壁，有时还要忍气吞声。武汉虽为九省通衢，但有钱的商人大多对教育不感兴趣。陈时托钵四方，总是有求不应者多。有一次，陈时拿着募捐本请汉口巨富徐荣廷写下捐款数额，徐写了500元，然后竟把募捐本往地上一扔。⑥ 陈时虽然气愤，却强忍着避免与徐发生争吵。

南开大学创办人严修和张伯苓在筹集经费时也历尽了艰辛。学校创办之初相

①张伯苓.东北事件与吾人应持之态度.载《南大周刊》第114期，1931年10月6日.
②厦门大学校史编委会.厦门大学校史资料第一辑.厦门：厦门大学出版社，1987：3、38.
③王增炳，陈毅明，林鹤龄.陈嘉庚教育文集.福州：福建教育出版社，1989：175.
④王增炳，陈毅明，林鹤龄.陈嘉庚教育文集.福州：福建教育出版社，1989：25.
⑤王增炳，陈毅明，林鹤龄.陈嘉庚教育文集.福州：福建教育出版社，1989：165.
⑥胡治熙.也谈中华大学与陈时.武汉文史资料：第16辑，1984：173.

当艰难，最关键的是要解决经费问题。为此，严修和张伯苓二人四处奔波，到处游说，筹措办学资金。虽然遇到了很多困难，但仍不气馁。张伯苓曾对南开的学生们说："我为自己向人开口捐钱是无耻，为南开不肯向人开口捐钱是无勇。"为了筹款，张伯苓多次挨别人白眼，坐过无数次冷板凳，可他从不灰心，他说："我虽然有时向人家求见捐款，被其挡驾，有辱于脸面，但我不是乞丐，乃为兴学而作，并不觉难堪。"①在南开大学办学过程中，经常遇到经费短缺，但张伯苓从不气馁，他常说："南开是私立学校，全校总支出超出学费收入甚多，可是南开要长！长！长！日日新，必须扩充建筑及设备，所以南开之'难'，也许是困难之'难'字。不过我总是乐观的，不怕困难。缺乏经费，决不能阻止南开之发展。"②

在筹集经费问题上，张伯苓不赞成"巧妇难为无米之炊"这句话。有一次他在大礼堂演讲时说，"有米人人可以为炊，用不着巧妇"，"巧妇难为无米之炊"这句话是笨人、懒人、没有奋斗意志的人、不想法子战胜环境的人，用为推卸责任的借口。负责任的人，成功的人，他们能在没办法时，想办法解决问题。在环境困难时，努力奋斗，鼓起勇气，以求战胜环境，完成使命。在历史上，成大功、立大业的人，都是具有能做无米之炊巧妇精神的人。③

厦门大学创始人陈嘉庚先生不但自己把毕生精力和财产献给了教育事业，而且还向世人积极募捐。在募捐过程中虽多次遭遇挫折，仍不气馁。他头三次募捐就遭到失败，虽深感募捐之困难，但仍劝募不断。早在筹备厦门大学的时候，他就表示，学校开办两年后略具规模时，即向南洋富侨募捐巨款。1922 年 3 月，当陈嘉庚第六次到新加坡时认识了"糖业大王"、堪称全侨首富的某华侨，陈嘉庚认为机不可失，动员他"由近处做始"办公益事，支持家乡的办学活动，请他捐款500 万作为厦门大学基金，也可以多少随意。后来，陈嘉庚才得知他无意捐款，这是陈嘉庚第一次募捐失败。其实，他已经估计到了这种结果，他说："弟早知无效，唯绝不开口，则人不我信，或责弟为包办厦大，故不得不一试耳。"④1924 年春，陈嘉庚在万隆又认识了一位据说有二三百万盾的某华侨，于是又萌发了为厦大募捐的念头，他托人请该华侨向厦大捐图书馆一座，少则六七万盾，多则 10万盾，图书馆可标明捐助者姓名。后来，此事不了了之，这是陈嘉庚第二次募捐

---

①南开大学校史编写组.南开大学校史.天津:南开大学出版社，1989:111.
②南开大学校史编写组.南开大学校史.天津:南开大学出版社，1989:117.
③郭荣生.我从南开学到了什么.南开校友通讯，1992.
④陈嘉庚 1922 年 12 月 16 日给陈延庭的信，集美校委会藏原稿.

失败。陈嘉庚离开万隆到东爪哇泗水，在那里认识了资产约 300 多万的一位富侨，他没有因前两次募捐的失败而灰心，仍为厦门大学尽"奔走之责任"，于是跟前两次一样又托人向该富侨劝捐，不想又遭到拒绝，这是陈嘉庚第三次募捐失败。

陈嘉庚本想很多富豪都会像他这样慷慨助学，结果到处碰壁，甚至仅仅募捐十万八万乃至四五万都办不到，真让他尝到了募捐的困难。他在 1922 年底的一封信中说："迨南来后，再登舞台，益思年内厦大料乏同志出大力之君子，其他少数无裨大局，况未必能得手，反复三思，尚靠自己为先务，是以言归之期，已作罢论。"①从中可见其募捐的艰辛！光华大学创始人兼校长张寿镛（咏霓）先生道出了私立大学办学者筹集经费的艰辛。1930 年张寿镛在《光华五周年纪念书序（代序）》的序文中回忆了当时筹办学校的艰辛：

> 方其经营之时。狂奔急走。呼号相及。借甲偿乙。补屋牵梦。托钵题缘。自忘愚痴。热诚者一呼便应。冷嘲者讥为多事。于是财无分于公私。事兼理于巨细。访求师范。登门鞠躬。考订章程。专家是赖。以知行合一（编者按：1931 年以后校训改为"格致诚正"）相激励。昭然相示以肝胆。缔造之艰。非身历其境者不知也……

二、私立大学经费筹集的策略

民国时期，私立大学经费的筹集既然如此困难，筹集经费的策略应该成为研究的一个重要课题。笔者通过对民国时期成功私立大学的办学者们筹集经费的经验进行总结归纳，概括为以下几个经费筹集策略。

（一）不拘一格用钱财

对很多私立大学来说，只要向学校捐助了一定数额的资金或在其他方面对私立大学有所帮助的人，都可以成为学校的董事会成员。因此，有人说很多私立大学的校董是用钱"买"来的。如严修、张伯苓在筹办南开大学时，曾聘请臭名昭著的曹汝霖、杨以德等为校董，此举引起了学生们的反对。1919 年 5 月，留日南开

---

① 陈嘉庚 1922 年 12 月 3 日给陈延庭的信，集美校委会藏原稿.

同学会致函留美南开同学会，认为校董是一校精神的表率，不能拿校董去诱人捐钱，他们要求学校将曹汝霖、杨以德等从校董中除名。实际上，严修、张伯苓也是迫于无奈，因为在当时情况下，私人办学何等艰辛。他们认为，将达官贵人、巨绅手中用以挥霍享受或盘剥牟利的财产，转用于百年树人的公益事业，并非坏事，张伯苓说，"美丽的鲜花，不妨是由粪水浇出来的"。①

为了给学校筹集经费，张伯苓与当时许多军阀都有较好的私人关系，多年以后他还念念不忘这些"老友"："徐前大总统菊人，陈前直隶总督小石，朱前巡按使经白，与刘前民政长仲鲁诸先生，或者拨助长年经费，或者补助建筑费用，倡导教育，殊深感激！"②难怪 1920 年去世的曾任江苏督军的北洋军阀李纯留有遗嘱：将其家产四分之一约 50 万银元，捐助给南开大学作永久基金。③

同样，大夏大学为了给学校筹措经费和保护广大师生安全，聘请了声誉不好的杜月笙为校董，一次，学校建宿舍需贷款 30 多万元，王伯群找杜月笙商量，杜说："不用担心，没有抵押品，由我出面担保还就是了。"④

据初步统计，以大洋计算，近代军阀对南开的捐款，前后共有 150 多万。近代私立大学在依靠社会力量办学过程中，不计较捐款人的名声，这种"不拘一格用钱财"来办学的做法乃为无奈之举，却不失为筹集资金的一个策略。

（二）吃水不忘挖井人

私立大学对于捐助者通过各种方式予以宣传和回报，以示对他们的感激。中华大学校长陈时只要有机会就设法把校董、捐助者请到学校巡视、讲话、签名留念，还把某些校董的照片悬挂于大礼堂以示不忘。

社会捐款是南开大学经费的一个重要来源，学校不忘那些好心捐款的人，把李秀山捐助建造的教学楼称为"秀山堂"，1923 年 3 月，为建科学馆得到美国罗氏基金团 10 万元和袁述之捐款 7 万元，建成后将其命名为"思袁堂"，即"思源堂"。1928 年，用卢木斋捐助的 10 万银元建起图书馆，将其命名为"木斋图书

---

①南开大学校史编写组.南开大学校史.天津:南开大学出版社,1989:89.
②张伯苓.四十年南开学校之回顾.南开四十周年纪念校庆特刊,1944 年 10 月 17 日.
③李桂山致严修函.南开周刊,1921,2.
④政协西南地区文史资料协作会议.抗战时期内迁西南的高等院校.贵阳:贵州民族出版社,
　1988:148.

馆"。1929 年，陈芝琴捐款建起的女生宿舍称为"芝琴楼"，都有"吃水不忘挖井人"的意思。同时，这也是给予捐款人的一种报答，在一定意义上，也鼓励了更多社会人士向南开大学捐助。

一些私立大学还制定了"试读生""特别生""旁听生"等制度，为对"学校做出贡献"的"关系户""财神爷"的子弟入学提供方便。以南开大学为例，"试读生"可以不经入学考试就入学，但学费、住宿费加倍，个别学生要加好几倍。试读一年，考试合格可以转为正式生，考试不及格或退学或缴费续读，尽量为军政界要人和"关系户"的子弟入学提供方便。以支持免费生，在学费方面取得收支平衡。①

（三）充分利用校友为学校捐款

校友是私立大学发展的柱石。越是历史悠久的私立大学，校友反哺母校的力量就越强。校友为许多私立大学的发展做出了重大贡献。成功的大学大都会利用校友的力量促进学校的发展。哈佛大学、耶鲁大学的成功与一些校友的大力支持是分不开的。民国时期，私立大学的很多办学者们充分认识和利用了校友在学校发展中的作用。很多学校设立了校友会，校友在母校资金筹措、物质支持、疏通学校与社会的关系等方面发挥了不可忽视的作用。例如，复旦大学的不少学生在南京国民政府中担任了要职，这些校友为复旦大学提供了很多帮助，1936 年，在校友的活动下，国民政府行政院决定每年向复旦大学补助国币 18 万元。② 抗战爆发后，由于复旦大学教师章益到教育部出任总务司长，复旦大学得到了教育部更多的物质补助。③

南开大学在充分获得校友支持学校发展方面积累了很多经验，时人曾这样评论："中国组织最好的校友会，要算南开与黄埔军校的。"④南开大学很重视联络校友的感情，南开的校友会遍及国内外，在南开的捐款中校友们是一支重要的力量，他们还为母校的发展多次进行募捐活动。1929 年 4 月 21 日，南开校友举行"环球聚餐"，就是一种大型的募捐活动。在这一天的中午同一时间，世界各地的

①华银投资工作室.思想者的产业——张伯苓与南开新私学传统.海口:海南出版社,1999:187.
②复旦大学校史编写组.复旦大学志:第一卷(1905—1949).上海:复旦大学出版社,1985:145 - 146.
③复旦大学校史编写组.复旦大学志:第一卷(1905—1949).上海:复旦大学出版社,1985:280.
④张伯苓.南开校友与中国前途.南开校友,1939,4(6).

南开校友都在当地聚餐讨论募捐事宜，并从即日起募捐两周，许多校友慷慨解囊，当场捐款。如在天津，305 名校友聚餐于福禄林饭店，傅作义、颜惠庆等人都出席会议发表演说，结果未满两周就捐款 1 万多元。在上海、南京、北平、大连、成都、青岛等地，也都由南开著名校友担任募捐委员。在美国，南开校友聚会于纽约中华厅并当场募捐，在英国，聚餐于伦敦上海楼，推举老舍为会长负责进行募捐，该次募捐共收到捐款 6 万多元。①

1935 年，为了解决经费困难，南开向社会发起了募捐活动，命名为"三六"活动，即计划募捐 36 000 元。结果，在南开广大校友的支持下，不但圆满完成了预期任务，还超过原定募款数额 1/3 以上。张伯苓高度评价了南开校友对学校所做出的贡献，并对校友们提出了希望。张伯苓于 1935 年 4 月 28 日，在《对于南开校友的展望——燃起了复兴民族之火》的讲话中说：

诸位校友一方面做事，一方面须不堕落、不颓唐，能够"束身自好"……要有团体组织。诸位校友如果每人能以余暇的工夫，十分之一或二十分之一联合起来，成为一整个健全的单位，共同努力于有益团体及国家的事业，一定能有充分的力量与显著的成效。近来多"结党营私"，我们南开校友要"结党营公"……凡对国家有益的事业，我们校友们就要通力合作，多做贡献。因为我们是知识阶级的领导者，应自负是复兴国家一支最强劲的生力军。本南开的"硬干精神"先由天津总会做起，再逐渐推及于全国各分会。固然是"言之非艰，行之维难"，如果诸位校友能以"三六"募款那样的热心，不断地努力工作，对于现社会的"愚"与现社会的"穷"，一定能有相当的补救。现在就燃烧的煤球作比喻，如将煤球密集一处，则火光熊熊，燃烧力大。如将煤球散放，则火焰微弱，燃烧力小。我盼望诸位校友要将"三六"募款的热力，仍继续着燃烧，并且要与一煤球般的密集，使燃烧力更为强大永久。若只募款 36 000 元，那不是我们唯一的目的。我们希望"三六"募款燃烧力蔓延到各处，它的热量散布到全国！我们南开学校，这 30 年来，永远是燃烧着。现在各处都起了火光，南开的火光，能否冲天，而烛照万里，就看我们南开，今后供给燃物的质量如何！②

从张伯苓的讲话中可以看出，他对南开大学校友寄予厚望，希望校友们团结

---

①南开大学校史编写组.南开大学校史.天津:南开大学出版社，1989:111 – 112.
②《南开校友》第 6 期，1935 年 5 月.（编者按：无作者和题名）

起来，为南开大学乃至整个社会的发展多做有益的事情。的确像张伯苓所希望的那样，南开大学校友为南开大学的发展做出了很大贡献。

再如，近代比较著名的广东光华医学院也十分重视与毕业生的感情联络，学校附属医院对毕业同学留校及他们所送的病人入院采取了优惠政策，校友们十分感动，为了表达对母校的感激之情，他们奔赴澳门等地为学校募捐，在母校成立40周年之际筹资建造了药理学馆，以示纪念。在民国时期的私立大学中，类似的情况并不少见。

（四）研究捐款者的心理，充分发现潜在的募捐对象

劝募既要有耐心，也要有技巧。不少人在捐款时是很情绪化的。美国高等教育界有一句募款格言，强调"人们并非捐款给构想，而是捐款给人"，一般情况下，人们都喜欢答应自己喜欢的人的请求，一个人会不会捐、捐多少，有时是很难以捉摸的。可见，个人良好的人际关系与公关技巧在募款中相当重要。厦门大学校长林文庆到南洋募捐，之所以能取得较好成效，主要原因之一是林文庆在那里有较高的社会地位和良好的人际关系。他曾经做过新加坡的议员，他还担任过各种重要社会团体的领袖。所以，林文庆到新加坡募捐，不但备受侨胞的热烈欢迎，就是新加坡的总督和重要官员也没有一个不对他表示相当敬意的。当他到那里要着手募捐时，有人告诉林文庆，照当地的法律，要募捐首先必须得到总督的批准。于是林文庆便一个人去拜访那里的总督，不到半个钟头这道难题便解决了。结果因为得到了总督的介绍信，到各州府去募捐就可以顺利地进行了。在外国募捐比国内更困难。有些人对中国不熟悉或思想陈旧，不愿意捐款。幸亏林文庆在当地很有声望，募捐才取得了不错的效果。

南开大学校长张伯苓在长期的募款实践中总结了一些经验，他从自身的实践中探索了一套募捐的"秘方"。他常把自己称作"一个化缘的老和尚"，但是他是拿着"金饭碗"讨饭的，并不卑躬屈膝。有人常问他怎么能捐这么多款时，他曾幽默地说：只要摸准了，一抓就是一笔。张伯苓在募捐时善于抓住捐款人的心理，有的放矢地进行募捐。张伯苓对捐款者的心理颇有研究，他认为，政府的官员不管谁当政，都不会公然反对和禁止兴办教育，培植人才。而且当权者总喜欢留下

美名，或者想把自己的子女送进一所好学校，张伯苓抓住了当权者这两点心理同他们打交道，因而能够从他们那里得到一些捐款。① 例如，1919 年南开大学创办之初，张伯苓和严修向徐世昌、黎元洪等人求助，从而得到 8 万元的捐助。②

一次，他向直隶省第一任提学使卢木斋募捐前，首先了解到卢木斋以前喜欢读书而无钱买书的故事，同时还了解到天津市图书馆的前身是卢木斋等人兴办的，根据以上情况，张伯苓瞄准了卢木斋这个潜在的募款对象。他跟严修说："我总想用什么来纪念卢老先生"，他请严修把这话转告给卢木斋（注：严修和卢木斋是儿女亲家）。严修一说这话，卢木斋知道是想让他捐款，就痛快地答应了，张伯苓要的 10 万元大洋也就到手了。③

张伯苓还善于向外国人募捐，在谈到向美国人募捐时总结道："捐款注意点有二，第一便是须有人介绍，第二须有充足之理由。"④张伯苓深刻认识到，向人募捐的确不是一件容易的事，向外国人募捐就更不容易。当时，欧洲人尚不能自顾，所以只有向美国人募捐。张伯苓在美国募捐尽量经别人介绍。或者通过在美国的校友，或者通过美国朋友。通过多年募捐的经验，张伯苓认为是否有人介绍，其募捐效果会大相径庭。在向美国人募捐时必须有充足的理由。美国人的财产都是自己赚来的，不易拿出，无缘无故绝不轻易捐出。向他们募捐时，用乞求、可怜的态度和手段是不行的，美国人是不会予以同情的。所以必须找个正当的理由。于是张伯苓所陈述的理由是：

> 中国从前怎样好，将来预备怎样发展，现在虽然不好，乃是因为内政的纷扰，导致经济紊乱，所以需款办教育造就有为的青年，因此我也要请你们稍帮忙。使他们看看我们南开的以往，他们便可以晓得我们是时时刻刻在困难中争斗的。容易的道路越走越狭，难走的道路才可以发展前进。又因为中国的问题是未来的世界大问题，助我们解决这个问题，也是他们所应该的。⑤

总之，筹集教育经费是要讲究策略的。募捐者要有不怕失败、知难而进的决心和勇气。"心诚、脸皮厚"也许是私立大学募捐者的真实写照。募集既不是索要，

①李建永，张丽双.百年教育回眸.北京：中国经济出版社，2000：67.
②南开大学校史编写组.南开大学校史.天津：南开大学出版社，1989：85.
③李建永，张丽双.百年教育回眸.北京：中国经济出版社，2000：68.
④《南开双周》第 4 卷，第 2、3 期，1929 年 10 月 17 日.（编者按：无作者和题名）
⑤《南开双周》第 4 卷，第 2、3 期，1929 年 10 月 17 日.（编者按：无作者和题名）

也不是乞讨。面对募集对象既不能趾高气扬、态度傲慢，也不能低三下四、卑躬屈膝。私立大学应充分调动各方面的力量为学校募捐，同时尽量对捐助者给以各种形式的回报。募捐前要充分掌握和研究募捐对象的心理，以恰当的言行取得募捐对象的信任。民国时期私立大学教育经费筹集的一些策略，值得当前民办高等教育办学者借鉴和思考。

三、社会捐款情况及变迁

社会捐款是民国时期私立大学一项重要的经费来源。清末，由于私立大学在中国初建，很多人对此种办学形式很不理解。要获得比较多的捐款很不容易。干事姚洪业因经费难以筹措，以自杀相报。从某种意义上说，中国公学的建立是用姚洪业的生命换来的。姚洪业在遗书中道出了募捐的难处和自杀的原因："我同志等组织此公学也，以大公无我之心，行共和之法，而各同志又皆担任义务，权何有？利何有？而我同志等所以一切不顾，劳劳于此公学者，诚以此公学甚重大，欲以我辈之一腔热诚，俾海内热心之仁人君子怜而维持我公学成立，扶助我公学发达耳。乃自开办以来……海内热力赞助者，除郑京卿孝胥等数人外，殊寥寥。求助于政府无效，求助于官府无效，求助于绅商学界又无效;非独无效，且有仇视我公学，诽谤我公学，破坏我公学者。""我性偏急，我诚不忍坐待我中国公学破坏……故蹈江而死，以谢我无才无识无学无勇不能扶持我公学之罪。""夫我生既无所补，即我死亦不足惜。我愿我死之后，君等勿复念我，而但念中国公学。""我愿我诸同学皆曰，无才无学无勇无识如某某者，其临死之言可哀也，而竭力求学以备中国前途之用……"①

姚洪业不惜牺牲生命来唤起人们对私立大学的捐助，实属无奈之举，代价实在太大。表明当时私立大学要获得社会捐款相当困难。姚洪业自杀之后，赞助公学的人稍多。② 如奉天巡抚程德全一次捐款 3 000 元，商人孙性廉一次捐款 10 000 元，海外华侨陆续捐款的也不少。南洋华侨也纷纷慷慨解囊，捐助数额从数千元到数万元。③

同样，复旦公学在开办之初，捐助的人也很少。马相伯、严复等以身作则，

①胡适. 中国公学校史//学府纪闻:私立中国公学. 台北:南京出版有限公司，1982:6－7.
②胡适. 中国公学校史//学府纪闻:私立中国公学. 台北:南京出版有限公司，1982:5、7.
③忻福良. 上海高等学校的沿革. 上海:同济大学出版社，1992:105.

纷纷募捐。马相伯多次捐资助学，1907 年他将父亲平生积蓄的现洋 4 万元及英租界中的地基 8 处(时值银十万余两)悉数捐出。[①] 同时，马相伯、严复等联名发表《复旦公学募捐公启》公开向社会募捐。

《复旦公学募捐公启》发布后，向学校募捐的人仍然很少，因为人们受传统观念的影响，捐资助学的意识比较淡薄。复旦公学仅靠捐款难以为继，无奈，校长马相伯只好向政府求助。

中华民国的建立结束了中国几千年的封建社会。彼时资产阶级自由、民主思想深入人心，人们的思想观念开始发生巨大变化。加之这一时期政府对私立大学的鼓励支持，使得向私立大学捐款的单位和个人及捐款数额较清末大大增加。很多私立大学是靠捐款建立起来的。如武昌中华大学、上海图画美术院、大同大学、朝阳大学、厦门大学、南开大学、立信会计专科学校、江南大学等。捐款在私立大学的经费中占有重要地位。图 2－1 显示了 1929—1930 学年捐款在私立大学中所占的比例。

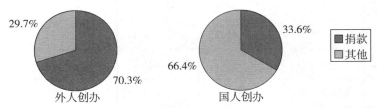

图 2－1　捐款在私立专科以上学校经费中所占之地位(1929 年 8 月—1930 年 7 月)
资料来源:教育部高等教育司.全国高等教育统计.上海:商务印书馆，1931:2.

从图 2－1 可见，1929—1930 年，国人创办的私立大学，其捐款数额占其经费总收入的 33.6%；外国人创办的私立大学，其捐款数额占其经费总收入的 70.3%；需要说明的是，这里的"外国人创办的私立大学"包括教会大学和非教会大学两类，而非教会大学即是本文所指的私立大学。就具体学校而言，很多私立大学的捐款占有相当重要的地位。如武昌中华大学 1928 年、1929 年、1931 年、1932 年、1934 年捐款占其经费的比例分别为 70.7%、78.0%、70.0%、64.0%、46.7%；厦门大学 1928 年、1929 年、1931 年、1932 年、1934 年捐款占其经费的比例分别为 73.5%、80.0%、61.0%、57.0%、42.5%等，见表 2－2。

---

①宗有恒，夏林根.马相伯与复旦大学.山西教育出版社，1996:26.

表2-2 20世纪20年代末30年代初部分私立大学捐款数及占其经费的比例

学校	1928年	1929年	1931年	1932年	1934年
大同大学	8 679(8.8)	75 699(48.5)	84 350(64.4)	21 936(24.0)	8 389(5.3)
大夏大学	0	111 240(37.0)	148 009(35.0)	47 815(17.0)	50 095(17.3)
中法大学	—	—	450 000(66.0)	42 847(12.2)	
光华大学	66 107(21.2)	49 275(16.0)	32 400(12.0)	29 200(9.3)	55 958(22.6)
武昌中华大学	135 000(70.7)	258 000(78.0)	300 000(70.0)	244 780(64.0)	126 000(46.7)
南开大学	58 200(32.9)	73 664(33.5)	62 384(17.6)	—	152 031(28.9)
厦门大学	237 555(73.5)	214 556(80.0)	154 741(61.0)	145 452(57.0)	125 998(42.5)
复旦大学	0	22 570(14.0)	27 570(14.0)	0	0
南通学院	70 800(69.2)	70 800(65.7)	73 380(24.0)	70 800(65.7)	50 252(21.8)
广东国民大学	—	—	56 778(23.0)	53 220(18.4)	
上海法学院	6 000(7.5)	0	—	4 840(4.0)	69 068(53.9)
武昌艺专	40 135(18.0)	54 592(45.6)	—	—	

资料来源:教育部高等教育司.全国高等教育统计.上海:商务印书馆,1931:68、71;教育部.二十一年度全国高等教育统计.上海:商务印书馆,1935:57、58、131、132;教育部统计室.二十三年度全国高等教育统计.上海:商务印书馆,1936:54、55、132、133、200、201;第一次中国教育年鉴:丙编教育概况学校教育概况.台北:台北宗青出版社,1991:87-140.

注:括号外数字为捐款数(单位:元),括号内数字为占总经费比例(单位:%),"—"表示未找到统计数据。

抗日战争爆发后,连年战争使公立大学、私立大学教育经费全面紧张,但受影响较大的是主要依靠政府拨款的公立大学,而私立大学所受影响相对较小。从某种意义上来说,公立大学的衰微反而为私立大学的发展提供了机遇。尽管政府对私立大学的补助很少,但社会上一些资金开始流向私立大学。战争使中国民族工业遭到浩劫,大部分毁于战火,只有少数内迁。战争也使国民生活状况进一步恶化。私立大学得到的社会捐助较战前普遍减少。另外,由于国民政府对民族工商业实施各种扶植措施和优惠政策，对某些地区民族工商业的生产恢复和发展起了很大促进作用。一些重新发展起来的民族工商业积极支持该地区的私立大学，促进了这些地区私立大学的发展。这些地区私立大学的捐款相当一部分来自该地区的民族工商业，如 1940 年诚孚信托公司出资创办了诚孚纺织专科学校。抗战胜利后，当时出现了不少由民族资本家直接出资创办的私立大学，如荣氏家族的成员荣宗铨于 1947 年兴办了私立江南大学，周承佑 1947 年创办了上海纺织工业专科学校，申新纺织公司于 1947 年创办了中国纺织工学院等。

四、私立大学得到社会捐款的原因分析

可以说，民国时期几乎所有私立大学或多或少都得到过社会捐款。有些私立大学的捐款在其经费来源中占有相当重要的地位，很多私立大学主要靠捐款维持学校的运转。那么，在积贫积弱的民国时期，是什么原因促使一些企业、团体、个人捐助私立大学？其原因归纳起来主要有以下几方面。

（一）政府对私人捐资兴学的鼓励

受中国几千年封建传统观念的影响，政府的态度对人们的思想观念和行为起着重要的导向作用。早在清朝末年，政府就对私人捐资助学持鼓励态度。此时鼓励和奖励的对象虽然主要是针对向中小学堂或实业学堂的捐资者，但对清末民初私人捐助私立大学起到了很大的推动作用。甲午战争后，清王朝的财政经济处于崩溃的边缘，光绪皇帝在上谕中哀叹："现在国步艰虞，百废待举，而库存一空如洗，无米何能为炊？如不设法经营，大局日危，上下交困，后患何堪设想。"[1]光绪二十四年（1898 年）五月二十二日，光绪帝发布上谕："各省绅民如能捐建学堂或广为劝募，准各省督抚按照筹捐数目酌量奏请给奖，其有独立措捐巨款者，朕必予以破格之赏。"[2]接着总理各国事务衙门以西方一些国家的经验进一步说明民间捐资兴学的重要性："自明末时，俄有富人名忒亚者，捐二十万卢布开办学堂，俄皇奖以大藏卿之职。各国效之，悬格以劝，于是富而好礼之徒争相捐输，有集

---

①朱寿朋.光绪朝东华录（五）.北京：中华书局，1958：5117.
②朱寿朋.光绪朝东华录（四）.北京：中华书局，1958：4126.

数百万镑为学堂书楼之费者。美国大学堂七所，而民间捐办者四。"导致"西国学术人才蒸蒸日上，已然之成效也"。而相比之下"中士之人，聪明才力不让欧美，而人才日乏国势日蹙者，归根到底是由提倡激励之未得其道"。①

为此，总理各国事务衙门奏请清廷，建议"按照军功授以实职，示以殊荣"，并采取以下措施鼓励私人捐资助学：如有独捐巨款兴办学堂，能养学生百人以上者，请特恩赏给世职或给卿衔。能养学生50人以上及募集巨款能养学生百人以上，请赏给世职或郎中实衔。募捐能养学生50人以上者，请赏给主事中书实职。其学堂请颁御书匾额，以示鼓励。如有独捐巨款兴办藏书楼博物院，其款至20万银两以外者，请特恩赏给世职；10万银两以外者，请赏给世职或郎中实职；5万银两以外者，请赏给主事实职。并给匾额如学堂之例。其捐资款项凑办藏书楼博物院学堂等事仅及万金以上者，亦请加恩奖以小京官虚衔。② 此建议被清廷采纳，经各地方的努力，私立学校得到一定程度的发展。

1901年，清政府开始推行新政，诏令各省设立学堂，各省对学堂经费筹措之艰难反应颇为强烈。直隶总督袁世凯表示"中学堂经费急难筹措"。③ 1902年1月7日浙江巡抚在《遵旨改设学堂疏》中说："查学堂经费较之书院应增至数倍，原有之款为数无多，现值库储奇绌，正项无可动支。"④1902年2月13日，管学大臣张百熙上奏："学堂之设，其造就人才为最，至其所需款项亦最繁。"⑤面对兴学经费的紧张，各省官员纷纷献计献策。浙江巡抚任道镕建议对捐资兴学给予奖励，他认为筹办学堂"惟事创始，筹款维艰，尚赖地方绅富集资捐办，以辅官立之不足"⑥。御史许在认为，查东西各国学堂之费多者，每年至千万余两，少者数百万两。日本海岛之国，亦八九百万两，其筹款之法，除由公家发帑外，半由民间捐助而成。中国风气初开，学堂成效未著，不有鼓舞，安能振兴。他建议对捐学者予以奖励：①凡绅商士庶能独立创建学堂，输资至10万银两以上者，应由该省督抚查明，请旨破格录用，以示优异，借以甄拔人才。其不及10万者，准照例定十成银数给奖，实官及十成贡监若干人，已有官阶不愿邀奖者，许移奖子弟，以免向隅。②查封典衔翎者，应请照准部定新章核奖。③凡现任候补各官捐

①阎广芬.经商与办学——近代商人教育研究.石家庄：河北教育出版社，2001：82.
②朱寿朋.光绪朝东华录（四）.北京：中华书局，1958：4129-4130.
③璩鑫圭，唐良炎.中国近代教育史料汇编·学制演变.上海：上海教育出版社，1991：88.
④璩鑫圭，唐良炎.中国近代教育史料汇编·学制演变.上海：上海教育出版社，1991：63.
⑤璩鑫圭，唐良炎.中国近代教育史料汇编·学制演变.上海：上海教育出版社，1991：68.
⑥朱有瓛.中国近代学制史料：第一辑（下册）.上海：华东师范大学出版社，1986：789.

资学堂者，应请例定十成银数给以升阶花样，若资非己出，系由劝募而来，应视款之多寡，分别情常、异常劳绩，给予奖叙，庶效力者不至偏枯。④凡捐助房屋、书籍、器具及学堂应用格致、化学仪器等项，请准照市价折合银数给予以上奖叙。⑤凡兴办学堂之处，所捐银数及已用数目，均令随时呈明该管地方官立案。其在省城者，应由该督抚查明具奏，其在厅府州县及乡镇市者，应由该地方官查明详报督抚奏奖。① 经清政府的提倡和鼓励，捐资兴学者层出不穷，受奖者也大有人在。在此仅举一例，可见一斑。据《浙江教育官报》载：宣统元年（1909 年），陈渭独捐巨款创办学堂，但本身不愿得官，于是浙江巡抚奏请移奖其子孙："该职员陈渭之孙俊秀陈炳耀作为监生奖给郎中，不论双单月分部行走，胞侄孙陈炳照、陈炳森各作监生以主事，不论双单日分部行走，以昭奖励。"②

中华民国成立以后，政府进一步鼓励私人捐资兴学，其范围扩展到了高等教育。明令对捐资兴学者予以奖励。1913 年 7 月 17 日，教育部公布的《捐资兴学褒奖条例令》规定：人民以财产创立学校或捐入学校，或以财产创办或捐助图书馆、博物馆、美术馆、宣讲所诸有关教育事业者，准由地方长官开列事实呈请褒奖。褒奖分为七等：捐资至 100 元者，奖给银质三等褒章；捐资至 300 元者，奖给银质二等褒章；捐资至 500 元者，奖给银质一等褒章；捐资至 1 000 元者，奖给金质三等褒章；捐资至 3 000 元者，奖给金质二等褒章；捐资至 5 000 元者，奖给金质一等褒章；捐资至 10 000 元者，奖给匾额并金质一等褒章；以动产或不动产捐助者，准折合银元计算。捐资逾 10 000 元者，其应得褒奖随时由教育总长呈请大总统特定。应给银质褒奖者，由各省县行政长官呈请省行政长官授与；应给金质褒奖者，由省行政长官呈请教育总长授与；应给匾额并金质褒章者，由教育总长呈请大总统授与。③ 受奖励者同时颁发褒章执照。

在此基础上，1918 年 7 月 3 日，教育部又公布了《重修捐资兴学褒奖条例》。奖励等次分为六等，与 1913 年的前六等相似。另外修改、增加以下条款："捐资至 10 000 元以上者，除分别奖给褒章、褒状、匾额外，由教育总长呈明加给褒辞。捐资至 20 000 元以上者，其应得褒奖由教育总长呈请大总统特定。"④

①朱有瓛.中国近代学制史料：第一辑（下册）.上海：华东师范大学出版社，1986：788.
②奏上虞职员陈渭独捐巨款创办学堂请移奖折.载《浙江教育官报》第 12 期，1909 年.
③中国第二历史档案馆.中华民国史档案资料汇编.第三辑.教育.南京：江苏古籍出版社，1991：616－618.
④中国第二历史档案馆.中华民国史档案资料汇编.第三辑.教育.南京：江苏古籍出版社，1991：619－621.

1929 年 1 月 29 日，国民政府又公布了重新修订过的《捐资兴学褒奖条例》规定：凡以私有财产处置创立或捐助学校、图书馆、博物馆、美术馆及其他教育机关者，得依照本条例请给褒奖。凡捐资者，无论用个人名义或用私人团体名义，一律按照其捐资多寡，依下列规定分别授与各等褒状：捐资在 500 元以上者，授与五等奖状；捐资在 1 000 元以上者，授与四等奖状；捐资在 3 000 元以上者，授与三等奖状；捐资在 5 000 元以上者，授与二等奖状；捐资在 10 000 元以上者，授与一等奖状。应授与四等以下奖状者，由大学区或省教育厅或特别市教育局开列事实表册，呈请省政府或特别市政府核明授与，仍于年终汇报教育部备案。应授与三等以上奖状者，由大学区大学或省教育厅或特别市教育局开列事实表册，呈请教育部核明授与。捐资至 30 000 元以上者，除给予一等奖状外，并于年终由教育部汇案呈报，请国民政府明令嘉奖；捐资至 100 000 元以上者，除给予一等奖状外，由教育部专案呈请国民政府明令嘉奖。凡已受有奖状者，如续捐资，得并计先后数目，按等或超等晋授奖状。①

为了对捐资兴学者予以奖励，教育部大张旗鼓地宣传捐资者的事迹。如 1929 年 11 月，教育部对卢木斋捐资兴建南开大学图书馆一事进行了嘉奖，并转呈行政院对其表彰。表明了政府鼓励人们捐资助学的鲜明态度。同时也是贯彻落实《捐资兴学褒奖条例》的一个举措。此外，教育部于 1938 年公布了 1929—1937 年捐资兴学褒奖情况。其中捐资专科以上学校（包括私立大学）情况见表 2 - 3。

表 2 - 3　1929—1937 年捐资专科以上学校情况表（单位：元）

年份	捐资数	年份	捐资数
1929	110 000	1934	20 000
1930	156 160	1935	1 016 000
1931	9 000	1936	20 262 240
1932	35 000	1937	44 500
1933	18 000		

资料来源：中国第二历史档案馆.中华民国史档案资料汇编.第五辑.教育.南京：江苏古籍出版社，1994：104 - 105.

①中国第二历史档案馆.中华民国史档案资料汇编.第五辑.教育.南京：江苏古籍出版社，1994：98.

(二)经济发展为社会捐助私立大学奠定了物质基础

恩格斯指出:"一切社会变迁和政治变革的终极原因,不应当在人们的头脑中,在人们对永恒的真理和正义的日益增进的认识中去寻找,而应当在生产方式和交换方式的变革中去寻找;不应当在有关的时代的哲学中去寻找,而应当在有关的时代的经济学中去寻找。"[1]鸦片战争后,以大炮为后盾的商品输入使中国一步步变为半殖民地半封建的国家。中国的经济结构开始发生变化,第二次鸦片战争结束时,在中国的外国洋行总共不到40家,而到1872年已达343家,在华洋商总数为3 673人。[2] 随后,以大机器为生产手段的近代工业开始出现,据有关资料显示,到1894年,在中国经营的外国经营资本达1 972.4万元,投资总额为2 791.4万元。在外国资本主义的影响和刺激下,中国近代民族资本主义工业开始起步。中法战争前,清政府创办的洋务企业近40家,投入资本约4 500万银两,雇用工人达1.3万~2万人,民族资本企业共有136家,资本达500多万银两,雇用工人达3万人左右。[3]

中华民国建立以后,政府进一步鼓励民族工商企业的发展。第一次世界大战爆发后,西方国家忙于战争,无暇东顾。给中国民族资本主义的发展带来了前所未有的机遇,中国的民族工商企业迎来了发展的黄金时代。据统计,1840—1911年的72年中,所创办的资本额在1万元以上的民用工矿企业约953家,资本总额共计20 380.5万元;从中华民国成立到1927年的16年中,所创办的资本额在1万元以上的民用工矿企业约1 984家,资本总额约45 895.5万元。其中,民族资本主义企业在纺织、采矿、面粉加工等行业获得了迅速发展。以纺织业为例,1912年全国的纱厂只有22家,1922年,纱厂就发展到65家,1927年增至72家。[4]

南京国民政府建立后,民族资本主义经济虽然遭受官僚资本主义和外国资本主义的打压,但仍在不断发展中。据不完全统计,基础工业类的民营产值1945

---

①马克思恩格斯选集.第3卷.北京:人民出版社,1972:425.

②姚贤镐.中国近代对外贸易史资料.第二册.北京:中华书局,1962:1000.

③孙毓堂.中国近代工业史资料.第一辑.北京:三联书店,1957:38 - 40.

④许纪霖,陈达凯.中国现代化史:第一卷.上海:三联书店,1995:330 - 331.

年占 80%，1946 年占 76.2%，1947 年占 56.1%；民生工业类民营产值 1945 年占 93.9%，1946 年占 72.9%，1947 年占 61.9%。仍以棉纺织业为例，1946 年民族资本主义企业生产的棉纱占全国产量的 72%，棉布占 75%。① 民族资本主义经济的发展，为捐助私立大学奠定了物质基础。

上海是中国近代民族企业发展的重要基地，在近代民族工商业壮大、发展过程中，荣宗敬、荣德生兄弟创建的荣氏企业集团占有相当重要的地位。荣氏企业集团主要集中于面粉和纺织两个传统行业。荣氏企业的拓展，以惊人的速度和庞大的规模不但为民族工商业的振兴做出了巨大贡献，而且也为私立大学的发展做出了很大贡献。荣氏兄弟把父亲临终前的谆谆教诲作为立身处世的座右铭："治家立身，有余顾族及乡，如有能力，及尽力社会。以一身之余，即顾一家；一家之余，顾一族一乡，推而一县一府，皆所应为。"② 荣氏企业在发展壮大企业的同时，对大夏大学、光华大学等许多私立大学都给予了资助。1946 年光华大学迁往上海新校址，荣德生为学校捐献了宿舍大楼。③ 除了资助私立大学外，荣氏企业集团还直接出资兴建了一些私立大学。1940 年，荣氏家族的企业申新九厂在上海兴办了中国纺织工学院，学校的经费由上海申新总公司各厂共同负担。④ 1947 年，荣氏家族的成员荣一心为了培养工厂管理和纺织、面粉等行业的技术人才，在无锡创办了江南大学。学校的经费主要由荣氏企业提供。

南通大学是由近代中国第一位状元资本家张謇出资兴办的。张謇在获得了功名之后，却"弃官从商"。他创办大生纱厂，从动议到开工历时 44 个月，其间为了筹集开办资金，他往来于上海、南通、海门等地。前后五年生活费仅靠书院薪俸维持，未挪用工厂一文钱。他把企业所得大部分用来捐资助学，先后在家乡南通创办了师范、中小学及职业学校等数十所学校，在他所创办的十多所职业学校中，以纺织、农业、医学院校较为有名，以这三个专业为基础，合并成立了南通大学。

号称"烟草大王"的简照南兄弟自幼失学，深知国家兴盛须靠知识和人才，因此十分重视人才培养和学校建设。他们曾为南开大学、复旦大学、广东光华医学院

---

① 齐涛. 中国通史教程：现代卷. 济南：山东大学出版社，1999：320.
② 荣德生. 乐农自订行年纪事……1896 年纪事. 江南大学荣氏研究中心（内部资料）1996 年.
③ 忻福良. 上海高等学校的沿革. 上海：同济大学出版社，1992：195.
④ 忻福良. 上海高等学校的沿革. 上海：同济大学出版社，1992：262 - 163.

等多所私立大学提供了不少经费资助。1921 年为复旦大学捐助 5 万元建筑"简公堂"。1919—1920 年，公司向广东光华医学院捐助 2 万元用来扩建校舍，从而使学院有了较大发展。[①]

大同大学在学校创建和发展中也曾得到上海民族工商企业的资助。另外，中华工商专科学校的经费来源除了学生学杂费外，主要依靠中华职业教育社的补助，而中华职业教育社的经费又基本上是由上海民族资产阶级捐助的。[②] 此外，诚孚纺织专科学校、上海纺织工业专科学校等也都是由上海纺织界的民族资本家创办的。

（三）中外交往为私立大学获取了不少外国资助

鸦片战争，帝国主义用大炮轰开了中国闭关自守的大门。凭借着不平等条约，帝国主义攫取了在华投资设厂、修筑铁路、开采矿产、兴建学校的特权。就兴建学校而言，外国人除了设立以传教为目的的教会学校外，他们或出于宣传本国思想，或出于为企业培养人才，或出于对中国公益事业的热心，投资兴办或资助了一些私立大学。虽然大多数外国人捐资兴学的真正动机是为他们本国服务，但一定程度上却促进了近代中国私立大学的发展。

德文医学堂（同济大学的前身）就是中德两国交往的产物。德国在 1870 年普法战争中获胜后，建立了德意志帝国。从 19 世纪 90 年代起，德皇威廉二世推行"世界政策"，欲争霸世界。1897 年，德国强占了我国的胶州湾。德国政府为宣扬其文化，推销其商品，扩大在中国的势力，就意味着要在文化教育上迎合中国的要求，设法在中国办学。德文医学堂就是在这种背景下由德国医学博士宝隆于 1907 年在上海创办的。

1910 年 12 月，德国政府看到德文医学堂已取得了信誉和办学经验，打算在上海再建立一所工学堂。于是成立了由德国政府枢密顾问费舍尔博士为主席的"在中国建立一个德国工学堂协会"，短短几个月就获得了 175 万马克的资金。由贝伦子负责筹建工学堂。贝伦子在德国募捐到了大量实习工厂及陈列室需用的机

---

①潘拙庵，伍锦编.私立广东光华医学院史略//广东文史资料：第 23 辑.广州：广东人民出版社，1979：142.

②上海档案馆 Q256—1 号档案，上海档案馆藏.

器、模型，价值 20 万马克，还筹措到一笔备用的经费，又得到德国掌管学校经费的行政当局资助 10 万马克，着手兴建工学堂。1912 年工学堂建成后，医、工两学堂合并为"同济德文医工学堂"。同济德文医工学堂在日后的办学中成绩卓著，受到人们的赞誉：学堂"开创以来，卓著成效，校外附有病院，校内置有工厂，设备之精良，远非他校所能企及，业已造就医士技士甚众，以是各省闻风负笈者日复一日，嘉惠吾国学子实非浅鲜"。①

创办于 1909 年的焦作路矿学堂（私立焦作工学院、中国矿业大学的前身）同样与外国资本主义有着曲折复杂的关系。当时，英国福公司通过收买中国官员，获取了在河南开矿的权力。作为交换条件，英国福公司同意就近开设路矿学堂。根据有关规定，学校常年办学经费为白银 5 000 两，由福公司负担，如有不敷时，由总公司补助。②

以上两所私立大学的建立，如果说是帝国主义侵略中国的产物。而雷士德工学院则是中外人士友好交流的结晶。

雷士德是英国人，于 1867 年来上海从事土木工程师和建筑师行业，直到 1926 年去世，在上海时间长达 59 年。与中国人民结下了深厚友谊，对中国感情深厚。他一生勤俭节约，孑然一身。生前立下遗嘱，将巨额遗产用于兴办上海的教育、科研、医疗和慈善事业，并主要为华人服务。在他的遗嘱中，计划建立雷士德工学院及附设中专。按照雷士德的遗愿，1934 年，雷士德工学院正式举行奠基典礼。几个月后，耗资巨大、校舍及设备完善的雷士德工学院即告建成。学院设有建筑、土木工程和机械工程系，并设夜校。

雷士德工学院为外国人出于友好目的，在我国兴办私立大学的典范。除此之外，在我国由外国人出资创办或参与创办的私立大学还有很多。以上海为例，1929 年上海市由外国人独资办学或中外联合办学的私立大学有 11 所，其中日本 3 所，德国 1 所，美国 4 所，法国 2 所，英国 1 所。③

除了直接出资办学外，外国组织或个人还捐助了不少我国的私立大学。特别是在抗日战争中及其胜利后，饱受战争磨难的一些私立大学得到了国际援华会、联合国救济总署、美国援华会等国际组织的经费、仪器设备、医疗、食品、衣物等的支持。厦门大学、复旦大学、中国公学、南开大学、广州大学、广东国民大学等许多

---

①同济大学校史编写组.同济大学史：第一卷.上海：同济大学出版社，1987：12.
②邹放鸣.中国矿大九十.徐州：中国矿业大学出版社，1999：13.
③上海教育通志（内部刊物）.上海教育科学研究院藏.

大学都曾得到过外国组织或个人的资助。如广东国民大学常年在美洲设立负责筹款的校董,学校的大部分办学经费来自海外校董募捐所得。① 广州大学校长陈炳权为了扩建校舍,于 1943 年前往美洲募捐,到 1948 年回国的六年时间内,得到了美国团体、组织和个人的大力支持。此外,南开大学等也曾得到美国一些组织和个人的不少资助。

（四）从"兵战—商战—学战"到"教育救国"思想的发展,为社会捐助私立大学奠定了思想基础

在近代中国,时代先驱者们逐渐认识到,国家要富强,民族要独立,必须提高国民素质,而国民素质的提高靠教育。这种思想的形成经历了从"兵战—商战—学战"到"教育救国"的过程。

1. 兵战—商战—学战思想

1840 年的鸦片战争,使一向以"天朝大国"自居的中国人猛醒。人们痛定思痛,思索着战胜西方列强的良策。为了对付列强的"船坚炮利",当时大多数人只考虑如何"以牙还牙",人们的思想主要集中在"兵战"上。魏源较早提出了"师夷之长技以制夷"的策略。魏源认为师夷的重点在于"一战舰、二火器、三养兵练兵之法"。有学者统计,1821—1861 年,至少有 66 位知名人士赞成中国必须采用西方的军舰和枪炮,其中包括道光帝、政府高级官员和著名学者。1840—1860 年,中国至少出版了 22 部关于西方武器的新著作。其中 7 部关于制造枪炮,6 部关于制造地雷和炸药,2 部论述炮兵阵地的位置,2 部关于黑火药的生产,其余 5 部论述的是炮兵的攻防战术。② 稍后出现的洋务运动是"兵战"思想的集中体现。洋务派以"自强""求富"为口号,其目的主要在于抵御"外辱"。随着洋务运动的推行和西方列强侵略的加深,人们逐渐认识到经济是国家的后盾,先富然后才能强。至此,人们战胜西方列强的想法逐渐从"兵战"转向了"商战"。

"商战"思想的代表人物有王韬、薛福成、郑观应、马建忠等。王韬在香港主办

---

①私立广东国民大学迁校设立农场及驻美校董郑院隆为该校在美募捐等问题的文件.南京第二历史档案馆,第 5 全宗,第 2247 号档案.
②（美）费正清.剑桥中国晚清史（1800—1911）（下）.北京:中国社会科学出版社,1985:173 – 174.

《循环日报》时即提出"商战"思想。继王韬、薛福成之后，郑观应可谓"商战"思想的集大成者，他在《盛世危言》一书中，对"商战"进行了较全面和深刻的论述。他说：

> 故兵之并吞祸人易觉，商之掊克敝国无形。我之商务一日不兴，则彼之贪谋亦一日不辍。纵令猛将如云，舟师林立，而彼族谈笑而来，鼓舞而去，称心餍欲，孰得而谁何之哉？吾故得以一言断之曰：习兵战不如习商战。①

郑观应强调，"欲制西人以自强，莫如振兴商务"。② 通过对中西方各方面的分析，郑观应得出结论："中国以农立国，外洋以商立国"，结果西方"恃商以富国，亦恃商以强国"。③ 至此，"商战"思想已经达到极致。应当指出的是，王韬、薛福成、郑观应等人在强调"商战"的同时，也认为"商战"的根本在于人才。戊戌变法前夕，一些有识之士开始提出了"学战"思想。1897 年，湖南龙南致用学会立会章程明确表示"商战"所基，在于"学战"，立会章程的序言中写道："今之人才，动日泰西以商战，不知实以学战也；商苟无学，何以能哉？学苟无会，何以教商？故今日之中国，以开学会为第一要义。"④

当时的知名学者康有为和梁启超虽然没有明确使用"学战"一词，但其思想已完全体现了"学战"思想。康有为认为"中国之弱由于学之不讲，教之未修，故政法不举"。⑤ 梁启超也指出："世界之运，由乱而进平，胜败之原，由力而趋于智，故言自强于今日，以开启民智为第一义。""亡而存之，废而举之，愚而智之，弱而强之，条理万端，皆归本于学校。"⑥之后，"学战"思想蔚然蔓延，逐渐取代了"兵战""商战"而频繁出现于当时的报端。

2."教育救国"思想

"学战"思想与"教育救国"思想一脉相承。"教育救国"是当时私立大学很多捐资兴学者所抱的教育理念。

(1)陈时的"教育救国"思想

①郑观应.盛世危言·商务.郑州：中州古籍出版社，1998：292.
②郑观应.盛世危言·商务.郑州：中州古籍出版社，1998：309.
③郑观应.盛世危言·商务.郑州：中州古籍出版社，1998：309，314.
④中国史学会.中国近代史资料丛刊：戊戌变法第四册，上海：上海人民出版社，2000：465.
⑤陈景磐，陈学恂.清代后期教育论著选(下).北京：人民教育出版社，1997：295.
⑥陈景磐，陈学恂.清代后期教育论著选(下).北京：人民教育出版社，1997：433，438.

武昌中华大学校长陈时就是抱着"教育救国"的思想创办中华大学的。1907年陈时东渡日本，他逐渐体会到，日本经过明治维新运动，国家日益强盛起来，是与大力兴办教育分不开的，在日本著名的私立大学庆应大学和早稻田大学学习期间，两所学校的创始人以私人的力量终生从事教育事业的精神，对他触动很大。他坚信："人才是国家的财富，教育是治国的根本。"①他说："民国成立，以教育为陶冶共和国民要图。"在各类教育中以大学最为重要，因为"大学为一个国家最高学府，培育人才的地方，它有启迪社会思想，转移时代风尚，阐述学术，推进文化的功能"。②

陈时认为："在欧洲中世纪以来，他的国家形成和发达，差不多完全是随着大学的进步才那么繁荣的，就是近代东西方富强的国家，也都是有他的大学在做文化的基础。""中国是世界上最老而有5000年历史的国家，可是教育的落后，说来真正可怜，像法国的巴黎大学、英国的牛津大学和意国的意大利大学，都是有300年以上的历史，就是立国不过200年的美国，哈佛大学、耶鲁大学，开办也有百来年了。而我国的北洋大学、南洋大学（现在的交大）、北京大学等学校办学的年数，虽然久些，但是都不满50年，这般看来，就可知我国的一切学术都不如人家的了。"他表示："处在20世纪的年代里，一切宜适应时代的需要，何况是次殖民地的中国，若不陶铸人才来弥缝补缺，挽救危难，国家前途更属不堪设想。所以本校就于民元应运而生。"③为创建中华大学，黄陂陈氏家族几乎倾其所有，陈氏兄弟当时共捐田300石，白银3 000两，官票5 000串（当时田1石约合4亩；官票1串200文，约合1元），藏书3 000余部。④ 中华大学是民国第一所不依靠官府、不依靠外国人，完全依靠个人出资创办的私立大学。

陈时坚信，只有教育才能救国。因此，他一生"不问政治，专办教育"，倾其全力而从事教育改造工作。在近代中国"城头变幻大王旗"的年代，如果没有这种矢志兴学的精神，是办不好教育的。从中华大学诞生之日起，各种反动政治势力无不想争夺、控制这块教育园地，所以，几十年中，陈时同各种政治势力进行周旋，矢志不改，兴学之志不变。还在重庆的时候，大多数大学校长被指定为国民

---

①陈庆中.中华大学校长陈时的一生//武汉文史资料:第二辑,1985:77.

②陈时.年文//武昌中华大学20周年纪念特刊,1932,4.

③陈时.本校成立25周年答记者问//中华周刊,1937,583.

④方燕.我国最早的一所私立大学//华中师范大学《校友通讯》,1990,1.

党中央委员或三青团指导员，陈时就以"我只办教育"为名，拒绝了这些诱惑。1940年，陈诚以第六战区司令长官兼湖北省政府主席的身份派亲信赴重庆，劝陈时将学校迁至恩施，与省政府合办，并保证长期聘他为校长，但陈时谢绝了陈诚的"好意"。1946年，"民社党"成立，当场拿出裱好的横幅，要陈时签名，他同样以"我只办教育，不参加政治活动"为由，婉言谢绝了。在几十年各种困难、复杂的考验和高官厚禄的引诱面前，陈时始终未离开他选定的教育事业，没有离开中华大学，一生他唯一参加过的党派组织就是同盟会。他从创办中华大学时起，担任校长职务长达40年。

（2）马相伯和李登辉的"教育救国"思想

复旦大学的两位重要创办人及校长——马相伯和李登辉也都是"教育救国"信念的坚定信奉者和实践者。马相伯面对积贫积弱的近代中国，百思不得其解。他扪心自问：欧美之强盛，中国之孱弱，原因何在？清政府的腐败，洋务运动及维新运动的失败，症结在哪里？回想当年在欧美参观的几所大学，曾培养了无数杰出人才，他豁然开朗："自强之道，以作育人才为本，求才之道，尤以设立学堂为先。"[1]他认为只有教育才能救中国，于是他决心办一所大学，抱着"教育救国"的信念，马相伯于1900年立下捐献家产兴学字据，将祖传遗产——松江、青浦良田3 000亩，捐献给天主教耶稣会"江南司教日后所开中西大学堂收管，专为资助英俊子弟斧资所不及"[2]。终于在1903年创办震旦学院，当时远在日本的梁启超称赞道："吾今乃始见我国得一完备有条理之私立学校，吾喜欲狂。"[3]马相伯自任校长，明确宣布学校是为中国培养人才而不是为教会培养信徒，他说："慨自清廷外交凌替，一不知公法，二不习制造，入手工夫则文字尚无……故设震旦……无他，为科学等根本故。"[4]

1905年，法国天主教会企图改变学校性质，把学校变成法国帝国主义控制下的教会学校，学生坚决不从，全体学生集体退学。马相伯毅然支持学生的爱国主义运动，辞职离校。震旦学院停办后不久，马相伯即召集离校学生商议复校办法，积极筹措资金。马相伯虽然信奉天主教，可是他对于某些外国传教士利用帝国主义特权进行文化侵略的行径十分愤慨，他站在维护祖国利益的立场上，明确

①宗有恒，夏林根.马相伯与复旦大学.太原：山西教育出版社，1996：24.
②马相伯捐献家产兴学字据，上海市高教局历史档案第599卷.
③梁启超.祝震旦学院之前途//癸卯新民丛报汇编，第819页.
④复旦大学校史编写组.复旦大学志：第一卷（1905—1949）.上海：复旦大学出版社，1985：35.

提出:办学、读书,是为了救国,而救国就必须办学、读书,传播和学习科学知识。

复旦大学继任校长李登辉也是抱着强烈的爱国救国心愿捐助和投身于教育事业中的。他把教育作为他唯一的事业,以图报效祖国,爱国主义精神始终贯穿在他的教育生涯中。五四运动前夕,他不怕军阀和社会绅富的指责,把一些革命党人请到学校讲课;他还大胆收留因爱国运动被开除的学生。1931年"九一八"事变后,李登辉召集全校师生开声讨大会,号召学生起来抗日,他一方面组织抗日力量,一方面指派4名教授陪800名学生,赴南京国民政府请愿,要求蒋介石出兵抗日。1935年12月23日,复旦学生组织"赴京请愿讨逆团"以支持"一二九"运动,当天蒋介石给李登辉发电报,要求他去劝止学生,被迫前往的李登辉见同学们态度坚决,便回电蒋介石,表示无能为力,同时向学校董事会提出辞职。李登辉还很反对当局逮捕爱国学生,他曾对天津《益世报》记者发表谈话:"救国当然为大家之事,政府要救国,人民亦自然要救国","政府对救国运动应表同情"。一些报纸也指责国民党政府诬陷、迫害学生。抗日战争爆发后,复旦内迁,经留沪师生请求,他在上海租界继续办学,公开宣布办学的原则为"三不主义",即一不向敌伪注册;二不受敌伪补助;三不受敌伪干涉。三不不行,宁可停办。在那种险恶的环境中,复旦大学坚持不教日文,他经常教育学生,"要发挥牺牲与服务的精神,以爱护其国家","要抵御不良环境的诱惑,将来才能生活于光荣与幸福之中;如果为不良环境所诱惑,则将生活于耻辱与痛苦之中"①。实际上,是教育学生坚持民族气节,不要去当汉奸。

李登辉校长主持复旦的岁月里,为了支撑学校的运转,典售过自己的房屋、汽车,从无怨言,反以为乐。在复旦大学,李登辉倡导"服务、牺牲、团结"的精神,他本人就是服务、牺牲的人格楷模。

为了实现其教育救国的夙愿,李登辉一生无意仕途,矢志兴学。从未加入任何政党和政府。辛亥革命爆发后,湖北军政府外交部长胡瑛不懂外文,黎元洪电请李登辉前往协助,他谢绝不去,改荐王正廷前往。民国初建时,陈锦涛任财政部部长,请他任次长,他也回绝不去。南京国民政府曾一度聘请他担任教育部部长,被他谢绝。他认为国家的兴衰,关键在于教育和人才,因此,他的唯一志愿在于办教育。

(3)陈嘉庚的"教育救国"思想

———————————————

① 李登辉.谘三三届毕业同学//上海复旦附中三三级商科毕业纪念册.

被毛泽东誉为"华侨旗帜，民族光辉"的近代著名实业家陈嘉庚同样是抱着"教育救国"的信念，倾其毕生精力和财产而捐资兴学。陈嘉庚先生根据"金钱如肥料，散播才有用"的信念，把一生所得的金钱几乎全部用在爱国事业，其中绝大部分用在教育方面。仅仅1921年至1937年这16年中，他就负担了厦门大学的创办费和经常费400万元（大部分是银元）。有人估算，陈嘉庚一生对教育事业所捐献的钱，如果在当时买了黄金，估计等于现在一亿美元左右。[①] 陈嘉庚逝世的时候，在国内银行有存款300多万元，一个钱也不留给他的子孙。按照他的遗嘱，其中200多万元为集美学校继续建筑校舍；50万元捐作北京华侨博物馆的建筑费；另外50万元充作集美福利基金，在集美办理公益福利事业……他不但不愿把家产遗留给子孙，倒鼓励他的亲属戚友也捐款支持教育事业。[②]

厦门大学就是由陈嘉庚一手创办起来的。陈嘉庚热心兴办教育源于他的爱国精神和"教育救国"理念。在他草拟的为筹办厦门大学召开特别大会的通告中指出："专制之积弊未除，共和之建设未备，国民之教育未遍，地方之实业未兴，此四者欲望其各臻完善，非有高等教育专门学识，不足以躐等而达。吾闽僻处海隅，地瘠民贫，莘莘学子，难造高深者，良以远方留学，则费重维艰；省内兴办，而政府难期。长此以往，吾民岂有自由幸福之日耶？且门户洞开，强邻环伺，存亡绝续，迫于眉睫，吾人若复袖手旁观，放弃责任，后患悉堪设想！""吾久客南洋，心怀祖国，希图报效，已非一日"，拟"创办大学校，并附设高等师范于厦门"。[③]

陈嘉庚在倡办厦门大学附设高等师范学校的演讲中指出："如吾国今日处此危机存亡之秋，凡属财产家宜捐其一部分振兴教育，以尽救国责任。国家存在而后国民之幸福仍有可言。否则，为犹太之富，任人侮辱宰杀，生命且不可保，安从何娱乐耶？"1919年7月13日，陈嘉庚在陈氏宗祠对各界人士300余人发表了慷慨激昂的演说："今日国势危如累卵，所赖以维持者，惟此方兴之教育与未死之民心耳。若并此而无之，是置国家于度外，而自取灭亡之道也。救亡图存，匹夫有责""民心未死，国脉尚存，四万万人民的中华民族决无甘心居人之下之理。今日不达，尚有来日；及身不达，尚有子孙。"表示"财由我辛苦得来，亦当由我慷慨捐出"，同时呼吁："众擎易举，众志成城，是所深望于海内外同胞也。"并当场捐开

①王增炳，余纲.陈嘉庚兴学记.福州：福建教育出版社，1981：2.
②王增炳，余纲.陈嘉庚兴学记.福州：福建教育出版社，1981：1－2.
③黄炎培.陈嘉庚毁家兴学记//东方杂志，1919，16（12）.

办 100 万元, 经常费 300 万元。① 其爱国精神表露无遗, 黄炎培先生当场问某闽商: "你们听了这演说作何感想?" 回答是: "如果不惟陈君是助, 就不是人!"②

1920 年 5 月 1 日, 他在一封信中说: "不牺牲财产, 无教育可言。民无教育, 安能立国?" 1920 年 10 月, 他在一次筹办厦门大学的会议上说: "鄙人之所以尽出家产以兴学者, 其原因有二。(一)尝观欧美各国教育之所以发达, 国家之所以富强, 非由于政府, 乃由于全体人民。中国欲富强, 欲教育发达, 何独不然……"③

即使在国难当头, 陈嘉庚捐资助学之志始终不渝。1920 年秋天, 陈嘉庚的企业亏损达 320 余万元, 在这种情况下, 他还竭尽全力维持厦大集美两校经费。由于陈嘉庚公司曾向银行借款, 银行要求他停止负担教育经费, 他坚决回答: "我的经济事业可以牺牲, 学校绝不可以停办!"④他的实业在遭受极大挫折的情况下, 仍然心系教育, 他那种不屈不挠、锲而不舍的办学精神, 真是难能可贵! 他对教育事业慷慨解囊, 却对自己的亲人"斤斤计较", 洪丝丝先生曾描述这样一个事实: 从前陈嘉庚公司的一个职员告诉我, 陈老有个儿子曾向公司借了 50 元, 有一天陈老去查账, 发现这笔款还未还清, 就警告他的儿子说: 你爸爸的钱是不能给你侵吞的!

他对教育等爱国事业是那么慷慨, 不惜把几乎全部巨大的资产捐献出来, 却不允许他的儿子多拿几十块钱, 这种风格实在是难得的。陈嘉庚矢志不渝的捐资兴学精神实在令国人感佩不已!

(4)张伯苓的教育救国思想

张伯苓青年时代经历了从武力救国到教育救国思想的转变过程。中日《马关条约》签订后, 西方列强掀起了一股瓜分中国的狂潮。中国已如俎上之肉, 被"饿狼"们竞相啖噬。德国强占胶州湾, 俄国侵占旅顺, 法国占据广州湾。英国则提出租占九龙和威海卫的要求。1898 年 7 月 1 日, 清政府与英国签订《中英订租威海卫专条》, 把威海卫、刘公岛及附近岛屿和陆岸 10 英里地方租给英国。张伯苓亲身经历了清政府拱手相让威海卫、刘公岛那耻辱的一幕, 他心如刀绞。这件事成为张伯苓思想转变的契机。他得出结论: 海军救不了中国! 要在现代世界中求

---

① 《厦大周刊》第 12 卷, 第 21 期, 1933 年 4 月 6 日. (编者按: 无作者和题名)
② 《东方杂志》第 16 卷, 第 12 号, 1919 年 12 月 15 日. (编者按: 无作者和题名)
③ 陈嘉庚筹办厦门大学演词. 新国民日报, 1920 - 12 - 01.
④ 王增炳, 余纲. 陈嘉庚兴学记. 福州: 福建教育出版社, 1981:3.

生存，必须有强健的国民。欲培养强健的国民，必须办新式学校，造就一代新人。后来，他多次谈到这一思想转变的过程。他回忆说：

> 二十几年前，我在北洋水师学校，亲见旅顺、大连为日本割去，青岛为德人夺去。当我到刘公岛的时候，我看见两个人：一个是英国兵，一个是中国兵。那英兵身体魁伟，穿戴得很庄严，面上露着轻看中国人的样儿。但是吾们中国兵则大不然。他穿的衣服还不是现在的灰军衣，乃是一件很破的衣服，胸前有一个"勇"字，面色憔悴，两肩高耸。这两个兵若是一比较，实有天地的分别。我当时觉得羞耻和痛心，所以我自受这次极大的刺激，直到现在还在我脑海里很清楚的。我当时立志要改造我们的中国人，但是我并非要练陆军、海军同外国相周旋。我以为改造国民的方法，就是办教育。[1]

1944 年，他在所撰《四十年南开学校之回顾》中写道：

> 光绪二十三年，英人继德、俄之后，强租我威海卫，清廷力不能拒，允之。威海卫于甲午战时，为日人占据，至是交还。政府派通济轮前往接收，移交英国。其时，苓适毕业于北洋水师学堂，在通济轮上服务，亲身参与其事。目睹国帜三易（按：接收时，先下日旗，后升国旗；隔一日，改悬英旗），悲愤填胸，深受刺激！念国家积弱至此，苟不自强，奚以图存？而自强之道，端在教育：创办新教育，造就新人才。及苓将终身从事教育之救国志愿，即肇始于此时。[2]

从此，张伯苓"武力救国"的幻想破灭了。重新树立了"教育救国"的思想。这位年轻的海军士官便以一个教育先驱者的姿态出现在近代中国教育的舞台上。抱着"教育救国"的信念，张伯苓一生矢志兴学、无心仕途，他多次婉言谢绝涉足官场。张伯苓把救国的希望寄托在广大青年学生身上。他终身对学生进行爱国主义教育，他在 1951 年 2 月 23 日写的遗嘱中写道："凡我友好同学，尤宜竭尽所能，合群团结，为公为国，拥护人民政府，以建设富强康乐之新中国。"[3]对学生寄予了无限希望，表达了崇高的爱国情怀。他办教育终生，始终不忘反帝爱国。在办学经费十分困难之际，他不向外国教会讨施舍，外国教会主动资助时，他却

---

[1]《南开周刊》第 1 卷，第 5、6 号.（编者按：无作者和题名）
[2]张伯苓.四十年南开学校之回顾.南开四十周年纪念校庆特刊，1944 - 10 - 17.
[3]张伯苓.遗嘱.天津日报，1951 - 02 - 26.

说：“谢谢你，南开是中国人的学校”；张伯苓曾筹办第 10 届华北运动会，他一改传统外国人主办运动会的做法，从裁判到一般工作人员均由中国人担任，比赛用语不准说“洋话”，此举大长了中国人的志气。天津《大公报》就此事评论道：“自是而后，华北体育界乃大放曙光，纯为独立国家之体育机关矣。各国对我之批评，亦因是而渐佳，中国之体育人才，亦因是而渐众。”①

张伯苓反帝爱国斗争最鲜明、最尖锐的是对日本帝国主义的斗争。1934 年第 18 届华北运动会上，南开学生组成的“南开啦啦队”突然在看台上打出“勿忘国耻”和“收复失地”的标语，与此同时，啦啦队发出激昂的呼喊，此举震惊了全场三万多观众和运动员，整个会场情绪高昂，掌声雷动。在主席台前就座的日本驻津最高长官梅津向担任运动会副会长兼总裁判长的张伯苓提出抗议，张伯苓镇静地回答：“中国人在自己的国土上进行爱国活动，这是学生们的自由，外国人无权干涉。”张伯苓的爱国言行激怒了日本侵略者，1937 年“七七”事变后，日军首先轰炸南开大学，经过两天的轮番轰炸，南开大学化为焦土，图书资料被日兵抢劫一空，千余师生流离失所。

第二节　学费

一、民初及北洋政府时期私立大学学费

我国自春秋战国以来就有私立学校的学生缴纳学费的记载，“束脩”即属于我国早期私立学校的“学费”。学费是私立学校一项稳定而重要的收入，因此，收费制度贯穿私立学校的始终。而公立学校的收费制度则时断时续。至清代，从国子监到府、州、县学，公立学校拒教育收费于千里之外。学生不仅免收学费，而且还领取公费津贴。清末社会山雨欲来，维持公费制度的缆绳日渐松散，在西方尤其是日本学校收费制度的影响下，人们对传统的公费津贴制度议论纷纷。清政府出

———————————

① 天津《大公报》，1934 年 10 月 10 日.（编者按：无作者和题名）

于控制学生的目的，也加紧了推进教育收费制度的步伐。清政府认为"学生以经费不需自出，不免怠惰旷废，不肯切实用功，更兼不守规矩，视退学为无关轻重"。[①] 1904 年 1 月 13 日《奏定大学堂章程》规定："各分科大学应令贴补学费，由本学堂核计常年经费临时酌定"。《癸卯学制》的颁布标志着近代公立学校收费制度的正式形成。一些大学堂开办初期多以官费为主，开办一段时间后即开始收取学费。如当时北洋大学堂办学初期实行官费，稍后即开始收费。

与公立大学堂不同的是，清末的私立大学大多数一开始就要缴纳学费。当时政府没有关于私立大学学费数额的规定，实践中各个学校学费数额不等。但清末并不是所有私立大学都交学费，如当时的焦作路矿学堂就不交学费。根据 1909 年 2 月 25 日河南代表和英国福公司代表签订的《河南交涉洋务局与福公司会议见煤后办事专条》第八条规定："路矿学堂，议定本年春季开办，除饭食由学生自备外，所有堂中宿息、舍宇、游戏场以及教习员司、夫役薪工、书籍、文具、仪器、标本、灯火、煤水，统归福公司筹给。"[②]

中华民国成立后，学费成为私立大学的一项重要而稳定的收入。但政府没有对私立大学学费数额作出规定。一般来说，私立大学学费比同类公立大学学费要高。就公立大学而言，北洋政府教育部 1912 年 9 月 29 日公布的《各类学校征收学费规程》规定："高等专门学校征收学费，每月银元自二元至二元五角。大学征收学费，每月银元三元。师范学校、高等师范学校均免征学费，但于入学时征收保证金一次，以银元十元为限。除中途自请退学外，毕业日仍照原数发回"，"私立学校不以本规程所定为限。"[③]

教育部 1919 年 3 月 12 日公布的《女子高等师范学校规程》第四章规定："公费生免纳学费，并由本校支给膳费及杂费。自费生应缴费额由校长酌定，呈报教育总长。"[④]当时很多公立大学都规定了学费数额。北京大学 1919 年"学生学费，本科年缴三十元，预科年缴二十五元，选科与本科同，旁观生则酌收讲义费。学生

---

①璩鑫圭，唐良炎.中国近代教育资料汇编·学制演变.上海:上海教育出版社，1991:504.

②邹放鸣.中国矿大九十.徐州:中国矿业大学出版社，1999:10.

③中国第二历史档案馆.中华民国史档案资料汇编.第三辑.教育.南京:江苏古籍出版社，1991:64.

④中国第二历史档案馆.中华民国史档案资料汇编.第三辑.教育.南京:江苏古籍出版社，1991:173.

普通用款，除旅费外，每一年约需二百元，贫者尚可减于此数，若车马衣服讲求完美，则千斤用之亦易易而"。[①]《国立北京医学专门学校章程》(1920年)第四章规定："学费每一学年征收二十元，分三期缴纳"。[②] 部分专科学校的学费情况是：北京农业专门学校1917年学费每年每人20元，分三次征收，其中部分免费、部分半费，减免比例超过10%；湖南湘雅医学专门学校1917年全年学膳宿费共60元，分两期缴纳，书籍、制服、显微镜等费用另加；福建公立工业专门学校1917年学费12元，住宿费5元6角。

　　这一时期私立大学的学费一般都比公立大学高。1920年的《复旦大学章程》第二十七条规定："膳宿学生每年应共缴洋一百六十六元，内分学费八十元，电灯、膳费六十元，宿费二十元，运动费四元，阅书费两元，以上各费分两学期缴纳，入校前一律缴清。"[③]同济大学1917—1927年的学费数额为：医科和工科学生全年学费140元，德文补习科120元，中等机械科80元。[④] 20世纪20年代初期，帝国主义列强在我国加紧争夺势力范围，军阀混战频繁发生，民族经济严重衰退，人民生活异常困苦，在这种情况下，私立大学较高的学费，不但加重了学生的负担，也影响了学校的教学质量。如这一时期的同济大学，因负担不起昂贵的学费而中途退学者占了相当大的比例。

二、南京国民政府时期私立大学学费

　　南京国民政府成立后，学费在私立大学发展中的作用进一步突出，很多私立大学的学费占其总收入的50%以上，20世纪20年代末30年代初，中国公学全部靠学费维持运转。1928年、1929年、1931年、1932年，上海法政学院学费占其总经费的比例分别为99.63%、99.6%、99.6%、86%；广州法政专门学校几乎全部靠学费维持。除此之外，当时中国还有许多未立案的私立大学，其中包括主要靠学费赚钱的"学店""野鸡大学"。这些学校基本上靠学费维持生存。表2－4显示了20世纪20年代末30年代初部分私立大学的学费及占其总经费的比例情况。

①静观.国立北京大学之内容.东方杂志，1919，16(3)：163－166.
②谢泳，智效民.逝去的大学.北京：同心出版社，2005：250－251.
③复旦大学校史编写组.复旦大学志.第一卷(1905—1949).上海：复旦大学出版社，1985：123.
④翁智远.同济大学史.第一卷.上海：同济大学出版社，1987：34.

表 2-4　20 世纪 20 年代末 30 年代初私立大学学费及占其总经费的比例

学校	1928 年	1929 年	1931 年	1932 年	1934 年
大同大学	81 755(82.9)	68 933(44.2)	42 110(32.0)	49 424(54.1)	65 548(41.5)
大夏大学	79 200(33.5)	182 830(61.4)	220 155(51.9)	177 138(63.0)	206 715(71.5)
光华大学	214 392(68.6)	223 500(72.2)	215 011(77.0)	270 239(86.1)	176 588(71.0)
武昌中华大学	38 540(20.2)	51 515(15.7)	55 916(13.1)	64 802(17.0)	50 624(18.8)
中国公学	92 089(100.0)	116 250(100.0)	116 250(100.0)	—	—
南开大学	33 219(18.8)	40 091(18.2)	41 380(11.6)	—	38 675(7.3)
上海法政学院	71 606(99.6)	89 507(99.6)	89 507(99.6)	115 124(86.0)	—
厦门大学	18 247(5.6)	31 143(11.6)	75 170(30.0)	85 081(33.1)	75 657(25.5)
复旦大学	137 739(94.7)	163 703(83.3)	163 703(83.3)	170 459(91.6)	192 620(89.5)
南通学院	16 376(16.0)	18 876(71.5)	19 440(6.0)	18 876(17.5)	35 168(15.2)
中国学院	66 542(32.3)	80 969(46.0)	80 969(46.0)	80 969(46.1)	85 501(30.1)
朝阳学院	116 390(89.2)	117 946(82.0)	117 946(82.0)	117 946(82.0)	90 820(64.6)
广州法政学校	81 018(99.7)	86 117(99.8)	—	—	—
上海法学院	67 470(84.8)	95 554(93.4)	83 820(77.0)	47 321(39.0)	30 811(24.0)
武昌艺专	20 760(24.8)	36 486(30.5)	—	—	—
福建法政学校	31 735(63.9)	28 514(58.6)	—	—	—

资料来源:教育部高等教育司.全国高等教育统计.上海:商务印书馆,1931:68,71;教育部.二十一年度全国高等教育统计.上海:商务印书馆,1935:57-58,131-132;教育部统计室.二十三年度全国高等教育统计.上海:商务印书馆,1936:54-55,132-133,200-201;第一次中国教育年鉴丙编教育概况学校教育概况.台北:台北宗青出版社,1991:87-140.

注:括号外数据为学费数(单位:元),括号内数据为学费占总经费的比例(单位:%),"—"表示未找到统计数据。

　　私立大学的学费虽然高于同类的公立大学学费,但低于同类的一些教会大学学费。20 世纪 30 年代,学费最便宜也是最难考取的是北京大学、清华大学、北京师范大学、交通大学、中山大学等国立大学。如 1932 年修订的《国立北京大学入学考试简章》第 14 条规定:"北京大学学费每年银圆 20 圆,分两期,于每学期开学前交纳,第一期自 8 月至次年 1 月交 10 圆;第二期自 2 月至 6 月,交 10 圆。又、体育费每学期银圆 1 圆。"即当时的北大学生每年共交费 22 银圆，免交住宿费。20 世纪 30 年代，清华大学、北平医学院、工学院、法学院等学费跟北大基本一样。国立上海医学院、上海商学院等学校学费是每学期 10 银圆，每年 20 银圆，但还要交住宿费 12 银圆。当时的交通大学（总部在上海，在北平设分部）的学费要贵一些：每学期 20 银圆，每年 40 银圆。有些国立大学（主要是师范大学）不交学费，如 1936 年制订的《国立北平（北京）师范大学学则》规定："本大学不收学宿费"，"入学新生除办理注册手续外，须交纳保证金 20 圆"，"本大学学生所交纳之保证金于毕业（或病故）时发还，但自请退学或因故由学校令其退学者，已交纳之保证金概不退还"。①

学费最贵的是燕京大学、辅仁大学、协和医学院、上海圣约翰大学、沪江大学等教会大学，这些大学当时被称为"贵族大学"。1934 年修订的《燕京大学本科教务通则》中有关学费是这样规定的："本大学学生，每学期须于注册时，依照下列费用表纳费：本科正式生学费 55 银圆；特别生附习生学费每学分 5 圆（学生以学分为交学费标准者，每学期至少须交学费 15 圆）；宿舍费（电、炉、水等）20 圆；医术费（药费另计）2 圆；体育费 2 圆；杂费 2 圆。即当时的燕京大学本科正式生学费每学期 81 银圆，每年 162 银圆；其他一些教会大学如辅仁大学、上海圣约翰大学、沪江大学、广州岭南大学等学校的学费跟燕京大学基本一样，每年学费大约 160 银圆。"②

一些私立大学如南开大学、朝阳大学、中国大学、中法大学、复旦大学、大同大学、大夏大学、光华大学等学校的学费介于以上两者之间。

1931 年南开大学学生缴纳的费用主要有：学费，每人每年（两学期）60 元；住宿费，每人每年 30 元；体育费，每人每年 3 元；注册费，每学期 1 元；理科学生试验费每学期约 6 元。③ 此外，学生还要交洗澡费，补考的学生要交补考费，损坏学校公物的要交赔偿费，看病要交医药费，打网球要购网球券。④ 1934 年制订的《私立中法大学组织大纲》规定：本大学本科学生每年应该纳下列各费：（甲）学费全年 30 圆，分两学期交纳，每学期各 15 圆；（乙）实验费每学期 5 圆，不足补交，

---

①谢泳，智效民.逝去的大学.北京:同心出版社，2005:250.
②谢泳，智效民.逝去的大学.北京:同心出版社，2005:251.
③南开大学校史编写组.南开大学校史.天津:南开大学出版社，1989:110.7.
④南开大学校史编写组.南开大学校史.天津:南开大学出版社，1989:110.

有余退还。实验费、讲义费、卫生费、体育费另定。此外，须交纳保证金10圆。①私立中法大学的经费比较充足，因此其学费在私立大学中是比较低的。1933年制订的《北平私立朝阳学院学则》规定：各科系学生每年纳费如下：学宿费52圆，讲义费10圆，图书费2圆，制服费2圆，体育费2圆，新生入学费2圆，杂费1圆，共计每年71银圆。② 1934—1936年，上海市最著名的四所私立大学──复旦大学、光华大学、大同大学、大夏大学公认的学费比较昂贵，它们的学费分别是：复旦大学每年学费100银圆；光华大学每年学费100银圆；大同大学每年学费120银圆；大夏大学每年学费90银圆(以上不包括住宿费)。

这些私立大学学费与一般公立大学学费相比是较高的。其学费已经超出了当时一般家庭收入的承受能力。根据有关统计资料，当时中学教师、工程师、记者、编辑等月薪在100~200银圆，大学教授平均月薪约为350银圆左右，一级教授月薪高达500~600银圆，这些人称为"中间阶层"或"中产阶级"，鲁迅在《二心集序言》里就称自己属于"中产的知识阶级分子"。根据1929—1930年的社会调查报告《上海市工人生活程度》所提供的数据，30年代初，一个典型的工人四口之家每年平均生活费为454银圆。当时普通工人的月薪通常为16~33银圆，平均约为22银圆；每个家庭必须有两个人同时当工人方能维持生计，工人家庭收入尚且如此，就不必说一般农民家庭了，所以，当时一般劳动人民家庭的子女多上公立大学或免费的师范院校。而大多数工农子弟要上私立大学或教会大学，只能是负债累累或望尘莫及。

抗日战争爆发后，受战争影响，这一时期私立大学的学费收入普遍减少。当时私立大学的学费情况主要分为三种：第一种是几乎完全靠收取学费来维持运转的私立大学。整个民国时期，都有一些以办学牟利的私立大学。这些学校以营利为目的，学校声誉差，学费是学校的主要经济来源。仅以私立大学相对集中的上海为例，解放前夕，上海法政学院、诚明文学院、新中国法商学院、新中国学院、上海法学院、光夏商业专科学校、民智新闻专科学校等都是办学质量低劣的私立大学，这些学校大都依靠滥招学生、收取学费维持，是名副其实的"学店"；第二种是学费只是学校经费来源的一部分，如中国大学、光华大学、大夏大学、复旦大学、焦作工学院等；第三种是部分学生无力缴纳学费，有的学生还要学校补贴。如抗战

---

①吴惠龄.北京高等教育史料：第一集.北京：北京师范大学出版社，1992：146.
②吴惠龄.北京高等教育史料：第一集.北京：北京师范大学出版社，1992：164.

时期的中华大学，只能收部分四川学生的学杂费，而对外省的流亡生，除免收学杂费外，还要发给每人每月 2 斗 3 升米（合 35 市斤）的生活费。①

第三节　政府补助

政府补助是政府对办学优良的私立大学给以资金奖励，政府补助作为民国时期私立大学经费来源之一，有以下几个特点。

一、政府对私立大学的补助经历了从少到多、从随意到逐步规范的过程

（一）民初及北洋政府时期政府对私立大学的补助

总的来说，民国时期政府补助在私立大学经费总收入中占的比例较小。其原因大致有二：一是受传统观念的影响，政府认为私立大学的经费主要靠办学者自筹，政府没有资助私立大学的义务。二是经费短缺。经费短缺贯穿于整个民国时期。这也是政府对私立大学资助较少的主要原因。

民国初建，给国人带来了和平及民主的曙光。但好景不长，革命胜利的果实很快被袁世凯窃取，从此开始了北洋政府时期。整个北洋政府时期，军阀连年混战，致使政府外债高垒，财政异常紧张。当时政府的财政实力相当薄弱，费正清编的《剑桥中华民国史》指出："辛亥革命后，共和政府比起它的被取代者来说甚至更不能控制中国的税收来源。1914 年，除关税和盐税外，大部分税收由各省管理。1921 年，北京政府的财政控制像肥皂泡一样破灭了……面对长期的财政困难，北京政府被迫靠借债度日，内外债的还本付息成了最大支出，加上军费开支占五分之四，在支付了行政费用之后，就没有钱来为发展进行投资了。"②

这种情况使得教育经费非常紧张，大学也不例外。1919 年以前的公立大学，

---

① 王秋来等. 中华大学. 武汉：华中师范大学出版社，1993:26.
② （美）费正清. 剑桥中华民国史（上卷）. 北京：中国社会科学出版社，1994:116—118.

其教育经费"尚勉强维持",此后则开始"陆续积欠"。教育经费经常被挪用作为军费,导致教育经费经常处于短缺状况。鉴于此,教育界有识之士自民国初年即为"教育经费独立"而奔走呼号。1920年,全国教育会联合会发出了"教育经费独立"的决议。1922年5月,北京大学校长蔡元培发表了《教育独立议》的文章,呼吁教育经费独立。虽然北京政府内阁会议于1924年5月通过决议,决定让财政部发行特种国库券100万元作为北京国立八所专门以上学校的经费,但因9月直奉战争爆发,此款项被挪作军费,国立八校因经费无着,被迫延期开学。① 1925年初,教育部代理次长马叙伦呈请政府实施教育经费独立,但这些努力都无济于事。

教育经费屡屡被挪作军费。据统计,1926年,全国军费开支为274 862 058元,占岁出总经费的45%,而教育经费仅12 837 307元,占岁出总经费的2%。② 1927年,全国军费占岁出总经费的比例高达87%,而教育经费占岁出总经费的比例降至1.7%。③ 由于教育经费常被挪作军费,使原本就很紧张的教育经费更是雪上加霜。连年战争导致政局动荡不安,政府面对教育经费短缺的局面也无能为力。北京政府时期,袁世凯称帝,张勋复辟,接着皖直奉冯等各军阀互相混战,中央政局不稳,财政部长的更换如走马灯一样频繁。从1912年到1926年,财政部部长更换33次,任期一年以上者只有3人,最短的仅十一二天。④ 当时的教育部夹在中央政府和教育界之间"两头受气"。教育界希望教育部(总长)出面解决教育经费短缺问题,而中央政府希望教育部(总长)为避债工具。

因此,解决教育经费短缺问题成了教育总长最头疼的事,教育总长因此而频繁更换,比财政部部长的更换频率有过之而无不及。1912—1926年,教育总长更换50次,换了38位教育总长。以致出现了教育总长为教育经费问题而辞职、不愿上任、缺位等现象。1915年教育部提出全国教育经费预算案,此预算被财政部削减大半,教育总长汤济武被迫无奈提出辞职,他认为"只以度支未裕,阻力横生,非该总长所当引咎也"。⑤ 因教育经费问题而辞职的教育总长远非汤济武一人。还有的教育总长因教育经费问题而不愿上任。1924年1月11日,由范源廉、颜惠庆推荐,张国波被任命为教育总长,然而到1月24日张国波仍未上任,张

---

①《教育杂志》第17卷,第2号,1925年2月20日.(编者按:无作者和题名)
②《教育杂志》第18卷,第9号,1926年9月20日.(编者按:无作者和题名)
③《教育杂志》第21卷,第6号,1929年6月20日.(编者按:无作者和题名)
④贾士毅.民国初年的几任财政总长.台北:传记文学出版社,1985:2-3.
⑤《教育杂志》第7卷,第3号,第25页,1915年3月20日.(编者按:无作者和题名)

国波在记者的追问下道出了他未上任的原因:只有对以后教育经费有相当之数和相当把握，他方能就职。他要求每月增加教育经费 3 万元，且发放国立八校部分欠费。满足这两个条件，他才到教育部工作。[①] 然而到 1924 年 9 月，张国波仍因无法解决教育经费拖欠问题而不得不辞职。1923 年 10 月，政府拖欠教育部薪水达 8 个月之久，教育总长缺位达 4 个月，代理次长辞职未获批准，教育部开会请中央政府速派教育总长。

教育部在教育经费上能力有限，教育经费的拖欠甚至波及自身。竟然发生了 1923 年 4 月 13 日的"教育部职员与北京国立八校教职员联合向教育总长索薪"事件。[②] 1923 年 10 月，政府拖欠教育部薪水达 8 个月之久，教育部职员将教育部公文两大箱送到国务院，以罢工表示抗议。1926 年 1 月 5 日，教育部职员为索取拖欠薪金，决定查封《四库全书》作为欠薪抵押品。

(二)南京国民政府时期政府对私立大学的补助

南京国民政府建立之初，教育经费紧张的状况并未得到根本改变。教育界人士指责政府"只顾扩张军备，所有收入概行挪作军费，对于各校筹备开学，所需经费，一文不发。各校校长虽奉委任，事实上毫无进行"[③]。因教育经费短缺引发的学潮不断。为了改变这种状况，1927 年 12 月 26 日，国民政府同意了蔡元培等人的提案，内称:"嗣后各省学校专款及各种教育附税，及一切教育收入，永远悉数拨归教育机关保管，实行教育会计独立制度;不准丝毫拖欠，或擅自截留挪用，一律解存大学院……克日切实施行"。[④] 随后国民政府又在大学院下设立"教育经费计划委员会"，然而，随着大学院的被废止及 1928 年 10 月教育部的重新设立及以"国家财政困难"为由，以上计划遂告破产。1928 年 9 月，北平国立九所高校因经费无着而无法开学，广大学生群起抗议，要求政府"急速规定妥善办法，选派专人来平进行整理国校，于最短期间招生开学，确定国校教育经费，力求九校之发展"。[⑤] 1931 年 5 月，随着行政院的《地方教育经费保障办法》的颁

---

① 《申报》，1924 年 1 月 28 日。(编者按:无作者和题名)
② 《申报》，1923 年 4 月 13 日.(编者按:无作者和题名)
③ 《教育杂志》第 20 卷，第 3 号，1928 年 3 月 20 日.(编者按:无作者和题名)
④ 《大学院公报》，1928 年 2 月.(编者按:无作者和题名)
⑤ 《教育杂志》第 20 卷，第 10 号，1928 年 10 月 20 日.(编者按:无作者和题名)

布，大学教育经费有所增加，但随着国民党不断加强对中国共产党及其所领导的红军的"围剿"，此时的军费开支较北洋政府时期有过之而无不及。拖欠大学教育经费问题并未解决。1932 年 6 月，中央大学全体教师和学生所发布的宣言称："中大经费自十七年度以后，由财政部及江苏教育经费管理委员会分别拨付，去岁因苏省经费一再核减稽延，学校几陷绝境。今年三月十七日，行政院会议决议，中大每月经费十六万元，自二月份起，一并由财政部拨发。计二、三两月各领三成，四、五两月各领五成，未领之款，与去年十二月今年一月旧欠合计几达五十万元，而苏省自去年七月至今年一月积欠经费，复达五十余万元。现在年度行将结束，而年内所领经费并计不足五个月，学校积欠教授薪水已逾四月，图书、仪器、讲义、文具下及煤、电、报纸等零星商品欠不下十数万元。"[1]教育经费紧张的主要原因是军费开支过大，表 2-5 显示了抗战前军费、债费与教育文化费用之情况。

表 2-5　1928—1937 年军费、债费与教育文化费用对总支出之比例表

年份	总支（元）	军费（%）	债费（%）	教育经费（%）
1928	634 361 957	43.9	26.2	1.2
1929	539 927 567	43.1	34.8	2.4
1930	706 219 865	43.0	39.3	2.0
1931	893 335 073	33.2	38.4	2.1
1932	—	—	—	—
1933	828 921 964	50.1	29.1	2.0
1934	918 111 034	36.3	28.1	3.7
1935	957 154 006	30.6	28.7	3.7
1936	990 658 450	32.5	24.1	4.5
1937	1 000 649 496	39.2	32.5	4.3

资料来源：《历史学报》（台北）第 11 期，1983 年 6 月.

注："—"表示未找到该项统计数据。

---

[1]《时代公论》第 13 号，1932 年 6 月.（编者按：无作者和题名）

公立大学的教育经费尚且如此紧张，私立大学的教育经费状况就可想而知了。中华教育改进社 1922 年 5 月至 1923 年 4 月对当时的一些公立大学、教会大学和私立大学的教育经费状况进行了调查，见表 2-6。

表 2-6 1922 年 5 月—1923 年 4 月一些专门学校及大学教育经费情况一览

学校类别	学校数(人)	学生数(人)	生均经费(元)
国立	30	10 535	593.63
省立	48	9 801	207.40
私立	29	10 524	114.38
教会立	18	4 020	1 108.88
总计	125	34 880	399.95

资料来源：据中华教育改进社 1922 年 5 月—1923 年 4 月调查数据整理。

由表 2-6 可见，私立大学的生均经费最低，平均每生只有 114.38 元。中华教育改进社 1923 年对京师学校的调查结果表明，中国人设立的私立大学经费很少，调查的五所高校，其中四所生均经费在 76.9 元以下，仅华北大学生均经费 184.7 元。中国人设立的私立大学人均年经费只相当于国立学校经费的 11%。[①]北洋政府时期由于连年战争，教育经费十分紧张。政府连公立大学的经费都无法保障，对私立大学的补助就更少得可怜了。尽管如此，还是有一些学校得到了政府的补助。如中国大学开办之初得到了政府拨给的 84 500 两库银的开办费及六厘公债 100 万元的基金。[②] 朝阳大学由于办学成绩突出，不断得到教育部的补助。同济大学在危难之际，是政府伸出了援助之手，及时给予了补助，才使学校渡过难关。

此外，政府在利用庚子赔款补助公立大学的同时，也对一些私立大学进行补助。如中法大学就是用法国庚子赔款办起的一所私立大学。该校建于 1920 年，创办基金 100 万元，年补助款 45 万元，经费充足，师资条件优越，藏书丰富，仪器设备均为一流。1925 年，教育部还将庚子赔款分别给了大同大学、汉口明德

①中华教育改进社. 京师教育概况(民国 11 年 7 月至 12 年 1 月)(内部资料). 1923:11.
②私立中国学院概览. 1933 年.

大学、武昌中华大学各 1 万元。① 此外，华北大学初创时期也得到了北洋政府 5 万元的庚款补助。② 总之，20 世纪 30 年代特别是 1934 年以前，政府对私立大学的补助费很少且随意性较大，见表 2 - 7。

表 2 - 7　20 世纪 20 年代末 30 年代初政府补助私立大学情况

学校	1928 年	1929 年	1931 年	1932 年
厦门大学	5 000(15.4)	0	0	0
大同大学	0	0	0	0
大夏大学	0	0	0	0
光华大学	0	0	0	0
武昌中华大学	14 985(7.8)	15 385(4.7)	31 792(7.5)	14 580(3.8)
南开大学	0	0	190 000(53.5)	80 000(20.9)
朝阳学院	0	0	0	0
复旦大学	0	0	0	0
南通学院	0	0	0	0
中国学院	65 000(31.5)	94 000(53.5)	94 000(53.5)	94 000(53.5)
上海法学院	0	0	0	12 000(9.9)
武昌艺专	7 440(8.9)	7 440(6.2)	—	—

　　资料来源:教育部高等教育司.全国高等教育统计.上海:商务印书馆,1931:68，71;教育部.二十一年度全国高等教育统计.上海:商务印书馆,1935:57 - 58，131 - 132;第一次中国教育年鉴:丙编教育概况学校教育概况.台北:台北宗青出版社,1991:87 - 140.

　　注:括号外数据为学费数(单位:元)，括号内数据为学费占总经费的比例(单位:%)，"—"表示未找到统计数据。

　　由表 2 - 7 可以看出，20 世纪 30 年代初期以前，政府对私立大学的补助主要限于几所学校，对私立大学的补助随意性很大，缺乏规范化和制度化。随着南京

----

①《申报》，1925 年 7 月 18 日.

②第二次中国教育年鉴第五编高等教育第四章公私立专科学校概况.台北:台北宗青出版社，1991:234.

国民政府政权的巩固，政府逐步认识到对私立大学的补助应是政府的责任。此时教育经费紧张局面逐步得到缓解。以蒋介石为首的南京中央政权，在军事上除继续"剿共"外，该时期南京中央政府与地方军阀之间的大规模内战基本停止，国家财政逐步统一并不断加强。此后五年，中央政府不仅能够保障原有教育经费的投入，还逐年有所增加。1930 年度的教育经费只占国家总预算的 1.46%，到 1935 年度，教育经费增长了两倍多，达到国家总预算的 4.8%。①

从表 2-8 可见，1932—1935 年四年间，全国教育经费总体上做到了收支平衡，其中还有三年教育经费出现盈余。长期困扰高等教育发展的经费基本得到解决。此后一直到抗战爆发，大学教育经费基本不再拖欠。教育部长王世杰在 1936 年的一次演讲中谈到教育经费问题时说：

> 此前教育进步之迟滞，教费拖欠问题是一大原因。然就最近情形而言，教费与岁出预算所占比例，三四年来岁有增益，则为可喜之事实，尤有一事，吾人极引为欣慰，即四年以来，中央直辖各校之经费，从未短欠，此实为民国以来空前之纪录。高等教育之整理工作，倘稍有成就，此为主要原因。②

表 2-8　1932—1935 年度教育经费收支状况（单位：万元）

年份	岁入经费	岁出经费	盈亏
1932	3 418	3 320	98
1933	3 454	3 357	97
1934	3 575	3 519	56
1935	3 644	3 712	−68

资料来源：教育部.二十一年度全国高等教育统计.上海：商务印书馆，1935：17；教育部统计室.二十二年度全国高等教育统计.上海：商务印书馆，1936：20；教育部统计室.二十三年度全国高等教育统计.上海：商务印书馆，1936：18.

当时执教于中央大学的著名历史学家郭廷以曾对这一时期的高等教育评论道："一九三二年以后，教费从不拖欠，教授生活之安定为二十年来所未有……一

---

①中国第二历史档案馆.中华民国史档案资料汇编.第五辑.教育（一）.1994：118.
②王世杰.训政时期约法与最近教育工作（1936 年 10 月 10 日）.革命文献，54：374-375 页.

九三七年前五年,可以说是民国以来教育学术的黄金时代。"①在这样的背景下,20世纪30年代以后,政府对私立大学的补助逐渐增加和规范。1930年8月23日教育部订定私立大学、专科学校奖励与取缔办法规定:"(一)凡已经立案之私立大学、学院及专科学校成绩优秀(良)者,得由中央或省市政府酌量拨款补助,或由教育部转商各庚款教育基金委员会拨款补助。(二)某学院或某科系在教育学术上有特殊贡献者,得由教育部或省市教育行政机关褒奖或给补助费。(三)有实验性质而实验成绩优良者,得由教育部褒奖或给补助费。"②

1931年6月颁布的《中华民国训政时期约法》规定:"私立学校成绩优良者,国家应予以奖励及补助。"③1934年国民政府教育部颁布《私立专科以上学校补助费分配办法大纲》及《支给细则》,国家开始设立专款对办学成绩优良且经济确有困难的私立学校,给予延聘教师、添置设备费的补助。根据以上两个文件的规定,国家每年拨款72万元,以70%补助扩充设备,30%用于添置特种科目之教习。当时很多私立大学得到了政府补助。1934—1935年政府资助私立大学17所,见表2-9。

表2-9 1934—1935年南京国民政府补助私立大学经费分配情况(单位:元)

学校	1934 年	1935 年
厦门大学	90 000	98 861
南开大学	40 000	43 015
大夏大学	35 000	16 280
大同大学	35 000	37 193
光华大学	20 000	13 725
复旦大学	15 000	16 280
广东国民大学	14 000	15 233

①郭廷以.近代中国史纲.北京:中国社会科学出版社,1999:649.
②中国第二历史档案馆.中华民国史档案资料汇编.第五辑.教育.南京:江苏古籍出版社,1994:180.
③中国第二历史档案馆.中华民国史档案资料汇编.第五辑.教育.南京:江苏古籍出版社,1994:9.

学校	1934 年	1935 年
广州大学	6 000	6 274
武昌中华大学	6 000	6 663
焦作工学院	35 000	36 600
南通学院	35 000	42 638
广州光华医学院	8 000	8 366
朝阳学院	8 000	8 366
晋川医学专科学校	15 000	16 873
中法药学专科学校	10 000	10 457
苏州美术专科学校	6 000	6 274
东亚体育专科学校	5 000	5 228

资料来源:中华教育界,1934,22(4);中华教育界,1935,23(3).

南京国民政府时期,除中央政府、财政部和教育部的补助之外,卫生部、铁道部及其他党政部门都曾为私立大学提供过资助。如北平铁路学院创办时,得到了铁道部及平汉铁路局每月数千元的经费资助。1929 年,上海法学院得到国民党部划拨的陈氏捐款。[1] 1935 年,东南医学院得到卫生部下面的医学委员会拨给的研究经费。[2]

(三)抗日战争时期政府对私立大学的补助

1937 年抗日战争全面爆发后,我国高等教育事业遭受极大破坏。据统计,1937 年 7 月至 1938 年 8 月的一年间,"我国的高等教育机关之损失,就其可知者而言,已达 3 360 余万之巨数"。[3] 当时 108 所高校中遭到战争破坏的有 91 所,

---

[1]忻福良.上海高等学校的沿革.上海:同济大学出版社,1992:201.
[2]忻福良.上海高等学校的沿革.上海:同济大学出版社,1992:200.
[3]延安时事问题研究会.抗战中的中国文化教育.上海:上海人民出版社,1961:29.

其中全部被毁者10所，25所因战争而暂时停办。战争爆发前，各校教授教员共7 560人，职员4 290人，学生41 922人。战争后受影响的教员达2 000余人，学生20 000余人，占总数的50%。①

除此之外，师生流失、校舍毁坏、图书仪器散失等损失无以计数。其中受损失最大的是私立高校，例如南开大学1937年被日军炸毁，初步统计财产损失达300万元（法币），占全国高校损失总数的1/10。② 当时国民党政府主要致力于将公立教育机构迁往内地，而原本靠私人力量维持的私立大学则难以得到保障，不但在战火中损失惨重，而且许多私立大学都因经费短缺无法内迁，留在战区更是难以维持。许多私立大学都不同程度地遭到损失，以1939年为例，各私立大学的财产损失详见表2-10。

表2-10　1939年私立专科以上学校的财产损失情况（单位：元）

学校	财产损失
复旦大学	544 975
光华大学	800 000
大夏大学	550 000
南开大学	3 000 000
武昌中华大学	431 910
广东国民大学	383 080
广州大学	192 444
上海法学院	510 000
持志学院	516 100
朝阳学院	247 750
中国学院	433 800

①延安时事问题研究会.抗战中的中国文化教育.上海：上海人民出版社，1961：28-29.
②南开大学校史资料编写组.南开大学校史.天津：南开大学出版社，1989：231.

续表

学校	财产损失
正丰文学院	100 000
民国学院	213 000
南通学院	307 810
焦作工学院	184 452
广东光华医学院	169 926
同德医学院	160 000
东南医学院	270 000
上海法政学院	50 000
武昌艺术专科学校	165 700
东亚体育专科学校	92 000
苏州美术专科学校	123 000
上海美术专科学校	180 920
新华艺术专科学校	110 000
无锡国学专科学校	26 000
山西川至医学专科学校	192 150
铁路专科学校	390 028
总计	10 224 345

资料来源：中国第二历史档案馆.中华民国史档案资料汇：第五辑第一编教育.南京：江苏古籍出版社，1991：375－377.

巨大的财产损失使原本经费就很紧张的私立大学更是雪上加霜。政府补助成为支撑一些私立大学的重要支柱。这一时期的民族工业遭受严重损失，人民生活更加困苦。与抗战前相比，这一时期政府进一步加大了对私立大学的资助力度，政府拨发了大量经费组织私立大学内迁。将一些私立大学与公立大学合并统一部署内迁，如将南开大学与北京大学、清华大学合并先后迁往长沙、昆明，组成西南联合大学，抗战期间南开大学的经费几乎完全靠政府资助。将焦作工学院与国立北洋工学院、国立北平大学工学院、东北大学工学院合并改组，成立西北工学院。焦作工学院在向西北搬迁的过程中，得到了教育部的大力支持。复旦大学、大夏大学正是在教育部长陈立夫的帮助下，才得到了搬迁路费与渡江用的轮船，顺利迁往后方的。此时，国民政府还先后为大夏大学、光华大学、武昌中华大学、朝阳大学、南开大学追加几万或十几万的补助费。① 国民政府除竭力维持大后方的私立大学外，还尽力支持沦陷区的私立大学。抗战时期沦陷区的中国大学继续得到来自重庆国民政府的补助。从 1940 年起，国民政府对天津的达仁商学院逐年发给补助费等。②

与此同时，政府也对私立大学的学生与教师给予补助。抗战初期，国民政府建立了贷学金制度，根据《省私立专科以上学校战区学生贷金暂行规则》的有关规定，私立大学的学生可以享受贷学金的补助。例如，武昌中华大学的在校生有 1/2 来自战区，这些学生全部依赖教育部的贷金维持生活。③ 1943 年以后，国民政府以公费生办法取代贷学金制度，根据《非常时期国立中等以上学校及省立私立专科以上学校规定公费生办法》的有关规定，私立大学新生享受公费的比例是：医、工各院科系学生以 70% 为乙种公费生（免膳食费）；理、农各院科系学生以 50% 为乙种公费生。④ 此外，政府还对私立大学的教师进行救济，如 1938 年 1 至 6 月份，教育部支给南开教职员救济金和校产保管费 8 500 元。⑤ 抗战胜利后，国民政府在"经费窘迫"的情况下，仍拨发大量经费部署私立大学的迁校复员事宜。如西南联合大学的复校经费，最初政府允给 30 亿元，南开大学得 8 亿。⑥ 政府还帮助私立大学修建校舍添置设备，并两次为私立大学追加改良费。⑦ 此外，还将联合国总署补助的教育器材分配给战时蒙受损失的私立大学。1946 年 5 月，国民政府行政院美国救济物资委员会分配给同济医学院美制 100 张病床的野战医院全套

①关于私立大专院校经费困难申请贷款的往来文书.南京第二历史档案馆，第 5 全宗，第 3003 号档案.
②第二次中国教育年鉴:第五编高等教育第四章.台北:台北宗青图书公司，1991:250.
③全国专科以上学校最近实况.上海:商务印书馆，1941:52.
④第二次中国教育年鉴:第二编教育行政第三章教育经费.台北:台北宗青图书公司，1991:53.
⑤南开大学校史编写组.南开大学校史.天津:南开大学出版社，1989:251.
⑥南开大学校史编写组.南开大学校史.天津:南开大学出版社，1989:318.
⑦王文俊.南开大学校史资料选.天津:南开大学出版社，1989:107.

设备，及拨款添建改造附属医院部分病床。① 1948 年 4 月，教育部呈准行政院，继续为省私立专科以上学校拨发补助经费。② 总之，这段时期是很多私立大学经费最为紧张的时期，是政府补助才使它们渡过难关。

（四）民国时期政府对私立大学的监督和管理

民国时期，政府资助私立大学的一个主要目的是要加强对私立大学的控制。因此，政府在对私立大学补助的同时，也加强了对私立大学的管理和控制。政府宏观管理是一把双刃剑，既能加强和促进私立大学的发展，也能干扰和束缚私立大学的发展。私立大学是高等教育的一个组成部分，理应受政府监督和管理。问题在于政府如何监督和管理私立大学。或者说政府对私立大学应该管哪些方面，管到什么程度。深入探讨这个问题对政府与当前民办大学的管理有很大现实意义。实践证明，政府管理私立大学既不能放任自流，也不能管得过死。否则就会出现"一放就乱，一管就死"的现象。对于社会上出现的滥设私立大学和私立大学质量低劣的问题，民国时期历届政府不断加强对私立大学的规范和管理。民国政府主要通过以下一些措施加强了对私立大学的监督和管理：

1. 规定凡设立私立大学，必须办理立案手续，以保证教育主管部门对私立大学的监督和管理

《专门学校令》《公私立专门学校规程》《私立大学规程》《私立专门以上学校认可条例》等都强调：私立专科以上学校的设立、变更、废止须经教育总长认可，在教育部立案；1913 年 1 月 28 日，教育部颁布《私立大学立案办法布告》，要求所有私立大学前经呈请到部准予暂行立案者，亟应遵照新颁布令规程，切实办理。自布告之日起，限三个月以内遵照私立大学规程，另行报部备查，俟呈报到部届满一年，由部派员视察，如果成绩良好，准予正式立案。1913 年，教育部还公布了《私立专门学校报部办法布告》，要求私立大学、私立专门学校的设立、变更、废止事宜，应先呈由各该省行政长官，核其办理情形，果与所拟章程符合，再行加具考语，转报本部，以定准驳。1913 年 12 月教育部的整顿私立大学办法布告，

---

① 忻福良.上海高等学校的沿革.上海:同济大学出版社，1992:156.
② 第三次中国教育年鉴:第七编高等教育第一章概述.台北:台北宗青图书公司，1991:73.

再次要求所有私立大学立即实施报部备案。对于不符合立案标准的学校不予立案或予以取缔。1913 年 6 月，教育部就停办改组了苏、浙、皖三省共 18 所私立法政大学。①

南京国民政府时期，教育部进一步明确和加强了对私立大学的管理。这一时期颁布的《私立学校规程》等法律法规强调了私立大学以教育部为主管机关，教育部拥有批准私立大学设立、立案、变更的权力，有监督、指导、整顿、解散、停办、取缔办理不善或违背法令的私立大学的权力。教育部还有认可、暂时委任私立大学校长和改组私立大学董事会的权力。1929 年 8 月颁布的《私立学校规程》规定："主管教育行政机关如认为校董会所选任之校长或院长为不称职时，亦得令校董会另选之。另选仍不称职或校董会发生纠纷以致停顿时，得由主管教育行政机关暂行遴任。"②1933 年 10 月修正颁布的《私立学校规程》规定："校董会发生纠纷以致停顿时，得由主管教育行政机关令其限期改组，遇必要时，得经由主管教育行政机关改组之。"③在加强对私立大学监督和管理的同时，对一些不合格的私立大学坚决予以取缔。如 1929 年 4 月取缔了南京文化大学、女子政法大学、上海远东大学等。④ 1930 年 9 月取缔了上海艺术大学、新民大学、建设大学、华国大学、光明大学、文法学院等。⑤

2. 通过立法规定私立大学设立的各项具体标准，以确保私立大学基本的办学条件

1915 年教育部公布的《私立专门以上学校认可条例》规定：私立大学须有自置之相当校舍；有确定之基金在五万元以上；经部派员考试，学生成绩优良。⑥ 1929 年颁布的《私立学校规程》规定："校地须有宽广之面积，并须于道德及卫生上均无妨害；校舍除各种教室及事务室外，应备设图书室、实习室、实验室……以供实地研究"。并规定了文科、理科、商科、医科、农科、工科等办学应具备的基本条件。1933 年颁布的《私立学校规程》规定：私立专科以上学校之立案，须具备下列条

①宋荐戈.中华近世通鉴·教育卷.北京:中国广播电视出版社,2000:285.
②(日)多贺秋五郎.近代中国教育史资料民国编(中册).台北:台北文海出版社,1976:574.
③(日)多贺秋五郎.近代中国教育史资料民国编(下册).台北:台北文海出版社,1976:496.
④(日)多贺秋五郎.近代中国教育史资料·民国编(中册).台北:台北文海出版社,1976:554.
⑤《教育部公报》第二卷第八至十期,1930 年.
⑥中国第二历史档案馆.中华民国史档案资料汇编.第三辑.教育.南京:江苏古籍出版社,1991:
　163－164.

件:①呈报事项查明确实者;②对于现行教育法令切实遵守,并严厉执行学校章则者;③教职员合格胜任,专任教员占全数三分之二以上者;④学生入学资格合格,在校学生成绩良好者;⑤设备足敷应用者;⑥资产或资金之租息连同其他确定收入(学费收入除外)足以维持其每年经常费者。

此外,针对一些私立大学为了多收学费而滥招学生的情况,南京国民政府教育部于20世纪40年代初出台了一系列限制私立大学滥招学生的办法:私立大学的招生简章必须经教育部审定,入学考试科目要参照教育部的规定并上报教育部备核,考试试题应严格依照高中课程标准命题并报教育部备核,教育部派员监视招生考试并随时抽阅新生试卷等。① 同时,针对一些私立大学招收同等学力的学生太多的状况,1944年教育部规定私立大学招收同等学力学生比例不得超过新生总数的5%。②

3. 实行学校试办期制度

《私立专门以上学校认可条例》规定:

私立专门以上学校应于开学后三个月内,将办理情形详具表册呈报教育总长。经派员视察后,认为校址、校舍学则、学科分配、职教员资格、学生资格、经济状况及各项设备均无不合者,由部批准试办,以三年为试办期。批准试办之私立专门以上学校,应于每学年开始后,遵照部章将校内各项详细情形呈报教育总长。批准试办之私立专门以上学校,在试办期间内,教育总长认为办理不合者,得令其停止试办。批准试办之私立专门以上学校,确系参照国立大学校条例,或遵照专门学校令及各专门学校规程办理,具备条件者,由教育总长正式认可之。③

4. 派视察员对私立大学进行视察

1920年教育部特设了一个"专门以上学校视察委员会"。该委员会内设常委八人,随时奉教育总长之命对已立案或未立案的私立专门以上学校进行视察。政府的视察和督导,对于改善私立大学的办学质量起到了积极的推动作用。如1933

---

①第二次中国教育年鉴:第五编.高等教育.台北:台北宗青图书公司,1991:50.
②第二次中国教育年鉴:第五编.高等教育.台北:台北宗青图书公司,1991:54.
③中国第二历史档案馆.中华民国史档案资料汇编.第三辑.教育.南京:江苏古籍出版社,199:
　163.

年，教育部在视察上海法政学院和上海法学院时，发现两所学校存在以下一些问题：学生入学资格把关不严、不严格执行考试规则、课程编制凌乱、设备简陋、教师待遇偏低等，于是勒令两校立即停止招生，并警告两校如不改善，将予以取缔。① 上海法学院立即采取措施整顿学校计划、修订学生规则和学校办事细则、严格执行考试规则、加强教学管理、随时抽查课堂出席人数等，从而使学校各项工作逐步走向正轨，提高了办学水平。②

二、民国时期私立大学得到了地方政府的大力资助

民国时期，私立大学除得到了中央政府、教育部等资助外，还得到了地方政府的大力资助，这与当时中国社会的变迁有直接关系。

（一）传统中央集权财政体制的瓦解及中央教育财政能力的削弱

清代前期的教育财政体制是中央集权的财政体制。大臣可以向皇帝呈递奏折，皇帝拥有财政收支的最后决定权，中央一级没有牵制皇帝财政权力的机构存在。地方财政无独立地位可言。清政府的财政收支都有相对固定的额度，并由《会典》《则典》等法典式文献予以规定，没有十分特殊的情况，均不得突破法典所规定的额度和范围。

在这种财政体制下，地方财政依附于中央而存在，无独立地位。虽然教育是地方的重要事务之一，但由于受经费所限制，地方在教育上所发挥的作用有限。维持地方教育事业的费用来源主要有中央财政拨款、地方公费、民间筹资三种。中央财政拨款主要用于地方教育管理、科举考试、官学经费等，属于专款专用，没有节余。地方公费是个很模糊的概念，地方公费由地方政府筹集。一般来说，地方政府主要通过以下几种途径筹集地方公费。一是向百姓征集。向百姓征集一般要得到士绅的同意。二是地方政府将其掌握的财物投入地方教育。如将诉讼田、罚罪田、绝户田、无主田等拨为学田。三是百官捐俸。这带有个人捐款性质，不是严格意义上的地方公费。通过以上途径获得的地方公费十分有限，不能充分发挥地

①教育部派员视察私立上海法学院、法政学院报告及有关文书.南京第二历史档案馆，第五全宗，第 2011 号档案.
②忻福良.上海高等学校的沿革.上海：同济大学出版社，1992：202 - 203.

方政府在教育方面的作用。

鸦片战争后，国家财政形势十分严峻，国家职能急剧扩张，封建传统的财政体制已无法满足这一变化的需要，财政入不敷出。特别是在镇压太平天国起义的过程中，中央财政更是捉襟见肘。在这种情况下，中央政府只好授权各省积极筹措资金以便"剿灭叛乱"。于是，地方政府掌握了财政大权，至此，中央集权的封建财政制度土崩瓦解。

第二次鸦片战争、中日甲午战争和八国联军的入侵，使清政府赔款偿债及军费不断增加，清政府财政面临崩溃的边缘，中央财政能力进一步削弱。北洋政府时期，军阀混战，财政收支十分混乱。地方军阀各自为政，不断发生地方截留中央税款现象，中央财政能力不断下降，中央财政日益被地方侵蚀。特别是从1921年到1928年，直系军阀和奉系军阀先后当权，不仅各省解款无望，就连关税、盐税都被各地截留自用。中央财政进一步恶化。

（二）地方政府财政能力不断增强

传统财政系统中，省级财政依附中央财政而存在，没有独立的财政权力。战乱不断使各省督抚从中央财政中逐渐获取一部分财政权力，特别是在平定太平天国起义中，中央授予了地方政府筹饷之权，地方财政能力不断加强。1853年，由于军需紧急，开销大增，中央允许各省建立厘金局，自行筹饷。1854年，户部又奏请各省财政为军事服务，咸丰帝批示：以本省之钱粮，作为本省之军需。允许地方政府自行调用藩库、运库、关库经费作为军饷，各省有自行筹款之权和自由用饷之权。太平天国起义被镇压后，清廷屡次欲裁撤厘金和杂捐，但如潘多拉的盒子一旦打开便关不上，中央再也收不回下放的财政权力。

洋务运动时期，省财政能力进一步扩大。洋务企业的收支活动是中央无法控制的，各省认为，洋务企业的利润属于自筹款项，与中央无关。此项费用可以自由动用，不行奏销。甲午战争以后，中央财政出现巨额亏空。由于中央在一定程度上要利用和依靠各省筹集和支付新增加的国家经费，只能允许各省有筹集资金的权力。1894年以后，各省相继招商开办官银号，投资金融业，所获利润由各省支配。中央失去了对于省财政的控制和管理能力，省财政获得了独立地位并逐渐加强。

清末民初兴起的地方自治思想和分级办学的思想，将发展教育的职能不断分解给地方政府。同时，地方政府也将教育作为发展本地经济、文化的工具，根据自身利益的需要不断推进教育发展。从而使省级教育财政能力进一步增强。

清末民初，中国仿效西方国家的地方自治制度，不断增加地方政府管理本地事务的职能和权力。地方自治章程确定地方自治经费由罚金、公产、公益捐等构成，地方有权在正税的边缘上筹集教育经费。地方自治的实行，不仅使地方逐渐产生教育经费的预决算制度，使地方教育经费受到较正规的约束，而且也使地方教育经费有一个可预期的、较稳定的来源。更重要的是，这项制度极大调动和激发了地方办教育事业的积极性和主动性。但袁世凯上台后，不能容忍地方独立财政的存在，继解散国会、省议会后，于1914年2月3日下令停止地方自治制度。地方自治的取消，导致不少地方教育事业的倒退。1916年，江苏教育界资深人士认为：地方自治取消后，江苏各县教育经费渐渐变更，虽然省政府叠令教育经费不得移作他用，但各县挪移教育款产，随地皆有。① 很多省都出现了类似江苏省的这种情况。

1919年的《新教育》杂志发表了《教育与地方自治》一文，认为地方自治实为共和国教育行政之基础。1920年10月，全国教育会联合会第六届会议呈请国务院、内务部和教育部《请从速恢复地方自治以固教育根本案》指出，自取消地方自治以来，地方教育费大都为县知事挪移、侵蚀，人民无从过问，教育经费左支右绌。若恢复地方自治，则监督县教育行政者有县议会，监督市乡教育行政者有市乡议会，地方教育经费不至于如以前那样被挪移。只有恢复地方自治，教育经费才能独立。② 可见，当时地方自治思想已深入人心。

近代的分级办学思想也对地方政府财政能力的增强起了推波助澜的作用。中国近代分级办学的思想萌生于中日甲午战争以后。郑观应、康有为等较早提出了分级办学的思想。1884年郑观应提出："考试之法将若何？窃谓中国自州县省会京师，各有学宫、书院，莫若仍其制而扩充之，仿照泰西程式，稍为变通，文武各分大中小三等，设于各州县者为小学，设于各府省会为中学，设于京师者为大学。"③郑观应提出了将学宫、书院改造成三级学校机构的设想。1895年，康有为也提出了与郑观应相似的构想，他提出地方设立艺学书院，经过书院学习并通过

①《教育杂志》第8卷，第2号，第38页，1916年2月15日.
②《教育杂志》第13卷，第3号，第3页，1921年3月2日第12.
③朱有瓛.中国近代学制史料第一辑(下册).上海:华东师范大学出版社,1986:12.

考试的学生进入省学，经过省学学习并通过考试的学生进入京师学习。[①] 1898 年 1 月，康有为在《上清帝第六书》中再次提议分级办学，1898 年 7 月又上奏：大学须有中学、小学的基础，可以将省会之大书院改为高等学堂，府、州、县书院改为中学堂，义学和社学改为小学堂。几天后光绪帝上谕各省、府、直隶州、县，分别将书院改为大、中、小学堂。

分级负担教育经费的模式由此而来。1903 年，袁世凯、张之洞明确表示了分级负担教育经费的思想。他们提出："东西各国公私大小学堂，多者不下数万区，如皆由公家筹款建立，安得如许经费？大抵高等教育之责，国家任之，普通教育之责，士民任之。"[②]地方自治及分级办学和分级负担教育经费的实施进一步推动和加强了地方财政能力。

（三）地方政府财政能力的加强为其资助私立大学奠定了经济基础

早期开办的复旦公学和中国公学得到了地方政府较大的资助。复旦公学在开办之初得到了校长马相伯的旧交、两江总督周馥的支持，在马相伯的要求下，周馥很爽快地答应从库银中拨付一万两为复旦的开办费，并划吴淞营地 70 余亩为校园。[③] 1906 年，复旦经费再度紧张，时任总督端方从库银中拨月银 1 400 两为正式开销，学校得以渡过难关。[④] 不久，总督端方经过考察，认为学校办得较好，于是又拨给学校大洋 2 000 元。[⑤] 中国公学开办之初也得到了政府的资助。学校建校之始经费极其紧张，在多方求助无效的情况下，干事姚洪业以身殉校，投江自尽。极大震动了全社会，迫于舆论压力，加之在郑孝胥、熊希龄的劝说下，第二年，两江总督端方允于丁未年起每年由两江捐 12 000 元，又拨吴淞公地百余亩为校园。次年，在大清银行营口经理罗迨先生的斡旋下，营口银行资助中国公学银 10 万两为建筑校舍之用。后来，湖北、浙江、四川、江西各省相继补助常款，故宣统末年公学每年常款有 20 000 余元。[⑥] 这一时期的其他私立大学也不同程度地得到了政府的资助。

---

①朱有瓛.中国近代学制史料第一辑(下册).上海：华东师范大学出版社，1986：470.

②璩鑫圭，唐良炎.中国近代教育史资料汇编.学制演变.上海：上海教育出版社，1991：525.

③宗有恒，夏林根.马相伯与复旦大学.太原：山西教育出版社，1996：29.

④陈学恂.中国近代教育大事记.上海：上海教育出版社，1981：150.

⑤宗有恒，夏林根.马相伯与复旦大学.太原：山西教育出版社.1996 年第30.

⑥胡适.中国公学校史//学府纪闻：私立中国公学.南京：南京出版有限公司，1982：7.

　　焦作工学院的创办和发展中，河南地方政府发挥了重要作用。英国福公司开办焦作路矿学堂，更多的是河南地方政府努力交涉与积极督促的结果，不仅如此，河南地方政府还给予了焦作工学院大量的经费资助。1921年，河南实业厅向学校补助了试金仪器大洋2 000元；1930年，河南省政府教育款产管理处给焦作工学院补助6 000余元；1931年，河南省政府教育款产管理处决定每月给焦作工学院补助2 000元，全年24 000元；1937年3月，中央庚款董事会补助焦作工学院建筑费13 000元。① 解放前夕，在通货膨胀、物价飞涨的情况下，河南省政府给予了学校大量的物质支持，才使学校得以维持。武昌中华大学创办初期，湖北省政府将粮道旧署划为学校永久校舍。20世纪20年代初期，在湖北省长兼督军肖耀南的慷慨资助下，中华大学得以盖起了一栋办公大楼和四栋学生宿舍。直到20世纪30年代，中华大学仍然持续不断地得到湖北省教育厅的补助。② 海南大学创办初期，当地县政府将约500亩的农田拨给学校作为农场，解放前夕，海南大学经费紧张，学校面临困境，在海南地方政府的帮助下，学校发起组织了"海大之友会"，旨在募集经费，维持和推动海南大学的发展。

　　民国时期，广东省成为北京、上海之外私立大学数量最多的省份，这与广东地方政府对私立大学的大力支持是分不开的。广东地方政府十分重视发展地方教育事业，包括私立高等教育。广东的私立大学都不同程度地得到过当地政府的资助。广东国民大学和广州大学在发展中长期得到广东省政府的经费资助。如广东国民大学于民国"二十一年三月，广东省政府议决，自二十一年度始，由省库拨给津贴本校经常费每年二万四千元"。③ 抗战时期，广东政府统一部署了私立大学迁往后方的工作，并给予了巨额经费补助。鉴于战争爆发后，家在战区的粤籍学生经济来源中断，广东省政府特别制定了《补助专科以上学校战区粤籍学生贷金章程》，从1940年9月起，广东国民大学、广州大学等粤省私立大学的学生得到了广东省政府的贷金补助。抗战胜利后，广东政府竭力帮助本省私立大学迁校复员，拨出40亩公地给广东私立中华文法学院作为校地。④

①邹放鸣.中国矿大九十.徐州：中国矿业大学出版社，1999：18，24，30，35.
②娄章胜，郑昌琳.陈时教育思想与实践.武汉：华中师范大学出版社，2001：112，355，366.
③广东国民大学概览.1933.
④第二次中国教育年鉴：第五编高等教育第四章公私立专科学校概况.台北：台北宗青图书公司，1991：256.

第四节　教育经费的其他来源

除社会捐款、学费、政府补助外，私立大学的经费来源还有学校财产（基金利息）收入、杂项收入等。

一、财产收入

财产收入包括公债利息、基金利息、房租地租、校田进款、校办产业经营所得等。如20世纪二三十年代南开大学的经费来源达10项之多，包括学生缴费、公债利息、基金利息、房租地租、罗氏基金团补助费、中华教育文化基金委员会补助费、太平洋国际讨论会专题研究补助费、校田进款、财政部河北财政特派员公署补助费、特别捐款等。[①] 其中基金利息为南开大学的一项重要收入。江苏督军李纯去世后，将遗产的1/4（元年公债票2 188 000元——每百元合现洋22.85，又现洋48元整）捐赠给南开大学，学校以这笔资金购买公债股票，使基金"永久存储，发商生息，以资利用"。[②] 这些基金利息在抗日战争爆发后的学校困难时期，对学校的发展起了很大作用。

此外，有些私立大学通过购买公债股票、炒股、收取基金利息、房租地租和校田进款，以现有资本进行投资经营，以财生财。如上海立信会计学校校长潘序伦将所创办的立信图书用品社、立信会计师事务所及专科学校三者融为一体，事务所与图书用品社除为学校提供师资、实习基地和教材之外，并将营业收入给学校用来补充学校经费。另外，学校每年都大做买卖黄金、美钞、股票的生意，收入颇丰，大大改善了学校经费紧张的状况。

为了获取更多的经费，一些私立大学利用自身的力量走出了一条兴办产业之路。抗战爆发后，北京民国大学被环境所迫，一再向后方转移，损失惨重，在学校面临生死存亡的关键时刻，校长鲁荡平突发奇想，从1943年8月起，民国大

---

①王文俊.南开大学校史资料选.天津：南开大学出版社，1989：136.
②《南开周刊》第2期，1921年4月6日.

学开始以私人的力量，自力更生，兴办产业，先后创办了机器锯木厂、机器碾米厂、运输部、机器厂、砖瓦厂和农场，这些厂矿的兴办增加了学校收入，改善了学校办学条件，学校从而增设了农工学院，培养工农业高级专门人才。① 一些私立大学的财产收入占学校总收入的比例较大，如福建学院 1931 年、1932 年、1934 年的财产收入分别为 70 216 元（75.0%）、72 216 元（76.0%）、44 120 元（75.0%）；南通学院 1931 年的租费是 200 000 元，占总收入的 64.0%；南开大学 1928 年、1929 年、1931 年、1934 年的财产收入分别为 79 727 元（45.0%）、98 910 元（44.9%）、59 351 元（17.0%）、80 608 元（15.0%）。除福建学院、南开大学等个别私立大学外，绝大多数私立大学的财产收入占学校总收入的比例都很低。有些私立大学的财产收入为零。详见表 2 – 11。

表 2 – 11   20 世纪 20 年代末 30 年代初一些私立大学的财产收入及所占比例

学校	1928 年	1929 年	1931 年	1932 年	1934 年
大同大学	3 171（3.2）	3 003（1.9）	3 250（2.6）	6 437（7.0）	15 041（9.5）
大夏大学	5 080（2.2）	3 713（1.3）	3 719（0.9）	10 595（3.8）	14 100（4.9）
武昌中华大学	1 956（1.0）	4 069（1.2）	35 420（8.3）	32 150（8.4）	31 764（12.0）
南开大学	79 727（45.0）	98 910（44.9）	59 351（17.0）	—	80 608（15.0）
上海法政学院	267（0.4）	334（0.4）	0	536（0.4）	0
厦门大学	0	5 146（1.9）	4 925（2.0）	6 845（2.7）	6 761（2.3）
南通学院	1 419（1.4）	1 253（1.2）	200 000（64.0）	1 253（1.2）	22 441（9.7）
中国学院	0	196（0.1）	0	196（0.1）	0
朝阳学院	9 462（7.2）	19 057（13.2）	0	19 057（13.0）	29 537（21.0）
广州法政专门学校	258（0.3）	138（0.2）	—	—	—
上海法学院	0	0	29 480（19.0）	2 344（1.9）	7 755（6.1）
福建学院	—	—	70 216（75.0）	72 216（76.0）	44 120（75.0）
武昌艺术专科学校	8 375（10.0）	12 446（10.4）	—	—	—

①教育部派员视察私立民国大学的报告及有关文件.南京第二历史档案馆，第五全宗，第 2002 号档案.

资料来源:教育部高等教育司.全国高等教育统计.上海:商务印书馆,1931:68,71;教育部.二十一年度全国高等教育统计.上海:商务印书馆,1935:57 - 58,131 - 132;教育部统计室.二十三年度全国高等教育统计.上海:商务印书馆,1936:54 - 55,132 - 133,200 - 201;第一次中国教育年鉴:丙编教育概况学校教育概况.台北:台北宗青出版社,1991:87 - 140.

注:括号外数据为财产收入(单位:元),括号内数据为财产收入占总经费的比例(单位:%),"—"表示未找到统计数据。

二、杂项收入

杂项收入也是私立大学的一项收入。杂项收入指捐款、学费、政府补助、财产收入等以外的收入。不同学校杂项收入来源不尽相同。为了弥补教育经费的不足,私立大学采取多种措施增加学校收入,如开办暑期学校、夜校、短期培训班等。既满足了不同层次学习者的需要,为广大在职青年提供继续学习深造的机会,也为学校增加了收入。

为了满足广大自学者的需要,在沈恩孚、黄炎培的支持下,上海美术专科学校于1915年首次开设了暑期美术进修班。1920年正式开办暑期学校,接受中小学美术教师、工艺音乐教师的进修,进修人数最多时达500多人。[1] 既为教师增加了收入,也为学校积累了办学资金。1937年,上海美术专科学校接受教育部委托,对14个省市的初中劳作教师进行暑期培训,并开办了劳作专修科,为中学培养劳作方面的师资。南开大学于1922年开始办暑期学校,学生共705人(男626人,女79人),学生籍贯遍布全国各省。南开大学的暑期学校每位学生所缴费用如下:杂费1元;学费每绩点3元;选习化学者每门另交实验费3元,预偿费各5元,未损坏仪器者退还;膳食费:7月6日至8月5日,每日两餐者5元5角,午餐者2元8角;宿费2元。共计收入5 447.4元,除去开支外尚余2 382.7元。[2]

一些私立大学还通过开办夜校来满足社会需求,同时也为学校挣取了办学经费。不少学校的夜校学生甚至超过了日校学生。广州大学建校之初衷是为了满足失学青年继续求学的需求,学校最初开办夜班,日后才逐渐办起了日班。1927

①周川,黄旭.百年之功——中国近代大学校长的教育家精神.福州:福建教育出版社,1994:64.
②《南开周刊》第41、42、45期,1922年9 - 10月.

年广东国民大学为适应社会需求，仿照欧美大学而创设了第二学院，"一时有志之士，乃至小学教员，云集景从"，来校报名的学生接踵而来。① 这所学校开设了夜校，其学生数量超过了日校学生，其中尤以法律、经济、教育等专业人数居多，大多数学员 30 岁左右，有的甚至 50 岁，学员中大多数是公务员、中小学校长及教师。由于这些在职人员学习勤奋刻苦，学业成绩并不比日班逊色，因此，入学人数日增。

立信会计学校采取了多种形式办学，使学校既满足了社会需要，也为学校增加了收入。使立信会计学校逐步发展成为全国知名的会计学校。校长潘序伦兼任暨南大学商学院院长之时，国内民族工商业已在发展，迫切需要改革会计制度，社会急需懂得经营管理的人才，于是潘序伦在 1927 年春辞去了公立大学教授职务，设立了"潘序伦会计师事务所"，并在事务所内设立会计补习夜校，这是他兴办会计学校的开始。1928 年扩大会计补习夜校，改名为"立信会计补习学校"，到第二学期开学前，报名的人很多，于是潘序伦决定把训练班从事务所里独立出来，成立会计补习学校。先后开设初级、高级商业簿记、高等会计、银行会计、公司会计、成本会计、政府会计、审计学等课程。② 这一时期的立信会计学校为了适应不同人的需要，采取了多样化的教学方式，主要有补习夜校、函授学校、晨校、星期日校、日校、专科学校、高级职业学校、训练班等。无论采取何种办学方式，都坚持严格的办学方针。校长潘序伦在向教育部申办此类学校时，就将该校办学方针归纳为："管教务期严格，学生学验并重，出路必予保障。"在实践教学中，学校始终坚持严格的教学管理制度。首先在学习时间上，保证每学期授课 20 个星期，上课时一律点名，规定在一学期内学生缺课三分之一以上，不能参加期终考试，迟到早退三次作旷课一次。其次，在考核学生成绩方面，各类学校都严格实行考试，补习学校规定 70 分为及格，不及格者不准毕业。③

为了能使学生毕业后胜任会计实务工作，学校坚持严格实用的教学方针。要求各门课程除讲授理论外，特别重视习题练习。还实行助教改卷制度。还用会计竞赛、加强珠算练习等方法，训练学生的基础技能。更重要的是，学校经常组织

---

①《广东国民大学十周年纪念册·校史概略》，1935:7.
②钟叔河，朱纯.过去的学校.长沙:湖南教育出版社，1982:401.
③钟叔河，朱纯.过去的学校.长沙:湖南教育出版社，1982:404.

学生去工商企业和政府机关参观、实习，派成绩突出的学生参加查账实习。此外，学校还在会计事务所附设"会计职业咨询所"，让学生参加。通过这些实践，学生不仅加深了对所学知识的理解，能更好地应用于实践，而且也增加了他们就业机会，当时许多实习生被机关、企业留用。①

总之，各私立大学通过不同方式为学校筹集资金，这些收入都属于杂项收入。表 2-12 列出了 20 世纪 20 年代末 30 年代初一些私立大学的杂项收入情况。

表 2-12　20 世纪 20 年代末 30 年代初一些私立大学的杂项收入及所占比例

学校	1928 年	1929 年	1931 年	1932 年	1934 年
大同大学	5 054(5.1)	8 305(5.3)	1 307(1)	13 546(15)	42 593(27)
大夏大学	152 016(64)	0	803(0.3)	45 613(16)	7 017(2.4)
光华大学	32 103(10.3)	36 842(12)	31 035(11)	14 284(4.6)	4 840(1.9)
武昌中华大学	558(0.3)	1 276(0.4)	3 148(0.7)	24 564(6.4)	19 560(7.2)
南开大学	5 904(3.3)	7 362(3.4)	2 251(0.6)	—	5 543(1.1)
厦门大学	17 593(5.4)	16 746(6.3)	17 684(7)	19 697(7.7)	20 612(6.9)
复旦大学	7 788(5.4)	5 203(2.7)	5 203(3)	15 641(8.4)	22 631(10.5)
南通学院	13 773(13)	16 859(16)	17 214(6)	16 859(15.6)	14 400(6.3)
中国学院	807(0.4)	577(0.3)	—	577(0.3)	39 964(14.1)
朝阳学院	4 644(3.6)	6 921(4.8)	6 921(5)	6 921(4.8)	12 224(8.7)
上海法学院	6 139(7.7)	6 736(6.6)	42 480(4)	4 837(4)	20 519(16)

资料来源:教育部高等教育司.全国高等教育统计.上海:商务印书馆,1931:68,71;教育部.二十一年度全国高等教育统计.上海:商务印书馆,1935:57-58,131-132;教育部统计室.二十三年度全国高等教育统计.上海:商务印书馆,1936:54-55,132-133,200-201.第一次中国教育年鉴.丙编教育概况学校教育概况.台北:台北宗青出版社,1991:87-140.

注:括号外数据为学费数(单位:元),括号内数据为财产收入占总经费的比例(单位:%),"—"表示未找到统计数据。

①钟叔河，朱纯.过去的学校.长沙:湖南教育出版社,1982:403-405.

第三章

民国时期我国私立大学教师薪俸分析

第一节　民国时期我国私立大学教师薪俸概况

一、民初及北洋政府时期私立大学教师薪俸

民国初期，大多数私立大学教师薪俸都不高。一些私立大学在创办之初或经费短缺时，教职工待遇较低，有些纯属尽义务，甚至还向学校无偿捐助。中国公学成立时经费极其紧张，很多教师纯属尽义务。朱经农教授是光华大学创办人兼教务长，为了支持大夏大学，不辞辛苦，不领教薪，抽出时间，风雨无阻地来大夏大学上课。大同大学在学校建校之初，无基本办学经费，11 位立达学社社员不仅义务为学校授课办事，而且还将在校外兼职所得收入的 20% 拿出来补助学校。此外，每遇到学校购地建房等事需要经费时，比较富裕的社员往往还会慷慨解囊。

南开大学校长张伯苓为了学校发展呕心沥血，只领取微薄的薪俸。据他的学生回忆说，张先生的伟大之处在于言行一致，自奉俭约，对于金钱，一介不取，一丝不苟。南开大学虽然有董事会，这些董事是挂名的董事，既不负筹款之责，也不问校务。一切财权、用人均由张先生一人总揽司理。[1] 南开大学的经费是完全公开的，每天的账目都放在图书馆里，欢迎查看和指教。校长取于学校的报酬，只是一份校长职务的薪水，月支 100 元。后来有了南开大学，他兼做大学校长时仍月支 100 元。几十年如此，而物价不停地上涨。一家六口，四个儿子，一位太太，总是极度紧缩着过活，还难以支撑。而学校学费收入、外来捐款，滴滴归公，用于学校的发展。即便如此，有时仍不够用，就到学校临时挂借。[2]

立信会计学校在经费紧张的情况下，支付教师工资是按小时计算，其中补习学校校长、教务主任、分校主任等全是义务职，不支付薪金。教师都是业余兼职的，每授课 1 小时支薪 1 元。专任职员人数很少，所支薪金，在整个学期的工薪

①学府纪闻:国立南开大学.台北:台北南京出版有限公司, 1981:97, 124.
②学府纪闻:国立南开大学.台北:台北南京出版有限公司, 1981:98, 124.

总额中，所占比例很低。立信补习学校在学生人数增至几千人时，总校的专职教务员只有二三人，校工只有一二人，分校都在晚间上课，主任都由教师兼任，每月略支数元补贴，分校校工，则由晚间出租教室的中小学原雇工友兼任，每月给予二三元补贴。总校、分校所用水电、文具、邮电、修理等费用，都是精打细算，不使有一点浪费。①

焦作工学院的师生团结合作，平日相处，犹如一家，一遇经费困难，即行减成发薪，紧缩开支，而教职员从未有过怨言。② 刚刚创建的大夏大学经费困难，教师待遇较低，有些教师不要薪俸义务上课，如校长马君武不领校长职薪和讲课费，建校时还把自己的上海住宅借给大夏大学做贷款抵押。大家一条心、一股劲，当时学校请不起太多职员，所有刻印讲义、管理图书仪器及采购、庶务等工作，大部分由学生分任，多数是尽义务。③ 1927 年，北伐军兴，上海一些大学相继关闭，唯独大夏大学按时开学，弦歌依旧。那时，学校所有的教职员都未曾拿到分文薪金。不仅私立大学的教师义务教学，而且职员和学生也常义务工作或向学校捐款。早年复旦公学在无锡惠山李公祠开学之时，经费无着，学校职员甘愿义务尽职，力任其难。④ 校长李登辉主持校政以后，学校经费入不敷出，学校与教职员协商减少薪金，由于广大教职员对复旦怀有深厚感情，宁愿多做工作，少取报酬也毫无怨言。广州大学初创之际，由于学校经费紧张，职员概不支薪，往返办公，自己反贴车费。

复旦大学刚成立时，经费比较紧张，教师的待遇菲薄。⑤ 1917 年复旦大学升格为大学后，学校支出依靠募捐和学费收入，常常入不敷出。新建的建筑物，除第二宿舍和科学馆为富商郭子彬捐助外，其余均由校董、师生、校友零星募集而来。1926 年由学生自治会倡议捐款建学校的体育馆，每位同学出钱七元，不足之部分由学校凑足，于 1928 年建成。⑥ 由于经费紧张，复旦教员薪俸低于国立大学的教员，当时国立大学专任教授的月薪在 350～500 元，复旦专任教授的月薪为 200 元。职员的工资也不高，各科处主任月薪为 100 元，一般职员月薪 40～60 元，看宿舍的月薪才 3 元。表 3－1 显示了 1923 年复旦大学教职员薪水情况。

①钟叔河，朱纯.过去的学校.长沙：湖南教育出版社，1982：406.
②钟叔河，朱纯.过去的学校.长沙：湖南教育出版社，1982：364.
③上海文史资料编辑委员会.上海文史资料选集第 59 辑.上海：上海人民出版社，1988：145.
④复旦大学校史编写组.复旦大学志.上海：复旦大学出版社，1985：85－86.
⑤宗有恒，夏林根.马相伯与复旦大学.太原：山西教育出版社，1996：30.
⑥复旦大学校史编写组.复旦大学志.上海：复旦大学出版社，1985：108.

表3-1　1923年秋复旦大学大学部教职员薪水情况(单位:元)

姓名	月薪	姓名	月薪	姓名	月薪	姓名	月薪
李权时	260	甘先生	180	吴毓胜	70	金通尹	210
郭任远	250	俞希稽	170	杜定友	40	邬志坚	90
邱正伦	240	何 活	130	叶楚伧	30	季英伯	60
姚心斋	230	金镜清	110	杜定友	40	李权时	40
侯 金	225	冯启承	20	袁 二	4	王 二	5
李登辉	330	梁朝树	10	钱久思	3	王振生	5
阮志珍	120	王小弟	8	王 祥	5	徐宝福	3
李夫人	60	刘国贤	3	龚根源	3	王 坤	3
张锡恩	5	吴炎章	5	余楠秋	210		
陈子良	40	陈望道	70	于云峰	100		
郑觉民	200	邵仲辉	70	赵振群	15		

资料来源:复旦大学百年志编委会.复旦大学百年志:下卷.上海:复旦大学出版社,2005:1724-1726.

二、南京国民政府时期私立大学教师薪俸

南京国民政府成立后,私立大学教师工资较以前有所提高,1929年私立大学教师平均薪金为160元,职员平均薪金为88元,私立专科学校教师平均薪金为125元,职员平均薪金为83元。[①] 但大多数私立大学教师工资比公立大学要低。以当时工资水平还算不错的复旦大学和南开大学为例,当时复旦大学校长李登辉的工资每月才200元,此外别无任何津贴。复旦专任教授的工资每月亦为200元。其他教师和职员的薪俸更低。[②] 当时南开大学教授的工资在180元左右,助教和讲师的薪俸更低。图3-1显示了1929年公立大学与私立大学教师薪俸情况。

[①]教育部高等教育司.全国高等教育统计.上海:商务印书馆,1931:6.
[②]复旦大学校史编写组.复旦大学志第一卷(1905—1949).上海:复旦大学出版社,1985:108-109.

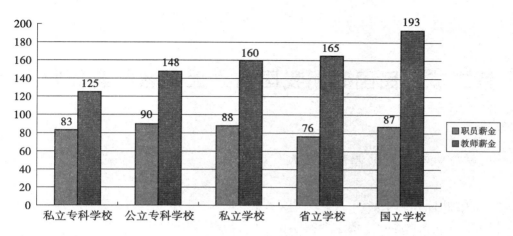

图 3-1　1929 年公私立专科以上学校教职员每人平均月薪(单位:元)

资料来源:教育部高等教育司.全国高等教育统计.上海:商务印书馆,1931:2.

　　图 3-1 显示的是私立大学教师工资,包括了教会大学教师的工资,如果去掉教会大学教师的工资,私立大学教师平均工资将更低。

　　20 世纪 30 年代以后,私立大学教师薪俸有所提高。1931 年,私立大学的最高月薪为:广州大学 600 元,厦门大学 500 元,广东国民大学 400 元,南开大学 360 元,光华大学 340 元,中法大学 300 元,复旦大学 294,南通学院 310 元,中国学院 300 元,大夏大学 290 元,焦作工学院 380 元,武昌中华大学 240 元,朝阳学院 200 元,民国学院 300 元,上海法政学院 226 元,上海法学院 210 元。[1] 1933 年,私立大学教授最高月薪为:南开大学 360 元,厦门大学 330 元,上海法政学院 308 元,中法大学 300 元,焦作工学院 300 元,广州大学 280 元,广东国民大学 272 元,中国学院 252 元,武昌中华大学和光华大学 240 元,复旦大学 220,大夏大学 200 元,大同大学 150 元,民国学院 140 元。[2] 1934 年,私立大学教授最高月薪为:南开大学 360 元,厦门大学 330 元,中法大学 300 元,复旦大学 260,大夏大学 300 元,广东国民大学 400 元,光华大学 340 元,广州大学 300 元,武昌中华大学 240 元。[3]

①教育部统计室.二十年度全国高等教育统计.上海:商务印书馆,1933:56、141.
②教育部统计室.二十二年度全国高等教育统计.上海:商务印书馆,1936:58、122.
③教育部统计室.二十三年度全国高等教育统计.上海:商务印书馆,1936:62.

第二节　民国时期我国私立大学教师薪俸特点

一、私立大学教师薪俸差距较大

民国时期，不同私立大学经费收入差距很大，导致私立大学教师薪俸差距也较大。私立大学经费来源主要有学费、社会捐款、政府补助、财产收入、杂项收入等。学费是私立大学一项稳定而重要的收入，几乎所有私立大学都要收取学费。社会捐款、政府补助、财产收入、杂项收入等项收入具有不确定性。私立大学教师薪俸差距表现在两方面：第一，同一所学校教师薪俸差距较大；第二，不同类型学校之间教师薪俸差距较大。

（一）同一所学校教师薪俸差距较大

教师薪俸与职称、学历、毕业学校、工作性质等密切相关，有些学校最高薪俸比最低薪俸高 20 多倍。以 1931 年为例，厦门大学教职员最高月薪 500 元，最低20 元，相差 25 倍；广东国民大学最高月薪 400 元，最低 16 元，相差 25 倍；中法大学教职员最高月薪 300 元，最低 15 元，相差 20 倍；新华艺术专科学校教职员最高月薪 250 元，最低 12 元，相差 21 倍。广州大学最高月薪 600 元，最低 80元，相差 7 倍多。详见表 3－2。

表 3－2　1931 年私立大学教职员月薪（单位：元）

校别	最高额	最低额	校别	最高额	最低额
广州大学	600	80	焦作工学院	380	20
厦门大学	500	20	中国学院	300	16
广东国民大学	400	16	民国学院	300	16
光华大学	340	24	南通学院	290	15

校别	最高额	最低额	校别	最高额	最低额
南开大学	360	24	上海法政学院	226	25
中法大学	300	15	上海法学院	210	30
震旦大学	300	40	正风文学院	220	30
大夏大学	290	22	华北学院	140	15
武昌中华大学	240	30	上海美术专科学校	300	30
复旦大学	294	20	新华艺术专科学校	250	12
无锡国学专修学校	200	16	中华体育专科学校	200	30
武昌艺术专科学校	200	30	东亚体育专科学校	160	28

资料来源:教育部统计室.二十年度全国高等教育统计.上海:商务印书馆,1933:56,141,210.

注:月薪最高者系专任教职员,最低者系专任职员。

1. 私立大学教员薪俸高于职员薪俸

按照工作性质,私立大学教职员分为教员与职员两类。教员有教授、副教授、讲师、助教等。职员有校长、教务长、院长、(系科)主任、秘书、组长、组员、事务员、书记等。校长、教务长、院长、(系科)主任、组长等均系兼职,他们并不是真正意义上的职员。秘书、事务员、书记等大多属于专职职员,总的来说,私立大学教员薪俸高于职员薪俸。表3-3至表3-5显示了1933年私立大学教员和职员薪俸情况。

表3-3 1933年私立大学教员月薪(单位:元)

校别	总计	教授	副教授	讲师	助教	其他
中法大学	20～300	260～300	—	28～200	35～130	20～100
复旦大学	22～220	22～220			50～91	—
大夏大学	24～200	36～200		30～160	24～90	—
南开大学	60～360	240～360		60～200	80～100	60～130
光华大学	48～240	144～240		48～144	50～70	60～120

续表

校别	总计	教授	副教授	讲师	助教	其他
厦门大学	60～330	200～330	100～240	60～160	75～80	120～140
广东国民大学	32～272	100～272	—	32～160	—	40～120
武昌中华大学	16～240	100～240	20～160	16～180	60～120	40～140
广州大学	32～280	260～280	—	200～240	32～64	—
大同大学	20～150	30～150	—	20～60	100	45～80
武昌华中大学	20～360	350～380	350～360	100～360	60～360	20～40

资料来源:教育部统计室.二十二年度全国高等教育统计.上海:商务印书馆,1936:58-59.

注:"—"表示未找到统计数据。

表3-4　1933年私立大学职员月薪(单位:元)

校别	总计	校长	教务长	院长	(系)主任	事务长
南开大学	15～360	40	—	270～340	260～360	—
中法大学	20～160	—	—	—	—	—
大夏大学	18～290	290	290	290	150～290	290
厦门大学	20～500	500	—	280～390	180～330	330
复旦大学	40～350	200	—	280～350	125～350	—
广东国民大学	15～400	400	400	360	300	—
光华大学	20～340	340	—	140	20～40	—
武昌中华大学	30～240	义务	240	240	200～240	240
广州大学	50～600	600	300	300	280	300
武昌华中大学	30～360	360	360	360	200～360	—
大同大学	30～300	300	100	—	100	100

资料来源:教育部统计室.二十二年度全国高等教育统计.上海:商务印书馆,1936:60-61.

注:"—"表示未找到统计数据。

表 3 - 5　1933 年私立大学职员月薪(续表)(单位:元)

校别	秘书	组长	组员	事务员	书记	其他
南开大学	85	70 ~ 150	35 ~ 68	25 ~ 55	15 ~ 30	40 ~ 100
中法大学	—	50 ~ 160	35 ~ 140	30 ~ 50	20 ~ 35	—
大夏大学	60 ~ 90	240 ~ 290	28 ~ 70	30 ~ 70	18 ~ 32	30 ~ 200
厦门大学	20 ~ 240	—	—	20 ~ 50		20 ~ 240
复旦大学	75 ~ 100	100 ~ 120	40 ~ 65	—	50	
广东国民大学	360	60 ~ 160	40 ~ 60	45 ~ 60	20 ~ 35	15 ~ 100
光华大学	90	100 ~ 200	20 ~ 90	50 ~ 90	30 ~ 50	100
武昌中华大学	60 ~ 100	100	30 ~ 60	30 ~ 40	—	—
广州大学	—	120 ~ 200	140 ~ 200	60	80	50 ~ 200
武昌华中大学	85 ~ 120	200 ~ 360				30 ~ 200
大同大学	100	—	—	30 ~ 60	—	50

资料来源:教育部统计室.二十二年度全国高等教育统计.上海:商务印书馆,1936:60 - 61.
注:"—"表示未找到统计数据。

由表 3 - 3 至表 3 - 5 可以看出，私立大学教员薪俸总体高于职员薪俸。如南开大学教授月薪 240 ~ 360 元，讲师 60 ~ 200 元，助教 80 ~ 100 元，而事务员月薪25 ~ 55 元，书记员月薪只有 15 ~ 30 元;中法大学教授月薪 260 ~ 300 元，讲师28 ~ 200元，助教 35 ~ 130 元，事务员月薪只有 30 ~ 50 元，书记 20 ~ 35 元;广东国民大学教授月薪 100 ~ 272 元，讲师 32 ~ 160 元，其他人员 40 ~ 120 元，事务员月薪 45 ~ 60 元，书记只有 20 ~ 35 元。

2.私立独立学院教员薪俸高于职员薪俸

表 3 - 6、表 3 - 7 显示了 1933 年私立独立学院教员与职员月薪情况。

表 3－6　1933 年私立独立学院教员月薪（单位：元）

校别	总计	教授	副教授	讲师	助教	其他
中国学院	32～252	120～252	—	32～200	—	80～160
民国学院	24～140	70～140	—	24～30	—	—
朝阳学院	12～297	200	—	12～297	—	—
中国公学	24～150	90～150	—	24～100	—	—
持志学院	24～200	24～200	—	50～100	50	—
南通学院	20～280	20～300	—	32～100	40～70	45～150
上海法政学院	30～300	32～308	—	—	—	—
上海法学院	24～160	16～160	—	—	24	—
天津工商学院	40～550	205～550	—	40～170	—	—
焦作工学院	24～280	200～300	—	42～200	50～100	24～110
福建学院	16～300	120～300	—	16～60	—	—

资料来源：教育部统计室.二十二年度全国高等教育统计.上海：商务印书馆，1936：122－123.

注："—"表示未找到统计数据。

表 3－7　1933 年私立独立学院职员月薪（单位：元）

校别	课员	事务长	事务员	书记	其他
中国学院	—	160	25～80	16～25	20～100
南通学院	30～50	60～200	20～45	6～30	10～200
持志学院	60～80	80	—	40	—
民国学院	—	200	20～40	15～20	—
朝阳学院	50～60	200	—	24～40	—
上海法政学院	40～80	—	40～80	30～40	32～264

续表

校别	课员	事务长	事务员	书记	其他
焦作工学院	50～80	—	—	25～28	30
上海法学院	24～40	—	30～32	—	—
福建学院	50	—	40～60	—	100～240
正风文学院	30～80	100	30	25～30	—
北平铁路学院	—	160	60	40	15
天津工商学院	40～80	400	30	40	—

资料来源:教育部统计室.二十二年度全国高等教育统计.上海:商务印书馆,1936:124－125.

注:"—"表示未找到统计数据。

从表3－6、表3－7可以看出,一些私立独立学院教职员薪俸差距很大,南通学院教授月薪最高300元,最低20元,相差15倍;教授、讲师月薪比事务员、书记等月薪要高。如中国学院教授月薪120～252元,讲师32～200元,其他人员80～160元,事务员25～80元,书记16～25元;南通学院教授月薪最高者300元,讲师32～100元,其他人员45～150元,事务员20～45元,书记6～30元;持志学院教授月薪24～200元,讲师50～100元,书记40元。

(二)不同类型学校之间教师薪俸差距较大

民国时期的私立大学按照学校层次及性质可分为私立大学、私立独立学院、私立专科学校等类型。总的来说,私立大学教职员薪俸高于私立独立学院教职员薪俸,私立专科学校教职员薪俸最低。

1.私立大学、私立独立学院、私立专科学校教师薪俸差距较大

以1934年为例,很多私立大学教授最高月薪在三四百之间,广东国民大学、武昌华中大学教授最高月薪400元,南开大学、大同大学教授最高月薪360元,而一些私立专科学校教授最高月薪才200多元。私立大学讲师等其他职称的教师薪俸也普遍高于私立专科学校。详见表3－8至表3－10。

表 3－8 1934 年私立大学教员月薪(单位:元)

校别	总计	教授	副教授	讲师	助教	其他
中法大学	20～300	200～300	—	65～150	50～130	20～100
复旦大学	45～260	200～260	—	91～140	50～80	45～110
大夏大学	60～300	80～300	—	—	60～90	—
南开大学	80～360	240～360	—	180～220	80～95	80～160
光华大学	40～340	112～340	—	100～140	40～90	70～200
厦门大学	60～330	200～330	160～280	60～150	60～100	75～140
广东国民大学	80～400	100～400	—	—	80	—
武昌中华大学	60～240	200～240	125～180	100～160	60	—
广州大学	200～300	200～300	—	—	—	—
大同大学	60～360	90～360	—	60～120	90	80
武昌华中大学	80～400	300～400	275	135～225	80～150	—

资料来源:教育部统计室.二十三年度全国高等教育统计.上海:商务印书馆,1936:62－63.

注:"—"表示未找到统计数据。

表 3－9 1934 年私立独立学院教员月薪(单位:元)

校别	总计	教授	副教授	讲师	助教	其他
中国学院	40～320	120～320	—	兼任	40～100	160
民国学院	30～160	160	—	40～80	—	40～100
朝阳学院	90～200	150～200	—	90～170	—	100
中国公学	80～150	80～150	—	—	—	80
持志学院	40～160	140～160	—	—	40	100
南通学院	50～310	60～310	—	80～180	50～82	兼任
上海法政学院	32～264	158～264	—	32～117	—	80
上海法学院	24～160	80～160	—	—	24	—

续表

校别	总计	教授	副教授	讲师	助教	其他
天津工商学院	130～560	225～560	—	130～210		230
焦作工学院	50～300	240～300		140	50～90	92～110
福建学院	140～240	140～240	—	兼任	—	—

资料来源：教育部统计室.二十三年度全国高等教育统计.上海：商务印书馆，1936：140－
141.

注："—"表示未找到统计数据。

表 3－10　1934 年私立专科学校教员月薪（单位：元）

校别	总计	教授	副教授	讲师	助教	其他
上海美术专科学校	72～250	120～250	—	72～120	—	—
东亚体育专科学校	30～180	—	—	30～188	—	—
新华艺术专科学校	48～200	120～200		50～100		48
武昌艺术专科学校	200	—		200		
中山体育专科学校	50～220	220		100～180		50～80
苏州美术专科学校	32～120			32～120		
无锡国学专修学校	100～200	150	140～200	100～120		
福建学院	140～240	140～240	—	兼任		

资料来源：教育部统计室.二十三年度全国高等教育统计.上海：商务印书馆，1936：208－
209.

注："—"表示未找到统计数据。

2.私立大学、私立独立学院、私立专科学校职员薪俸差距较大

就职员薪俸而言，私立大学职员月薪普遍高于同级别的私立独立学院月薪，私立专科学校职员月薪最低。1934 年大夏大学秘书最高月薪 300 元，南开大学310 元，厦门大学 260 元，而专科学校除了东亚体育专科学校秘书最高月薪 160元，其他都在 100 元以下。私立大学课员、事务员等其他职员月薪也普遍高于同级别的私立专科学校，见表 3－11 至表 3－15。

表 3 - 11　1934 年私立大学职员月薪(单位:元)

校别	总计	校长	教务长	院长	主任	事务长
大夏大学	18~300	300	300	290	150~260	300
南开大学	15~360	40	—	280~360	270~360	—
复旦大学	20~260	200	—	250~260	230~260	—
中法大学	20~160	—	—	—	—	—
光华大学	20~340	340	—	332	116~340	—
厦门大学	50~500	500	—	280~390	180~330	340
广东国民大学	20~400	400	360	360	300	140
武昌中华大学	30~240	义务	240	240	240	200
广州大学	60~600	600	300	300	280	300
大同大学	30~360	360	340	—		220
武昌华中大学	30~400	400	—	400	225~350	—
福建学院	140~240	140~240		兼任		

资料来源:教育部统计室.二十三年度全国高等教育统计.上海:商务印书馆,1936:60 - 61.

注:"—"表示未找到统计数据。

表 3 - 12　1934 年私立大学职员月薪(续表)(单位:元)

校别	秘书	课(组)长	课(组)员	事务员	书记	其他
大夏大学	240~300	110~300	28~200	30~70	18~48	35~200
南开大学	80~310	80~155	21~70	30~38	—	15~95
复旦大学	50~100	90~110	20~65	—	20~50	60~120
中法大学	—	20~160	35~140	30~50	20~35	—
光华大学	90~100	120~260	20~90	24~70	35~65	40~200
厦门大学	115~260	120~280	57~75	50~67	—	240

续表

校别	秘书	课(组)长	课(组)员	事务员	书记	其他
广东国民大学	360	60~160	50~80	40~60	20~48	20~75
武昌中华大学	60~100	100	30~60	30~40	—	—
广州大学	—	120~200	60~200	—	80~90	—
大同大学	220	160~220	30~140	30~110	—	50
武昌华中大学	95	225	—	30~40	30	100~150
福建学院	140~240	140~240	—	兼任	—	—

资料来源:教育部统计室.二十三年度全国高等教育统计.上海:商务印书馆,1936:60-61.

注:"—"表示未找到统计数据。

表 3-13　1934 年私立独立学院职员月薪(单位:元)

校别	课长	课员	事务员	书记	其他
南通学院	200~310	30~100	55	12~40	8~60
中国学院	100	—	24~85	10~30	100
持志学院	100	60~80	—	40	60~100
民国学院	50~85	24~40	34~45	15~30	15~40
上海法政学院	80~200	40~55	—	30~40	40~80
焦作工学院	110~150	40~80	—	22~28	90
上海法学院	40~56	24~38	30~32	16~20	40
福建学院	100	50	50	—	40~60
天津工商学院	260	30~60		40	
北平铁路学院	100	60	60	40	兼任
朝阳学院	70~160				

资料来源:教育部统计室.二十三年度全国高等教育统计.上海:商务印书馆,1936:138-139.

注:"—"表示未找到统计数据。

表3-14 1934年私立专科学校职员月薪(单位:元)

校别	总计	校长	教务长	主任	事务长	秘书
东亚体育专科学校	28～194	—	100	114～194	120	160
新华艺术专科学校	40～250	250	200	140～200	200	60
上海美术专科学校	30～300	300	200	150～250	200	100
苏州美术专科学校	18～100	100	80	80～100	80	80
中山体育专科学校	30～220	220	180	125～168	124	—
无锡国学专修学校	24～250	250	200	—	—	50
武昌艺术专科学校	40～200	200	200	150～200	200	—

资料来源:教育部统计室.二十三年度全国高等教育统计.上海:商务印书馆,1936:206-207.

注:"—"表示未找到统计数据。

表3-15 1934年私立专科学校职员月薪(续表)(单位:元)

校别	课长	课员	事务员	书记	其他
东亚体育专科学校	—	50	28～60	35	40～160
新华艺术专科学校	—	50～90	45～50	40	50～120
上海美术专科学校	—	40～80	40	30	60
苏州美术专科学校	60	35	20～30	18～20	40～50
中山体育专科学校	—	—	—	30	30～100
无锡国学专修学校	—	—	30～60	24～30	—
武昌艺术专科学校	—	—	50～70	40	—

资料来源:教育部统计室.二十三年度全国高等教育统计.上海:商务印书馆,1936:206-207.

注:"—"表示未找到统计数据。

与教员相比，私立专科学校职员薪俸总体虽然不高，但职员之间差距不大。新华艺术专科学校事务员 45～50 元，书记 40 元；上海美术专科学校事务员 40 元，书记 30 元；武昌艺术专科学校事务员 50～70 元，书记 40 元；苏州美术专科学校事务员 20～30 元，书记 18～20 元。详见表 3－16 至表 3－18。

表 3－16　1933 年私立专科学校教员月薪（单位:元）

校别	总计	教授	副教授	讲师	助教	其他
上海美术专科学校	39～250	200～250	—	38～150	—	—
东亚体育专科学校	27～150	100～150	—	27～92	—	—
新华艺术专科学校	16～100	45～100	—	16～50	—	—
武昌艺术专科学校	30～200	—	—	—	—	—
中山体育专科学校	14～200	100～200	—	—	—	14～96
苏州美术专科学校	16～120	16～120	36	32	34～84	—
无锡国学专修学校	16～200	200	50～100	—	—	16

资料来源:教育部统计室.二十二年度全国高等教育统计.上海:商务印书馆，1936:178－179.

注:"—"表示未找到统计数据。

表 3－17　1933 年私立专科学校职员月薪（单位:元）

校别	总计	校长	教务长	秘书	主任	课长
新华艺术专科学校	40～250	250	200	50	50～140	—
武昌艺术专科学校	40～200	200	200	—	—	100～200
上海美术专科学校	30～300	300	200	100	100～250	—
东亚体育专科学校	28～194	义务	100	160	114～194	—
苏州美术专科学校	18～100	100	80	50	30～50	40
中山体育专科学校	30～220	220	180	52	160	76

续表

校别	总计	校长	教务长	秘书	主任	课长
无锡国学专修学校	24～250	250	200	91	—	—
武昌文华图书馆学专科学校	10～280	280	180	80	—	—

资料来源:教育部统计室.二十二年度全国高等教育统计.上海:商务印书馆,1936:180－181.

注:"—"表示未找到统计数据。

表3－18 1933年私立专科学校职员月薪(单位:元)

校别	事务长	课员	事务员	书记	其他
新华艺术专科学校	200	50～100	45～50	40	50～120
武昌艺术专科学校	200	60～80	50～70	40	—
上海美术专科学校	200	60～84	40	30	40～80
东亚体育专科学校	120	—	28～60	—	40～160
苏州美术专科学校	80	20	20～30	18～20	—
中山体育专科学校	124	50～68	30～50	30	80
无锡国学专修学校	—	—	40～60	24～30	—
武昌文华图书馆学专科学校	95	—	40	10	10～65

资料来源:教育部统计室.二十二年度全国高等教育统计.上海:商务印书馆,1936:180－181.

注:"—"表示未找到统计数据。

二、私立大学教师薪俸不稳定

私立大学经费主要靠办学者自筹,经费来源具有不确定性,经费充足时教师薪俸较高,经费短缺时教师薪俸就会减少。20世纪20年代中期的厦门大学经费较宽裕,原因是当时厦门大学的主要捐款人陈嘉庚的实业处于鼎盛时期。有强大的经济实力做后盾,陈嘉庚与校长林文庆决定重金礼聘教师,以"待遇吸引人才"。学校规定:"本大学校长月薪四百元至六百元,全年以十二个月计算;本大学教授月薪百五十元至四百元,助教月薪六十元至二百元,全年以十二个月计算;大学讲师按授课时数之多寡计算,每周每小时由二元至五元,全月以四周半计算,全年以十个月计算;本大学事务员教务员月薪自二十元至八十元;本大学书记员月薪自十五元至四十元;本大学特别之职员及薪俸临时订定之。"①教授最高可达 400 元,而且从不欠薪。当时使用的货币是银元(大洋),25 元就能养活一个五口之家,当时复旦大学校长及专任教授的月薪最高仅 200 元,相比之下,厦门大学的待遇确实优厚。此外,厦门大学还制定了《优待教职员规则》。《优待教职员规则》包括优待教职员规则和教职员养老金规则两部分,规定:"教职员服务满十五年,因病不能继续服务,经医生证明者,得由校长向董事会请给恤金,按照其停止服务时所得薪俸百分之二十五计算之。但以三年为限,如满三年而转任他项职务者,本校即停止其应得之恤金;教职员服务满二十年,但其资格未能享受养老年金者,如因病不能继续服务,得由校长向董事会请给恤金,按照其停止服务时薪俸百分之三十计算之。期限以三年为限;教职员服务满十年者,其子女如入本校肄业,得享受免纳学费之权利。""教职员如欲将其所得薪俸之一部分交本校保存时,如不愿继续在本校服务时,本校即按照年利七厘,连本利一并交教职员所指定之人亲领;凡存款于本校之教职员,至其享受养老年金时,欲将该存款领会,本校即按照年利七厘,连本利一并交该教职员所指定之人亲领;教职员存款于本校时,如申明该存款只能于该教职员没后领取,本校即以年利一分,按复利法计算,于该教职员谢世时连本利一并交该教职员所指定之人亲领。"

教职员养老金规则规定:"教职员具有左列资格之一者,得享受养老年金之权利:甲、年满六十五岁以上,且在本校服务满二十年以上者;乙、年满五十五岁以上,因病不能服务,且在本校服务满二十年以上者;教职员已享受养老金之优待者,如欲转在中小学或其他机关服务者,得领其应得养老金之半数,倘该教职员再在其他大学服务,则应即失其应享养老金之权利;教职员已享受养老金之优待者,如欲再在本校服务,其前在本校服务之期限得继续有效,倘本校不欲再聘请该教职员,该教职员转任其他大学服务时,得领其应得养老金之半数,但只以三年为限。""教职员应得之养老金,依其服务年限支配之如左:甲、服务满二十年者,得享受其停止服务时薪俸百分之二十五;乙、服务满二十一年至二十五年者,每年

①上海《民国日报》1921 年 3 月 30 日、31 日第七版.

得增百分之一;丙、服务满三十年以上者,得享受养老金薪俸百分之三十五。""教职员已受养老年金,如尚未满三年而身故者,其至亲的继续享其应得之养老金,以满足三年之额为止。"①

1931年秋天,陈嘉庚企业亏损达320余万元,资助厦门大学的经费也逐渐减少。1933年厦门大学教职员薪俸有所降低:专任教授每月150元以上,330元以下;讲师每月100元以上,140元以下;助教每月75元以上,100元以下;专任及兼任职员(事务员、书记)每月20元以上,50元以下。②

中华大学校长陈时担任校长时,国内动乱不堪,经济衰弱,民不聊生。公立大学经费尚捉襟见肘、难以维持,私立大学的情况就可想而知了。当时中华大学的主要问题就是一个"穷"字,因经费拮据,中华大学校舍破旧不堪,因校舍不足,大中学教室混杂使用,一些教师的工资常常发不出去,月薪一降再降。陈时出身仕宦家庭,本是家财万贯,又留学日本多年,还有其父的同乡好友黎元洪、汤化龙等名人相助,本可飞黄腾达于政界,但因他一心为实现办大学、育英才的理想,毅然毁家兴学,为办学清苦一生。张伯苓曾赞扬陈时说:"我和陈校长相比,自愧不如,办南开我只是出点力。陈校长办中华,既出力,又出钱。我在北方……想到中华,就想到陈校长,中华大学有恽代英,南开大学有周恩来,这都是杰出的人才,是我们两校的光荣!我们两校有许多共同点,正如陈校长所说,中华南开是亲如姊妹。"③更令人感动的是,陈时当了几十年校长都是分文不取,纯属尽义务。

中华大学在五四运动前后,经费较充足,在私立大学中教师待遇较高。学校利用经费较充足这个有利条件,广招四方贤士。不仅聘请了黄侃、刘博平等著名学者和施洋、恽代英、黄负生等进步教师到校任教,同时还聘请了康有为、梁启超、章太炎、蔡元培、杜威、何尔康、泰戈尔、顾维钧、胡适、李四光等一批中外大师到校讲学。使中华大学一度出现了"印泰戈尔,华蔡子民,政顾维钧,杜威哲学,康梁史经,一时鸿博,靡不莅临"的盛况。

其他学校同样存在教师薪俸不稳定的情况。大夏大学1933年教授月薪36~200元,1934年80~300元,教授最高涨了100元;光华大学1933年教授月薪144~240元,1934年112~340元,教授最高涨了100元;广东国民大学1933

①《申报》1926年6月18日七版.(编者按:无作者和题名)
②《厦门大学十二周年纪念专号》1933年.(编者按:无作者和题名)
③吴先铭.陈时与中华大学的几个片段.载《武汉市文史资料》第3辑,第119页,1983年.

年教授月薪 100~272 元，1934 年 100~400 元，教授最高涨了 128 元；大同大学
1933 年教授月薪 30~150 元，1934 年 90~360 元，教授最高涨了 210 元；东亚体
育专科学校 1933 年讲师最高月薪 92 元，1934 年讲师最高月薪 188 元；新华艺术
专科学校 1933 年教授月薪 45~100 元，1934 年教授月薪 120~200 元，1933 年讲
师只有 16~50 元，而 1934 年讲师月薪 50~100 元；苏州美术专科学校 1933 年讲
师 32 元，而 1934 年讲师月薪 32~120 元。① 不仅教授薪俸有变化，一些职员薪
俸也有较大变化。表 3-19、表 3-20 显示了 1933 年、1934 年一些私立独立学院
职员月薪变化情况。

表 3-19　1933 年私立独立学院职员月薪表(单位:元)

校别	总计	校长	教务长	秘书	(系科)主任	课长
中国学院	16~300	300	160	100	50	100~120
南通学院	6~300	不支薪	200~240	120	190~300	
持志学院	40~200	100	80~200	100	100~160	100~120
民国学院	15~300	200	300	—	50	40~80
朝阳学院	24~200	200	200	140	—	60~160
上海法政学院	30~258	200	200	—	212~308	80~100
焦作工学院	25~380	380	—	280	260~300	90~120
上海法学院	24~200	200	200	60	50	40~56
福建学院	50~300	300			180~280	100~240
正风文学院	25~320	320	80	160	—	50~120
北平铁路学院	15~200	200	180	160	100	
天津工商学院	30~500	500	400	70	260~300	

　　资料来源:教育部统计室.二十二年度全国高等教育统计.上海:商务印书馆,1936:124-
125.

　　注:"—"表示未找到统计数据。

①教育部高等教育司.二十二年度全国高等教育统计.上海:商务印书馆,1936:58-59;教育高
　等教育司.二十三年度全国高等教育统计.上海:商务印书馆,1936:62-63.

表 3 - 20　1934 年私立独立学院职员月薪(单位:元)

校别	总计	校长	教务长	主任	事务长	秘书
南通学院	8 ~ 310	兼任	200 ~ 300	200 ~ 240	—	160
中国学院	10 ~ 300	200	160	150 ~ 290	160	100
持志学院	40 ~ 100	不支薪	不支薪	80 ~ 100	不支薪	—
民国学院	15 ~ 300	200	300	160	200	—
上海法政学院	30 ~ 200	200	200	212 ~ 308	—	—
焦作工学院	22 ~ 380	380	—	260 ~ 300	110	280
上海法学院	16 ~ 200	200	200	90 ~ 170	—	60
福建学院	40 ~ 300	300	—	180 ~ 280	—	—
天津工商学院	30 ~ 260	兼任	外籍	—	—	70
北平铁路学院	40 ~ 500	500	180	—	160	不支薪
朝阳学院	70 ~ 200	200	200	—	200	—

资料来源:教育部统计室.二十三年度全国高等教育统计.上海:商务印书馆,1936:138 - 139.

注:"—"表示未找到统计数据。

从表 3 - 19、表 3 - 20 可以看出,一些私立独立学院职员薪俸变化也比较大。中国学院 1933 年校长月薪 300 元,1934 年减为 200 元,1933 年(系科) 主任月薪为 50 元,1934 年主任月薪涨至 150 ~ 290 元,最高涨了 240 元;持志学院 1933 年校长月薪为 100 元,1934 年则不支薪,1933 年教务长月薪为 80 ~ 200 元,1934 年则不支薪,1933 年(系科) 主任月薪为 100 ~ 160 元,1934 年降为 80 ~ 100 元;北平铁路学院 1933 年校长月薪为 200 元,1934 年涨至 500 元,涨了 300 元。

三、私立大学教师薪俸占总支出的比例较高

私立大学的经常费主要用于教职员薪俸、办公费、设备费、特别费、附设机关费等方面。

（一）教职员薪俸

无论公立大学还是私立大学，教职员薪俸都是一个最重要支出项目，现以1929—1930 年度为例来说明教职员薪俸在公、私立大学支出中所占的比重，见图3 - 2。

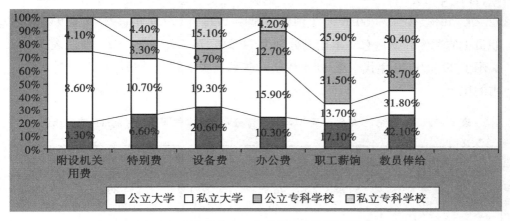

图 3 - 2　1929—1930 年度公私立专科以上学校经费支配百分比

资料来源：教育部统计室. 全国高等教育统计. 上海：商务印书馆，1931：5.

从图 3 - 2 可以看出，1929—1930 年度，全国公立大学教职员薪俸占学校总支出的 59.2%；私立大学教职员薪俸占学校总支出的 45.5%；公立专科学校教职员薪俸占学校总支出的 70.2%；私立专科学校教职员薪俸占学校总支出的76.3%。表 3 -21 列举了 1931 年私立大学教职员薪俸及占总支出比例情况。

表 3 -21　1931 年私立大学教职员薪俸及占总支出比例（单位：元）

学校类别	俸给费	办公费	设备费	特别费	附设机关
私立大学	3 448 110 （44.99）	668 175 （8.70）	1 575 011 （20.50）	1 523 540 （19.80）	468 831 （6.11）
私立学院	3 260 289 （55.62）	1 519 022 （25.80）	618 528 （10.53）	335 336 （5.71）	138 018 （2.34）
私立专科	392 971 （73.20）	46 109 （8.54）	81 402 （15.40）	15 319 （2.86）	—

资料来源:教育部统计室.二十年度全国高等教育统计.上海:商务印书馆,1933:15 - 16.

注:括号外数据为教职员薪俸(单位:元),括号内数据为教职员薪俸占总支出比例(单位:%),"—"表示未找到统计数据。

就具体学校而言,由于校情不同,教职员薪俸及占总支出比例不同,很多私立大学教职员工的薪俸开支占了学校相当大的比例。如厦门大学 1928 年、1929年、1931 年、1932 年、1934 年教职员工的薪俸开支占总支出比例分别高达83.1%、72.3%、70%、70.1%、60.6%;上海法政学院 1928 年、1929 年、1931 年、1932 年教职员工的薪俸开支占总支出比例分别为 74.2%、74.2%、74%、72.2%。表 3 - 22显示了 20 世纪 20 年代末至 30 年代初一些私立大学教职员薪俸在学校开支中所占的比重。

表 3 - 22　20 世纪 20 年代末至 30 年代初部分私立大学教职员薪俸及占总支出比例

学校	1928 年	1929 年	1931 年	1932 年	1934 年
大同大学	59 886 (60.7)	76 942 (49.4)	89 132 (65.2)	64 800 (70.9)	73 336 (45.9)
大夏大学	87 280 (37.5)	121 218 (61.4)	138 794 (32.7)	152 162 (54.1)	166 048 (53.5)
光华大学	134 845 (43.1)	98 012 (31.8)	93 862 (32)	102 047 (32.2)	106 040 (42.6)
武昌中华大学	69 478 (36.4)	152 538 (46.2)	149 760 (35)	124 260 (32.6)	97 640 (36.2)
中国公学	71 482 (75.5)	81 881 (62.3)	81 881 (64)	—	24 198 (65.6)
南开大学	87 819 (43.4)	105 633 (43.9)	121 529 (38)	176 340 (47)	231 521 (41.6)
上海法政学院	50 319 (74.2)	62 898 (74.2)	62 898 (74)	96 679 (72.2)	—
厦门大学	215 115 (83.1)	187 421 (72.3)	16 1308 (70)	196 181 (70.1)	189 861 (60.6)

续表

学校	1928 年	1929 年	1931 年	1932 年	1934 年
复旦大学	82 181 (51.8)	116 827 (59.5)	116 827 (50)	127 801 (60.7)	159 863 (65.1)
南通学院	59 683 (56.7)	61 786 (56.4)	72 500 (23.4)	61 786 (56.5)	111 512 (48.4)
中国学院	70 408 (34)	117 745 (62.9)	117 745 (62.9)	117 745 (62.9)	137 092 (48.2)
朝阳学院	91 300 (68.7)	99 165 (72)	99 165 (72)	99 165 (72)	84 925 (63.1)
广州法政专门学校	34 748 (50.8)	39 428 (65.5)	—	—	—
上海法学院	40 204 (50.8)	47 980 (47.2)	59 520 (56.3)	47 193 (38.9)	42 959 (35.9)
武昌艺术专科学校	52 380 (62.8)	103 980 (87.2)	—	—	—
福建法政专门学校	38 960 (78.3)	38 080 (78.2)	—	—	—

资料来源:教育部高等教育司.全国高等教育统计.上海:商务印书馆,1931:19;教育部.二十一年度全国高等教育统计.上海:商务印书馆,1935:57 - 58,131 - 132;教育部统计室.二十三年度全国高等教育统计.上海:商务印书馆,1936:54 - 55,132 - 133,200 - 201;第一次中国教育年鉴:丙编教育概况学校教育概况.台北:台北宗青出版社,1991:87 - 140.

注:括号外数据为教职员薪俸(单位:元),括号内数据为教职员薪俸占总支出比例(单位:%),"—"表示未找到统计数据。

一些私立专科学校教职员薪俸占总支出比例更高,1931 年福建法政专门学校教职员薪俸占总支出比例高达88.3%,武昌艺术专科学校、上海美术专科学校为81.2%,中山体育专科学校78.8%,新华艺术专科学校73.5%,无锡国学专修学校70.8%,苏州美术专科学校70.6%,广州法政专科学校65.8%。详见表3 - 23。

表 3-23　1931 年私立专科学校教职员薪俸及占总支出比例

校别	俸给费	办公费	设备费	特别费	附设机关
武昌艺术专科学校	119 220 (81.2)	13 920 (9.5)	10 560 (7.2)	3 120 (2.1)	—
东亚体育专科学校	45 738 (52.7)	4 729 (5.5)	31 389 (36.4)	4 645 (5.4)	—
上海美术专科学校	57 619 (81.2)	8 737 (12.3)	4 618 (6.5)	—	—
广州法政专科学校	39 428 (65.8)	—	16 819 (28.2)	3 566 (6)	—
新华艺术专科学校	34 820 (73.5)	6 712 (14.2)	5 795 (12.3)	—	—
福建法政专门学校	32 592 (88.3)	2 240 (6.1)	1 200 (3.3)	842 (2.3)	—
中山体育专科学校	21 855 (78.8)	3 600 (13)	1 000 (3.6)	1 265 (4.6)	—
苏州美术专科学校	15 507 (70.6)	3 826 (17.5)	2 588 (11.8)	31 (0.1)	—
无锡国学专修学校	13 472 (70.8)	2 345 (12.3)	2 093 (10.9)	1 150 (6)	—

资料来源:教育部统计室.二十年度全国高等教育统计.上海:商务印书馆,1936:200-202.

注:括号外数据为教职员薪俸(单位:元),括号内数据为教职员薪俸占总支出比例(单位:%),"—"表示未找到统计数据。

(二)设备费

设备费是私立大学的一项重要支出,从学校的设备可以看出学校的办学条件和办学者对教学的重视程度。由于私立大学的经费一般都比较紧张,大多数私立大学的设备价值低于同类的公立大学。如中央大学 1929 年、1930 年设备价值分别为 489 950 元、489 950 元;北平大学 1929 年、1930 年设备价值分别为 176 150 元、

187 850 元;北平师范大学 1929 年、1930 年设备价值分别为 35 000 元、50 000 元;清华大学 1929 年、1930 年设备价值分别为 275 382 元、335 415 元;中山大学 1929 年、1930 年设备价值分别为 139 032 元、161 841 元;河北大学 1929 年、1930 年设备价值均为 18 488 元;河南大学 1929 年、1930 年设备价值分别为 224 100 元、247 900 元;河北工业学院 1929 年、1930 年设备价值分别为 47 154 元、53 460 元。相比之下,各私立大学的设备价值就比较少。厦门大学 1929 年、1930 年设备价值分别为 198 700 元、199 700 元;大同大学 1929 年、1930 年设备价值分别为 74 841 元、77 343 元;复旦大学 1929 年、1930 年设备价值分别为 48 360 元、55 560 元;光华大学 1929 年、1930 年设备价值分别为 59 570 元、65 785 元;大夏大学 1929 年、1930 年设备价值分别为 20 415 元、27 608 元;南开大学 1929 年、1930 年设备价值分别为 12 580 元、15 533 元;武昌中华大学 1929 年、1930 年设备价值分别为 7 754 元、8 984 元;南通学院 1929 年、1930 年设备价值分别为 81 457 元、84 732 元;中国公学 1929 年、1930 年设备价值分别为 6 020 元、12 520 元。①

私立大学不但用于购买设备的费用低于公立大学,而且用于购买设备的经费占总支出的比例也较小。以 20 世纪二三十年代为例,来说明私立大学设备费情况,见表 3 - 24。

表 3 - 24 20 世纪二三十年代部分私立大学设备费及占总支出的百分比

学校	1928 年	1929 年	1932 年	1934 年
武昌中华大学	41 962(22)	43 572(13.2)	78 212(20.5)	67 826(25.1)
南开大学	56 269(27.8)	53 149(22.1)	110 269(29.4)	152 374(27.4)
光华大学	46 090(14.8)	38 056(12.3)	36 975(11.7)	32 611(13.1)
厦门大学	17 616(6.8)	14 863(5.7)	1 6285(5.8)	39 058(12.5)
复旦大学	14 664(9.2)	46 388(23.6)	26 978(12.8)	27 697(11.3)
大夏大学	15 754(6.8)	279 611(26.6)	50 475(18)	39 957(12.9)

①教育部高等教育司.全国高等教育统计.上海:商务印书馆,1931:5.

续表

学校	1928 年	1929 年	1932 年	1934 年
大同大学	11 008(11.2)	27 244(17.5)	11 404(12.5)	49 006(30.7)
中国公学	6 527(6.8)	11 426(8.9)	—	2 804(7.6)
南通学院	11 180(10.6)	15 245(13.9)	15 245(13.9)	94 218(40.9)
中国学院	2 025(1)	12 164(6.5)	12 164(6.5)	84 223(29.5)
朝阳学院	9 154(7.1)	12 091(8.8)	12 091(8.8)	21 003(15.6)
上海法政学院	2 360(3.5)	2 950(3.5)	6 343(4.7)	—

资料来源:教育部高等教育司.全国高等教育统计.上海:商务印书馆,1931:69,72,98;教育部.二十一年度全国高等教育统计.上海:商务印书馆,1935:59-60,133-134;教育部统计室.二十三年度全国高等教育统计.上海:商务印书馆,1936:56-57,134-13,202-203.

注:括号外数据为教职员薪俸(单位:元),括号内数据为教职员薪俸占总支出比例(单位:%),"—"表示未找到统计数据。

由表 3-24 可知,各私立大学之间设备费占学校总支出的比例相差较大。1934 年南通学院设备费为 94 218 元,占经费总支出的 40.9%;1934 年中国学院设备费为 84 223 元,占经费总支出的 29.5%;1934 年南开大学、武昌中华大学等学校设备费占全年经费支出的比例也较大。另外,由于私立大学的经费一般都比较紧张,因此很多私立大学用于设备的费用很少,这影响了学校的教学质量。总的来说,私立大学设备、图书等不如同类的公立大学。

(三)办公费

办公费是私立大学常年开支不可缺少的一个项目,由于经费紧张,大多私立大学尽量减少办公费用。但有些私立大学办公费仍然不低,详见表 3-25。

表 3 - 25　20 世纪 20 年代末至 30 年代初部分私立大学办公费情况

学校	1928 年	1929 年	1932 年	1934 年
大同大学	12 936(13.1)	9 140(5.8)	3 349(3.7)	10 009(6.3)
大夏大学	128 069(55)	8 778(1.9)	45 597(16.2)	33 315(10.8)
光华大学	131 067(42)	101 425(32.9)	102 073(32.3)	29 257(11.8)
武昌中华大学	14 592(7.6)	27 752(8.4)	25 162(6.6)	11 625(4.3)
中国公学	10 684(11.3)	26 559(22.3)	—	9 065(24.6)
南开大学	33 668(16.7)	40 700(16.9)	34 910(9.3)	41 505(7.5)
上海法政学院	12 642(8.7)	15 802(18.7)	15 917(11.9)	—
厦门大学	21 809(8.4)	25 190(9.7)	25 454(9.1)	10 134(3.2)
复旦大学	29 302(18.5)	22 128(11.3)	23 223(11)	6 065(2.5)
南通学院	6 222(5.9)	6 661(6.1)	6 661(6.1)	12 440(5.4)
中国学院	41 336(20)	37 841(20.3)	37 841(20.3)	42 590(7.6)
朝阳学院	27 023(22.7)	25 445(18.5)	25 445(18.5)	28 657(21.3)
上海法学院	12 556(15.8)	10 292(10.1)	7 768(6.4)	7 445(6.2)
武昌艺术专科学校	11 760(14.1)	8 160(6.8)	—	—
福建法政专门学校	2 918(5.9)	2 743(5.6)	—	—

资料来源:教育部高等教育司.全国高等教育统计.上海:商务印书馆,1931:69,72;教育部.二十一年度全国高等教育统计.上海:商务印书馆,1935:59 - 60,133 - 134;教育部统计室.二十三年度全国高等教育统计.上海:商务印书馆,1936:56 - 57,134 - 135,202 - 203.

注:括号外数据为办公费(单位:元),括号内数据为办公费占总支出比例(单位:%),"—"表示未找到统计数据。

由表 3 - 25 可知,由于各私立大学情况各异,故各学校间办公费用相差较大。同一所学校不同年度的办公费用相差也较大。如大夏大学 1928 年的办公费用为 128 069 元,占学校当年总支出近 55%,而 1929 年的办公费用仅为 8 778

元，仅占学校当年总支出的1.9%。光华大学的办公费也较多，1928年、1929年、1932年、1934年的办公费及占学校当年总支出的比例分别为131 067元(42%)、101 425元(32.9%)、102 073元(32.3%)、29 257元(11.8%)。大部分私立大学办公费用维持在较低水平，办公费占其经费总支出的比例较小。

（四）附设机关费

民国时期，一些私立大学除维持学校正常运转而设置一些机构外，还设有一些附设机关，如有些私立大学附设中小学、校办工厂等。这些附设机关的开支即为附设机关费。以上几种开支与附设机关费的不同点是，前者是所有学校的必需开支，后者并不是所有学校的必需开支，大部分私立大学没有附设机关，也就没有此项开支。而且除个别私立大学外，附设机关费占总支出的比例较小。各学校附设机关费及占总支出的比例如下：武昌中华大学1928年、1929年、1932年、1934年分别为64 966元(34%)、106 330元(32.2%)、145 460元(38.2%)、81 560元(30.2%)；光华大学1929年、1932年、1934年分别为60 643元(19.7%)、65 464元(20.7%)、78 728元(31.7%)；南通学院1928年、1929年、1932年、1934年分别为23 235元(22.1%)、20 704元(18.9%)、20 704元(18.9%)、2 800元(1.2%)；厦门大学1929年、1932年、1934年分别为5 108元(2%)、20 195元(7.2%)、35 151元(11.2%)；南开大学1934年为70 000(12.6%)；复旦大学1932年为5 853元(2.8%)；大夏大学1929年、1932年分别为2 411元(0.5%)、900元(0.3%)。①

（五）特别费

特别费是除了教职员薪俸、办公费、设备费、附设机关费等以外的费用。顾名思义，特别费是学校正常开支以外或学校发生特殊情况下而使用的费用。民国时期此项开支的显著特点是具有不确定性，如表3-26所示。招待费、困难学生救济等属于特别费。

---

①教育部高等教育司.全国高等教育统计.上海：商务印书馆，1931：69，72；教育部.二十一年度全国高等教育统计.上海：商务印书馆，1935：59-60，133-134；教育部统计室.二十三年度全国高等教育统计.上海：商务印书馆，1936：56-57，134-135，202-203.

表3－26　20世纪20年代末至30年代初部分私立大学特别费支出情况

学校	1928 年	1929 年	1932 年	1934 年
大同大学	14 829(15.0)	42 614(27.3)	11 790(12.9)	27 270(17.1)
大夏大学	1 958(0.8)	43 079(9.7)	32 028(11.4)	13 674(4.4)
光华大学	0	10 301(3.3)	9 852(3.1)	2 000(0.8)
武昌中华大学	0	0	7 782(2.0)	11 318(4.2)
中国公学	6 157(6.5)	8 340(6.5)	—	824(2.2)
南开大学	24 369(12.1)	41 040(17.7)	53 434(14.3)	60 700(10.9)
上海法政学院	2 475(3.7)	3 094(3.7)	14 969(11.2)	—
厦门大学	4 206(1.6)	26 508(10.2)	21 940(7.8)	38 904(12.4)
复旦大学	32 518(20.5)	11 135(5.7)	26 820(12.7)	51 870(12.1)
南通学院	4 984(4.7)	5 080(4.7)	5 080(4.6)	9 500(4.1)
中国学院	93 174(45.0)	19 109(10.3)	19 109(10.3)	15 449(5.4)
朝阳学院	2 000(1.5)	1 000(0.7)	1 000(0.7)	0
上海法学院	11 621(14.7)	9 255(9.1)	133 461 000(11.0)	61 361(51.2)
武昌艺术专科学校	7 200(8.3)	1 920(1.6)		
福建法政专门学校	5 828(11.7)	6 087(12.5)		

资料来源:教育部高等教育司.全国高等教育统计.上海:商务印书馆,1931:69,72;教育部.二十一年度全国高等教育统计.上海:商务印书馆,1935:59－60、133－134;教育部统计室.二十三年度全国高等教育统计.上海:商务印书馆,1936:56－57、134－135、202－203.

注:括号外数据为特别费数额(单位:元),括号内数据为特别费占总支出比例(单位:%),"—"表示未找到统计数据。

第四章

私立大学教师薪俸与其他行业薪俸比较

第一节　私立大学与公立大学教师薪俸比较

一、民初及北洋政府时期公立大学与私立大学教师薪俸

民国时期，政府对公立大学教师薪俸标准做了原则规定。1914 年 7 月教育部颁布了《教育部直辖专门以上学校职员薪俸暂行规程》，将高校教师按教学任务和所在学校类型分为大学教员、大学预科教员和专门学校教员三类，此三类教员的薪酬标准不同。同时，将教员分为专任与兼任两种。每周授课时间符合规定要求得支专任者薪俸。"大学专任教员月支 180～280 元；大学预科专任教员月支140～240元；高等师范学校专任教员月支 160～250 元；专门学校专任教员月支 160～250 元。"同时规定："专任教员兼充学长或教务主任及院长者，支各兼充之原薪，不另支专任教员薪俸。专任教员兼充学监主任者，仍支专任教员之薪俸。"兼任教师薪俸按照实际授课时间支付："大学校兼任教员，每小时酌支三元至五元，高等师范学校专门学校大学预科之兼任教员，每小时酌支二元至四元。"专任教员采用月薪制，兼任教员采用时薪制。外国教师授课时间及薪酬"以契约定之"。《教育部直辖专门以上学校职员薪俸暂行规程》还对服务期满一定年限的专任教员给予津贴奖励："大学校兼任教员服务五年以上并支最高级之薪俸确有成绩者，得给全年津贴六百元；高等师范学校、专门学校及大学预科之专任教员服务五年以上并支最高级之薪俸确有成绩者，得给全年津贴四百元。"[①]

1917 年 5 月 3 日，教育部公布了针对国立大学的职员任用及薪俸标准，即《国立大学职员任用及薪俸规程令》，国立大学职员分为校长、学长、正教授、预科教授、助教、讲师、外国教员、图书馆主任、庶务主任、校医、事务员等几类。他们的薪俸见表 4－1。

---

① 王学珍，郭建荣. 北京大学史料：第二卷（1912—1937）. 北京：北京大学出版社，2000：323.

表4-1　国立大学职员薪俸标准(单位:元)

	校长	学长	图书馆主任、庶务主任、校医	一等事务员	二等事务员
第一级	600	450	200	100	60
第二级	500	400	180	90	50
第三级	400	350	160	80	40
第四级		300	140	70	30
第五级			120		

资料来源:中国第二历史档案馆.中华民国史档案资料汇编:第三辑.教育.南京:江苏古籍出版社,1991:165-167.

续表

	正教授	本科教授	预科教授	助教	讲师	外国教员
第一级	400	280	240	120	每小时	薪金以契约定之
第二级	380	260	220	100	2~5	
第三级	360	240	200	80		
第四级	340	220	180	70		
第五级	320	200	160	60		
第六级	300	180	140	50		

资料来源:中国第二历史档案馆.中华民国史档案资料汇编:第三辑.教育.南京:江苏古籍出版社,1991:165-167.

与1914年的《教育部直辖专门以上学校职员薪俸暂行规程》相比较,1917年的《国立大学职员任用及薪俸规程令》所规定的教师薪俸更具可操作性,该薪俸标准一直沿用到1927年。以上教职员的职级及薪俸标准主要是针对国立大学制定的,这些规定也只是"指导性"的,实际上,无论国立大学、省立大学,还是私立大学,都有自己学校的薪俸标准。

根据《1919年北大教职员工薪金册》记载,校长蔡元培月薪600元,北大教授当时分为本科、预科两种，本科教授薪俸 180~280 元，预科教授薪俸 140~240 元，每级相差 20 元。1919 年北大一级教授有胡适、陈大齐、朱希祖、辜鸿铭、陈汉章、马叙伦、蒋梦麟、马寅初等，月薪 280 元；二级教授有李景忠、贺之才、张祖训等，月薪 260 元；三级教授有周作人、王星拱、朱家华、杨昌济等，月薪 240 元；四级教授有吴梅、林损等，月薪 220 元；五级教授有陈怀、王彦祖等，月薪 200 元；六级教授有黄节、龚湘等，月薪 180 元。① 查北大档案馆 1920 年 4 月教职员薪俸表，教员分为教授、讲师、导师、助教四种。教授 15 人，月薪 200~600 元不等；讲师 40 人，月薪 32~193 元不等，其中 180 元以上 1 人，140~180 元 5 人，50~140 元 24 人，32~50 元 10 人；导师 3 人，100 元 2 人，88 元 1 人；助教 1 人，月薪 50 元。② 另据山西省政府对 1920 年、1923 年、1925 年山西大学教职员薪金统计显示：1920 年山西大学专任教师月薪为 100~750 元，人均 425 元；1923 年专任教师月薪 94~500 元，人均 297 元；1925 年专任教师月薪 69~500 元，人均 216 元。③ 可见，20 世纪 20 年代前半期，山西大学教师薪俸要高于同期的公立大学和私立大学。国立交通大学教师薪俸也比较高，因其直属有着丰厚收入的交通部。据记载，1921 年 4 月交通大学校长月薪为 400~800 元，教授月薪为 200~800 元。④

　　20 世纪 20 年代，私立大学除厦门大学和中法大学个别学校教师薪俸较高外，绝大多数私立大学教员薪金都低于公立大学。以当时工资水平还算不错的复旦大学和南开大学为例，当时复旦大学校长李登辉的工资每月才 200 元，此外别无任何津贴。其他教师和职员的工资更低。⑤ 当时南开大学教授的工资每月 180 元左右，助教和讲师的工资更低。由于待遇比不上公立大学，20 世纪 20 年代末的南开大学曾经发生较严重的教师流失现象。

二、南京国民政府时期公立大学与私立大学教师薪俸

　　南京国民政府成立后，公立大学教师薪俸有所提高。根据教育部规定，1927

---

①教职员薪俸发放存根，北京大学档案，编号 BD1919039.
②北京大学档案馆.全宗 7.目录号 1.案卷号 135.
③山西省政府统计处.山西省第五次教育统计(民国九年度)，第 170 页；山西省第八次教育统计(民国十二年度)，第 177 页；山西省第十次教育统计(民国十四年度)，第 151 页.
④吴琼.民国时期教师薪俸的历史演变.教育评论，1999，6：63－66.
⑤复旦大学校史编写组.复旦大学志：第一卷(1905—1949).上海：复旦大学出版社，1985：108－109.

年公立大学教员月薪:教授为 400~600 元,副教授 260~400 元,讲师 160~260
元,助教 100~160 元。① 同 1917 年 5 月北京政府的规定相比,大学教授最高月
薪从 400 元增加到了 600 元,助教的最低月薪从 50 元增加到了 100 元。而当时
私立大学教师工资仍然较低,1929 年私立大学教师平均薪金为 160 元,职员平均
薪金为 88 元,私立专科学校教师平均薪金为 125 元,职员平均薪金为 83 元。②
这里私立大学教师工资包括了教会大学教师的工资,如果去掉教会大学教师的工
资,私立大学教师平均工资将更低。

　　20 世纪 30 年代以后,公立大学与私立大学教职员薪俸差距进一步拉大。
1932 年,个别公立大学教职员最高薪金竟然接近月薪 2000 元(主要是外籍教
师),很多公立大学教职员最高薪金都在 500 元以上。而私立大学除广州大学教
职员最高薪金 600 元、厦门大学教职员最高薪金 500 元外,其他私立大学教职员
最高薪金大多在二三百元。③ 1934 年,公立大学的最高工资为:北平大学 460 元,
中央大学 360 元,清华大学 500 元,北京大学 500 元,北平师范大学和广西大学
500 元,河南大学 300 元,江苏教育学院 320 元,东北大学 240 元;私立大学的最
高工资为:广东国民大学 400 元,南开大学和大同大学 360 元,光华大学 340 元,
厦门大学 330 元,南通学院 310 元,大夏大学、焦作工学院和广州大学 300 元,
武昌中华大学和福建学院 240 元,朝阳学院 200 元,民国学院 160 元,中国公学
150 元。④ 总之,大多数私立大学教职员薪俸低于同类公立大学的教职员薪俸,
详见表 4-2、表 4-3。

表 4-2　1932 年公立大学与私立大学教职员月薪最高额最低额对照表(单位:元)

公立大学	最高月薪	最低月薪	私立大学	最高月薪	最低月薪
中山大学	1875	20	广州大学	600	32
同济大学	975	40	厦门大学	500	20
中央大学	675	20	广东国民大学	400	20
北平大学	600	14	南开大学	360	20

①第一次中国教育年鉴.乙编.教育法规.台北:台北宗青图书公司,1991:64.
②教育部高等教育司.全国高等教育统计.上海:商务印书馆,1931:6.
③教育部.二十一年度全国高等教育统计.上海:商务印书馆,1935:65,139.
④教育部统计室.二十年度全国高等教育统计.上海:商务印书馆,1936:62-63,140-141.

续表

公立大学	最高月薪	最低月薪	私立大学	最高月薪	最低月薪
北京大学	600	10	光华大学	340	20
北平师范大学	600	12	大同大学	300	30
清华大学	600	20	大夏大学	290	24
浙江大学	600	18	武昌中华大学	240	16
武汉大学	600	35	复旦大学	220	10
暨南大学	600	16	上海法政学院	264	30
山东大学	520	30	南通学院	300	12
四川大学	500	10	中国学院	300	16
广西大学	1 300	30	朝阳学院	200	20
山西大学	825	20	焦作工学院	380	20
东北大学	600	20	正风文学院	320	20
安徽大学	500	25	民国学院	300	24
河南大学	450	28	福建学院	300	40
湖南大学	300	30	持志学院	200	24
东陆大学	1 000	96	中国公学	150	24

资料来源:教育部.二十一年度全国高等教育统计.上海:商务印书馆,1935:65,139.

表4-3 1934年公立大学与私立大学教员月薪对照表(单位:元)

公立大学	教授	副教授	讲师	助教	其他	总计
北平大学	240~460	150~240	138~280	40~160	30~180	30~460
中央大学	200~360	—	180~280	60~160	40~170	40~360
清华大学	300~500	160~280	240~280	80~140	120~220	80~500
北京大学	360~500	280~320	180~22	40~110	30~130	30~500
北平师范大学	280~500	—	100~280	80~100	24~150	24~500
河南大学	200~300	—	100~150	40~100	30~130	30~300

续表

公立大学	教授	副教授	讲师	助教	其他	总计
东北大学	220～240	160	兼任	40～80	30～120	30～240
广西大学	300～500	—	200～260	100～180	143	100～500
江苏教育学院	320	200～300	120～160	—	28～160	28～320
河北法商学院	140～280	—	32～220	—	150	32～280
私立大学	教授	副教授	讲师	助教	其他	总计
中法大学	200～300		65～150	50～130	20～100	20～300
复旦大学	200～260		91～140	50～80	45～110	45～260
大夏大学	80～300	—	—	60～90		60～300
南开大学	240～360	—	180～220	80～95	80～160	80～360
广东国民大学	100～400	—	兼任	80		80～400
厦门大学	200～330	160～280	60～150	60～100	75～140	60～330
光华大学	112～340	—	100～140	40～90	70～200	40～340
广州大学	200～300					200～300
武昌中华大学	200～240	125～180	100～160	60		60～240
大同大学	90～360	—	60～120	90	80	60～360
中国学院	120～320		兼任	40～100	160	40～320
朝阳学院	150～200		90～170		100	90～200
民国学院	160	48～103	兼任	30	50～100	30～160
南通学院	60～310	—	80～180	50～82	兼任	50～310
中国公学	80～150	—	—		80	80～150
上海法政学院	158～264	—	32～117	—	80	32～264
焦作工学院	240～300		140	50～90	92～110	50～300
福建学院	140～240	—	兼任		—	140～240

资料来源:教育部统计室.二十年度全国高等教育统计.上海:商务印书馆,1933:62－63,140－141.

注:"—"表示未找到统计数据。

1927年中山大学聘鲁迅为教授，月薪500元。鲁迅在1927年1月28日的日记中写道："收本月薪水小洋及库券各二百五十。"[1]1928年公布的《中央大学教员薪俸表》规定：教授月薪400～500元，副教授300～340元，讲师140～180元。[2]1929年国立交通大学专任教师分为教授、副教授、讲师、助教四种，教授月薪330～600元，副教授210～400元，讲师120～260元，助教80～180元。[3] 武汉大学1930年9月修订的《大学教职员待遇规则》将教师分为教授、助教、讲师三种，讲师为兼职，教授月薪300～500元，助教100～180元。具体见表4-4。

表4-4 武汉大学教员月薪表(单位:元)

类别	一级	二级	三级	四级	五级	六级	七级	八级	九级
教授	500	475	450	425	400	375	350	325	300
助教	180	170	160	150	140	130	120	110	100

资料来源:国立武汉大学.国立武汉大学一览(民国二十四年度).1935:223.

1931—1934年，北大教授平均月薪在400元以上，最高500元(外教高达700元)，最低360元;副教授平均月薪285～302元，最高360元，最低240元;专任讲师平均月薪160～250元，助教平均月薪78～92元。具体见表4-5。

表4-5 1931—1934年北京大学教师月薪表(单位:元)

	教授			副教授			专任讲师			助教		
	平均	最高	最低	平均	最高	最低	平均	最高	最低	平均	最高	最低
1931年	447	—	—	285	300	280	250	280	200	85	130	40
1932年	425	500	360	302	360	280	240	280	200	78	130	40
1933年	421	500	360	290	360	240	—	—	—	92	192	80
1934年	430	700	250	300	320	280	160	200	100	87	160	40

①鲁迅.鲁迅全集:第十六卷日记.北京:人民文学出版社,2005:4.
②中央大学编印.国立中央大学一览,1928:64.
③交通大学校史编写组.交通大学校史(1896—1927).上海:上海教育出版社,1986:311.

资料来源:北京档案史料,1998,1.

注:"—"表示未找到统计数据。

1935 年"国立北京大学核发薪金清册"显示,当年 2 月份全校 13 个系共有 58 名教授,教授分"一般"与"合款"两种,其中"一般"教授 39 人,月薪 360 ~ 400 元;"合款"教授 19 人,月薪 500 元;副教授 12 人,月薪 280 ~ 320 元;助教月薪 80 ~ 100 元。① 1936 年国立北京大学教授月薪一般为三四百元,具体见表 4 - 6。

表 4 - 6　1936 年北京大学各系教师月薪表

系别	教师薪俸
数学组	教授 6 人,除合款 2 人外,1 人 380 元,2 人 360 元,1 人 320 元
物理组	教授 6 人,除合款 2 人外,2 人 400 元,1 人 380 元,1 人 300 元
化学组	教授 5 人,除合款 1 人外,3 人 360 元,1 人 300 元
地质系	教授 6 人,除合款 3 人外,3 人 400 元
生物系	教授 3 人,除合款 1 人外,1 人 200 元,1 人 360 元
中文系	教授 8 人,3 人 400 元,2 人 380 元,2 人 300 元,1 人 80 元
外语系	教授 11 人,除合款 3 人外,4 人 400 元,1 人 360 元,2 人 320 元,1 人 340 元
哲学系	教授 4 人,除合款 1 人外,1 人 340 元,1 人 260 元,1 人 200 元

资料来源:北京大学 1936 年度每月预算案.北京大学档案,编号 BD1936021.1.

1932 年修订过的《国立清华大学教师服务及待遇规程》规定:清华大学教授月薪一般为 300 ~ 400 元,最高 500 元;专任讲师月薪 160 ~ 280 元;教员为 120 ~ 200 元;助教 80 ~ 140 元。教授每两年加薪一次,每次月薪加 20 元,有特殊成就者月薪可加 40 元。② 表 4 - 7 显示了当时法学院教师的薪俸情况。

①国立北京大学核发薪金清册(民国二十四年二月份),北京大学档案,编号 BD1934014.3.

②国立清华大学教师服务及待遇规程.清华大学档案,编号 1 - 2 - 1 - 109.

表 4-7 1932—1935 年清华大学法学院部分教师薪俸表(单位:元)

姓名	职称	月薪			
		1932 年	1933 年	1934 年	1935 年
张奚若	教授	400	400	400	400
蔡可选	教授	320	320	320	340
程德树	讲师	60	60	60	60
张 玮	讲师	60	60	60	60
赵德杰	助教	100	110	120	130
罗凤超	助教	90	100	110	120

资料来源:国立清华大学 1931 年至 1936 年各院系教师名单.清华大学档案,编号 1-2-1-112.

1939 年,物价开始大幅上涨,从 1941 年以后,大学教员除月薪之外每月增加了各种名目的津贴,薪俸变成了薪津。随着物价的狂涨,各种津贴数额超过了原来薪水数额,但相比飞涨的物价,补贴越发显得"杯水车薪"。以昆明大学为例,表 4-8 列举了 1937—1945 年昆明大学薪津约数与实值之比较。

表 4-8 1937—1945 年昆明大学教授每月薪津及薪津实值(单位:元)

时间	生活费指数	薪津平均约数	薪津实值
1937 年上半年	100	350	350.0
1937 年下半年	108	270	249.5
1938 年上半年	115	300	260.8
1938 年下半年	168	300	178.5
1939 年上半年	273	300	109.7
1939 年下半年	470	300	63.8

时间	生活费指数	薪津平均约数	薪津实值
1940 年上半年	707	300	42.4
1940 年下半年	889	330	37.1
1941 年上半年	1 463	400	27.3
1941 年下半年	2 357	770	32.6
1942 年上半年	5 325	860	16.5
1942 年下半年	12 619	1 343	9.9
1943 年上半年	19 949	2 180	10.6
1943 年下半年	40 449	3 697	8.3
1944 年上半年	82 986	9 417	10.0
1944 年下半年	143 364	17 867	10.7
1945 年上半年	430 773	56 650	10.9
1945 年下半年	603 900	112 750	18.5

资料来源:观察,1(3):7(1946 年 9 月 14 日).

　　表 4-8 显示,1937 年上半年生活指数为 100,到 1941 年上半年,生活指数为 1 463,涨幅近 15 倍。1937 年上半年大学教授每月薪津约 350 元,1941 年下半年每月薪津约 770 元,是 1937 年的 2 倍多,物价涨 15 倍而薪津仅涨 2 倍,致使大学教授薪津实值仅为 32.6 元。1945 年上半年每月薪津约 56 650 元,与 1937 年上半年约 350 元相比涨了近 162 倍,1945 年上半年生活指数为 430 773,与 1937 年上半年相比物价上涨了 4 308 倍,致使大学教授薪津实值仅为 10.9 元。当时,有人依据 1942 年 11 月份昆明物价,做了《昆明教授家庭最低生活费的估计》,结果表明,1942 年 11 月份一个家庭每月最低生活费约 7 500 元,即一个"等成年人"每月至少需要 1 880 元生活费。[①] 这意味着 1942 年下半年教授约

---

①北京大学、清华大学、南开大学、云南师范大学编.国立西南联合大学史料(四教职员卷).昆明:云南教育出版社,1998:557-558.

1 343元的薪津连一个成人都养活不了。表4-9列举了1941年、1942年、1945年昆明个人最低生活费情况。

表4-9　1941年、1942年、1945年昆明个人最低生活费比较(单位:元)

	1941年10月	1942年11月	1945年12月
食物类	111.73	787.74	21 357.5
衣着类	35.07	152.55	5 913.5
房租类	23.34	120.00	7 125.0
燃料类	19.09	289.60	3 948.0
杂项	130.41	285.80	23 663.0
其他	48.05	245.35	9 300.0
合计	368.41	1 881.00	71 308.0

资料来源:陈明远.文化人与钱.天津:百花文艺出版社,2001:205-207,216,235-237.

三、原因分析

通过对比发现,民国时期,私立大学教师薪俸普遍低于同时期同类的公立大学教师薪俸。主要原因是因为私立大学经费短缺,生均经费较低。

(一)私立大学经费短缺

中华教育改进社1922年5月至1923年4月对当时的一些公立大学、教会大学和私立大学的教育经费状况进行了调查,结果见表4-10。

表4-10　1922年5月至1923年4月一些专门学校及大学教育经费情况一览表

学校类别	学校数(个)	学生数(人)	生均经费(元)
国立	30	10 535	593.63
省立	48	9 801	207.40

续表

学校类别	学校数（个）	学生数（人）	生均经费（元）
私立	29	10 524	114.38
教会立	18	4 020	1 108.88
总计	125	34 880	399.95

资料来源：据中华教育改进社1922年5月至1923年4月调查数据整理。

　　由表4-10可知，私立大学的生均经费最低，平均每生只有114.38元。另外，中华教育改进社在1923年对京师学校的调查结果表明，中国人设立的私立大学经费很少，调查的五所高校，其中四所生均经费在76.9元以下，仅华北大学生均经费为184.7元。中国人设立的私立大学人均年经费只相当于国立学校经费的11%。[①] 私立大学经费与时局、政治经济形势密切相关。北洋政府时期由于连年战争，很多私立大学经费都很紧张，其中包括一些办学成绩突出的私立大学。如同济大学、厦门大学、复旦大学、南开大学等。

1. 同济大学经费短缺情况

　　同济大学刚建校的头几年，经费基本能够维持学校正常运转。除学费等收入外，经北京政府国务会议决议，每月由国库拨给11 000元，由江苏省拨给4 000元。学校经费收支基本上保持平衡。例如1921年度学校全年收入共250 300余元，其中学费和宿费收入62 500余元，国库补助费187 700余元。全年经费支出为249 900余元，其中教职工薪俸175 200余元，办公费和杂费74 700余元。收支相抵，节余300余元。[②] 随着列强侵略的加深，加上军阀连年混战，国民经济衰退，1924年国库停止拨款。同济大学经费发生严重困难，连教职工薪俸都发不出来。1924年9月，校董会决议，暂时实行"减成支付"。即按照职工薪金额分成13个等级处理，其中30元以下者照原薪不减；30元者九成；50元者七成；80~90元者五成；100~150元者四成；200元以上者三成。实际上这是一种权宜之计，

①中华教育改进社.京师教育概况（民国十一年七月至十二年一月）.大学校表（Ⅰ），第11页.
②翁智远.同济大学史：第一卷.上海：同济大学出版社，1987：19.

"俟后领到库拨经费当再补足"。① 随后的 1925 年和 1926 年两年都有欠薪。到 1927 年 3 月，学校欠薪等债务总计达 14 万元，经济上已陷入极端困难的境地。1927 年 3 月 23 日，校长阮尚介因压制学生运动，遭到学生的强烈反对，被迫辞职。随后，学校组成了由陈柱一任主席的临时校务维持会。当时校务维持会面临的最大困难是经费奇缺，陈柱一代表同济与商科、暨南、政治等校共同组成四校维持委员会联席会，并与其他学校代表一起，与南京政府军政机关交涉，要求拨发教育经费，均没有结果。无奈，陈柱一与学生会代表商议后，决定每位同学增缴学费 50 元。少数人如期缴款，多数人难以办到。学校日常开支无法维持，陈柱一被迫于 5 月 7 日辞职。

1927 年 5 月 16 日，全体华籍教职员会议上，推举夏元瑮任校务维持会主席。他上任后，虽想方设法，但仍面临"无米之炊"的困难局面。1927 年 5 月 27 日，全体德籍教职员写信给校董会称："5 月 6 日曾上书中央及江苏省政府，至今未见答复，教员等有兴趣之工作，不得不一旦抛之，轻帆归去以寻求。"②6 月 1 日，校维持会主席夏元瑮与陆振邦、薛祉镐等六名华籍教职员代表写信向校董会汇报："校内必须之教育用品已无款购办，而校役工食以及薪炭茶水等之开支亦难应付"，"商店索收账款"，"欠薪少则三四月，多至五六月"，"请校董会迅予筹借巨款接济以救眉急，而资维持"。③

1927 年 6 月 5 日召开校董会议，商讨如何克服困难局面。根据这次讨论，校董会于 1927 年 6 月 20 日向国民政府和中央教育行政委员会呈文，陈述学校欠发教职员薪金及维持费借款等共 26 万余元，而学校产业除德人捐赠之机器、仪器约值 30 万元，按照合同尚需保留外，其余资产共值 60 万元以上。根据这种情况，校董会提出两个处理意见，请政府确定："（一）在校董会甚愿将保管之学校全部产业早日移交与政府委派负责之新校长。应请派定来校接收，并恳于接收时，须将上开债务一律清偿，俾校董会得以卸责。（二）如至暑假结束时，尚未有新校长前来正式接收。则校董会为债务所逼迫，惟有自行处分（理）校产，变价低偿，以

<hr>

① 同济大学档案，编号 520－35－981.
② 同济大学档案，编号 520－35－981.
③ 同济大学档案，编号 520－35－981.

释重负。"①

2.厦门大学经费短缺情况

厦门大学长期以来主要由陈嘉庚提供经费，正当厦门大学蒸蒸日上的时候，陈嘉庚在新加坡经营的实业却江河日下，使得厦门大学的经费日趋紧张。从1926年起，陈嘉庚所经营的企业不但没有丝毫盈利，而且逐年亏损。筹集厦大的经费开始发生困难，各项开支不得不加以削减，拟在全国各省会捐建图书馆之事也只好作罢。陈嘉庚认为这是他一生最抱歉、最失意之事件。由于价格下跌，公司拥有的胶园、工厂及地皮等损失105万元；由于领导抵制日货活动，胶品制造厂遭歹徒焚烧损失50余万元；银行利息支出130万元；厦大集美两校经费支付220万元；加上个别厂店的亏损及其他费用，总消耗595万元。陈嘉庚不得不卖掉一万英亩的树胶园计400万元来抵额。公司的实有资产从1 200万元降为600万元，3年间减少一半。② 1929年，在资本主义经济危机和日本帝国主义倾销的双重打击下，橡胶价格暴跌，陈嘉庚企业亏损百余万元，营业一蹶不振。维持厦门大学的经费更加困难了。

为了解燃眉之急，厦大校长林文庆向国民政府财政部提出申请，并发动厦门各社团联合呼吁，以陈嘉庚倾资办学，对国家"有破天荒之贡献"为由，要求对陈嘉庚公司的制品进入中国免征进口税。但该申请未被获准。而陈嘉庚也来信表明自己的态度说："种种免税事，弟早明白。盖政府虽要优待我亦当有方，决不能出于世界未有之奇例。若国当局者率然许我，无论其关口肯行与否，他日亦必致有援例而取消。如此则不成其为财长矣。又如弟假做财长，无论如何亦不能许请求也。"③他从国家、民族的利益出发，坚决不作非分请求。营业及校费所需资金，他继续向银行告借，勉为其难地再维持了一年多。至1931年夏，所有借款陆续到期，陈嘉庚无力偿还。连年亏损加上银行债务，1934年3月陈嘉庚公司倒闭，陈氏难以再给学校提供经费。

3.南开大学经费短缺情况

南开大学经费一直处于紧缺状态，1919—1930年的12年间，只有四年经费

---

① 同济大学档案，编号520 – 35 –981.
② 厦门大学校史编委会.厦门大学校史:第一卷.厦门:厦门大学出版社，1990:113.
③ 陈嘉庚1930年5月6日致叶渊函.原稿藏于厦门大学档案馆.

剩余，而且剩余数额都不多，见表4－11。

表4－11　南开大学1919—1930年经费收支情况

年份(年)	收入(元)	支出(元)	剩余钱财(元)
1919	85 800	61 779	24 021
1920	24 471	33 558	－9 087
1921	96 526	75 777	20 749
1922	84 493	85 713	－1 220
1923	92 734	134 735	－42 001
1924	138 715	141 278	－2 563
1925	125 981	148 111	－22 130
1926	160 690	159 754	936
1927	107 580	167 548	－59 968
1928	177 049	202 125	－25 076
1929	220 126	240 521	－20 395
1930	250 237	241 922	8 315

资料来源：王文俊.南开大学校史资料选.天津：南开大学出版社，1989：139.

抗日战争期间，南开大学作为西南联合大学的一部分，经费由政府拨发，学校勉强能够维持。抗日战争胜利后，复员北归成了西南联合大学迫切而又现实的问题。1945年8月23日，西南联大常委会通过设置三大学联合迁校委员会，筹划迁校事宜。迁校首先要解决经费问题。西南联大复校经费，最初政府允给30亿元。1946年4月2日教育部部长朱家骅召集三校商谈经费分配办法，当时有北大傅斯年等4人、清华沈履等5人、南开何廉1人出席会议。席间对于经费分配问题曾有争论，结果南开得8亿，北大得10亿、清华得12亿。[①]　不久，北大、清华各领复员费4亿元。1946年4月5日伉乃如急电黄钰生火速去渝，就南开复员经费问题与教育部商谈，但无结果。8亿元的复校经费，对南开大学来说远远不

①伉乃如致黄钰生等19人函.1946年4月4日.南开大学档案馆藏.

够。当时的国统区，恶性通货膨胀不断发展。当时"物价上涨不已，办事倍感困难，八亿专款月余又贬值一半，全用修房恐不够，理工设备能置齐桌椅已是难题，其他更说不上矣"。[①] 抗战刚胜利，人们都盼望中央政府的人来到天津后，局势会有好转。谁料来到天津办接收工作的竟然是"五子登科"（抢夺金子、房子、票子、车子、女子）的大员。"想中央、盼中央、中央来了更遭殃"。中央政府面对通货膨胀，束手无策。校长张伯苓只好直接向蒋介石求援。

1945 年 8 月，南开大学校长张伯苓再次致函蒋介石，提出请政府资助重建校舍，蒋介石改变了原来的承诺，要求南开改为国立，并以拒绝资助相要挟。对此，张伯苓 1945 年 9 月呈文表示"愿以人民社团立场，继续努力，以贯彻为国服务之初衷"。[②] 并大大降低了请求资助的数额，将前拟经费修改为"复校第一年所需之经常费，准照北大、清华两校比例，由政府全数补助。嗣后逐年递减十分之一，至第十一年，即全由本校自行筹措"。

4. 复旦大学经费枯竭被迫改为国立

1937 年，抗战全面爆发，8 月日军猛攻上海。不久，教育部指示复旦大学撤往内地。复旦请求政府资助迁移开办费和迁入内地后维持学校正常运转的补助费，但遭到拒绝。复旦只好自己设法迁到庐山，然后又到重庆。长途迁移需要大量资金，政府未给予补助，并将原来给复旦大学的补助减少了 30%，而学生十之八九无力交费，而且还要学校给予补助，复旦资金逐渐枯竭。由于政府不肯提供有效的帮助，学校被逼入"舍公立别无出路"的境地，只好将学校交给政府。1942 年，复旦大学正式改为国立大学。

（二）私立大学生均经费普遍低于公立大学生均经费

生均经费数反映了某学校年教育经费总的消耗水平，即指每培养一个学生年经费消耗水平。以公式表示为:生均岁占经费（年总经费消耗额）= 全年经费数 ÷ 年在校学生数。统计资料表明，私立大学的生均经费低于公立大学的生均经费。图 4 – 1、表 4 – 12、表 4 – 13 分别显示了 1929 年、1931 年、1932 年全国公立大学、私

---

①孟广拮致黄钰生函.1946 年 6 月 18 日.南开大学档案馆藏.
②南开大学校史编写组.南开大学校史.天津:南开大学出版社，1989:325.

立大学生均经费数。其中私立大学和私立专科学校包括了教会大学，如果刨去教会大学，那么私立大学每生岁占教育经费数将会更低。

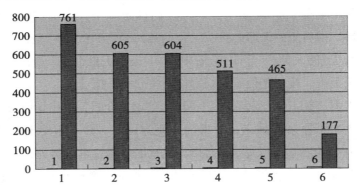

图4-1　1929年公立大学与私立大学每生岁占教育经费比较图

资料来源:教育部高等教育司.全国高等教育统计.上海:商务印书馆,1931:6.

注:图4-1中1、2、3、4、5、6分别代表国立大学、国立专科学校、私立大学(包括教会大学)、省立大学、省立专科学校、私立专科学校(包括教会大学)。

表4-12　1931年全国高校生均经费(单位:元)

学校类别	生均经费
国立大学	964.73
国立学院	436.90
国立专科学校	1785.71
公立专科学校	483.73
省立大学	834.31
省立学院	685.82
省立专科学校	778.95
私立大学	807.14
私立学院	572.02
私立专科学校	194.25

资料来源:教育部统计室.二十年度全国高等教育统计.上海:商务印书馆,1933:7-8.

表4-13　1932年全国高校生均经费(单位:元)

学校类别	生均经费
国立大学	970
国立学院	969
国立专科学校	1 518
部立专科学校	413
省立大学	620
省立学院	619
省立专科学校	821
私立大学	645
私立学院	617
私立专科学校	333

资料来源:教育部.二十一年度全国高等教育统计.上海:商务印书馆,1935:3-4.

表4-14至表4-16分别列举了1928年、1929年、1931年一些公立大学(包括公立专科学校)与私立大学(包括私立专科学校)生均经费情况。

表4-14　1928—1929年公立大学与私立大学生均经费比较表(单位:元)

公立大学	1928年	1929年	私立大学	1928年	1929年
中央大学	890.5	1 155.3	厦门大学	1 030.9	2 008.5
北平大学	309.4	591.8	复旦大学	137.7	161.5
北京大学	371.4	748.8	光华大学	660.6	519.2
北平师范大学	303.7	426.0	大夏大学	321.2	297.5
清华大学	1 437.0	1472.6	南开大学	234.0	661.1

续表

公立大学	1928 年	1929 年	私立大学	1928 年	1929 年
浙江大学	979.0	1864	武昌中华大学	603.0	757.3
武汉大学	1 279.6	1 080.6	中国公学	110.4	90.6
暨南大学	451.7	810.3	大同大学	302.5	478.4
同济大学	1 187.1	858.9	上海法政学院	101.9	137.6
河北大学	907.2	796.3	南通学院	448.1	439.7
东北大学	1 024.5	1 033.8	中国学院	225.8	136.6
河南大学	431.9	430.1	朝阳学院	72.5	79.0
甘肃学院	322.3	687.7	上海法学院	159.2	118.4

资料来源:教育部高等教育司.全国高等教育统计.上海:商务印书馆,1931:18.

表 4 - 15 1928—1929 年公立与私立专科学校每生每百人岁占经费比较表(单位:元)

学校类别	校别	1928 年	1929 年
公立	国立杭州艺术专科学校	542.52	778.42
	国立音乐专科学校	884.27	758.34
	山西公立法政专门学校	161.45	153.57
	浙江省立法政专门学校	292.46	192.12
	山西公立农业专门学校	230.77	228.13
私立	私立无锡国学专修学校	130.70	122.57
	私立广州法政专科学校	86.35	98.22
	私立福建法政专门学校	75.47	79.99

资料来源:教育部高等教育司.全国高等教育统计.上海:商务印书馆,1931:20.

表 4 – 16　1931 年公立大学与私立大学生均经费比较表（单位：元）

公立大学	生均费	公立大学	生均费	私立大学	生均费	私立大学	生均费
武汉大学	2 374	交通大学	680	中法大学	4 033	武昌中华大学	931
同济大学	2 227	北平师范大学	673	南开大学	700	朝阳学院	81
清华大学	1 883	四川大学	318	光华大学	427	中国公学	124
山东大学	1 695	广西大学	19 344	广东国民大学	356	福建学院	865
浙江大学	1 399	东陆大学	4 562	广州大学	535	南通学院	326
中山大学	1 155	河南大学	850	厦门大学	529	民国学院	70
中央大学	1 009	安徽大学	863	复旦大学	162	上海法学院	124
暨南大学	1 000	山西大学	301	大夏大学	152	持志学院	114
北京大学	808	上海医学院	1 917	大同大学	687	华北学院	136
北平大学	745	北洋工学院	574	中国学院	108	上海法政学院	94
江苏教育学院	685	上海商学院	641	焦作工学院	2 197	正风文学院	521

资料来源：第一次中国教育年鉴．丁编．教育统计．台北：台北宗青出版社，1991：34 – 39；中国第二历史档案馆．中华民国史档案资料汇编：第五辑．教育．南京：江苏古籍出版社，1994：250 – 267．

　　由于长期以来政府对大学的投入毫无统制，造成了各大学间经费相差悬殊。如同为国立性质，武汉大学生均经费达 2 374 元，四川大学仅 318 元；同为省立性质，广西大学生均经费达 19 344 元之多，东陆大学生均经费 4 562 元，山西大学生均经费 301 元；若以国立各大学生均经费经教育部立案之私立大学生均经费相比较，则相差更悬殊。1931 年大夏大学经费为 176 051 元，生均经费 152 元；复旦大学经费 196 478 元，生均经费 162 元；与国立武汉大学相差 15 倍以上，与省立东陆大学相差 30 倍以上。① 表 4 – 17、表 4 – 18 显示了 1934 年全国高校生均经费情况。

①中华民国史档案资料汇编：第五辑．教育．南京：江苏古籍出版社，1994：1052 – 1055．

表4-17 1934年全国高校生均经费(单位:元)

学校类别	生均经费
国立大学	860.77
国立学院	643.51
国立专科学校	2 271.77
公立专科学校	700.64
省立大学	502.54
省立学院	568.04
省立专科学校	664.05
私立大学	433.17
私立学院	678.42
私立专科学校	332.96

资料来源:教育部统计室.二十三年度全国高等教育统计.上海:商务印书馆,1936:10-11.

表4-18 1934年部分公立大学私立大学生均经费比较表(单位:元)

公立大学	生均经费	私立大学	生均经费
中央大学	1 318.0	厦门大学	534.5
同济大学	1 273.0	复旦大学	157.5
武汉大学	1 174.0	大夏大学	150.6
交通大学	1 020.1	大同大学	289.6
浙江大学	1 017.1	武昌中华大学	229.7
山东大学	941.2	光华大学	243.0
北京大学	846.2	朝阳学院	85.8
清华大学	844.2	南通学院	324.7
北平大学	792.5	广东国民大学	242.1
河南大学	656.1	中国学院	262.2

公立大学	生均经费	私立大学	生均经费
广西大学	635.1	焦作工学院	544.1
湖南大学	581.5	民国学院	112.2

资料来源:教育部统计室.二十三年度全国高等教育统计.上海:商务印书馆,1936:58-59,204-205.

第二节　私立大学与中小学教师薪俸比较

民国政府成立后,开始对教育进行改革,教师薪俸是改革的一项重要内容。1913 年,教育部召开由各科科长参加的会议,商讨教师薪俸事宜。初步达成以下意见:大学教员薪俸每月不得超 400 元,中学教员薪俸每月不得超 200 元,与中学同等之别科学校教员薪俸每月不得超 150 元。此次商讨没有对小学教员薪俸达成一致意见。有的主张小学教员薪俸应高于中学教员薪俸,有的主张小学教员薪俸应与中学教员薪俸一样,有的主张小学教员薪俸每月不得超 60 元。[①]

以上对教师薪俸的意见只是原则性和建议性的,因为中小学教师薪俸主要由各省市县负责。1912 年 9 月,教育部颁布《小学校令》,规定:城镇、乡立学校之经费,由城镇、乡或学校联合担任;1914 年教育部颁布的《中学校令》规定:省立中学校经费,以省经费支给之;私立大学则由中央酌量补助。1915 年 7 月教育部颁布的《国民学校令》《高等小学校令》基本沿用了以上规定。

一、私立大学与中学教师薪俸比较

(一)中学教师薪俸

北京国民政府并未对教师薪俸做统一规定。教育部颁布的《中学校令》仅规

---

①各级教员薪俸之规定.教育杂志,1913,5(9).

定，中学校校长教员之薪给，依部颁规程之标准，由省政府长官定之。1932 年以前，中学教师一般采用时薪制，1922 年以前 1 小时一般为 0.5～2 元，1922 年以后，省立初中 1 小时一般为 1.25～1.5 元，高中 1 小时一般为 1.75～2 元。[①] 1932 年 11 月教育部颁布的《中等学校教职员服务及待遇办法大纲》规定取消时薪制。1933 年 3 月教育部公布的《中学规程》规定："省、市、县立中学教员俸给等级表，年功加俸办法，由各主管教育行政机关规定，径呈或转呈教育部核准施行。私立中学参照各省市公立中学情形，于其校章中规定之。"[②] 由于受各省经济状况、政策及领导重视教育程度等因素影响，不同省份中学教师薪俸标准差别较大。直隶公布的《中小学教职员待遇暂行规程》规定："教员专任者月薪自七十元至百数十元，兼任者每小时月薪自四元至八元。职员薪俸，校长多自百元至百六十元，教务及训育主任约在八九十元之间，事务主任则在六十元上下。"[③] 这个规程主要针对省立中学而言，省立中学经费充足，教员薪俸较高。相比较而言，私立中学教师待遇一般都较低，如直隶省私立育德中学，经费主要是学生缴纳的学费。民国初年，汉文类任课 20 课时的教员月薪仅 30 元；英文类任课 25 课时的教员月薪 50 元。1921 年前后，育德中学校长郝仲青月薪才 50 元。[④]

浙江、江苏等经济较发达省份比经济较落后省份所定标准要高。表 4-19 至表 4-22 对比了 1933 年浙江、江苏、福建、云南的教师薪俸标准。

表 4-19　1933 年浙江省立中学专任教师月薪（单位：元）

学校类别	第一级	第二级	第三级	第四级	第五级
高级中学	200	180	160	140	120
初级中学	160	140	120	100	80

资料来源：教育部.第一次中国教育年鉴：丙编.教育概况.上海：上海开明书店，1934：204.

[①]国民政府教育部.第二次中国教育年鉴：第四编.中学教育.上海：商务印书馆，1948：370.
[②]刘英杰.中国教育大事典(1840－1949).杭州：浙江教育出版社，2001：478.
[③]刘玉梅.近代教师群体研究——以直隶为考察中心.北京：人民教育出版社，2016：287.
[④]保定市政协文史委员会.保定近代教育史略.保定：河北大学出版社，1992：62.

表 4 - 20 1933 年江苏省立中学专任教师月薪(单位:元)

学校类别	第一级	第二级	第三级
高级中学	160	140	120
初级中学	120	100	80

资料来源:教育部.第一次中国教育年鉴:丙编.教育概况.上海:上海开明书店,1934:199.

表 4 - 21 1933 年福建省立中学专任教师月薪(单位:元)

学校类别	第一级	第二级	第三级	第四级	第五级
高级中学	140	130	120	110	100
初级中学	120	110	100	90	80

资料来源:教育部公报,1931,3(12).

表 4 - 22 1933 年云南省立中学专任教师月薪(单位:元)

学校类别	第一级	第二级	第三级	第四级	第五级
高级中学	750(合国币112.5元)	700(合国币105元)	650(合国币97.5元)	600(合国币90元)	550(合国币82.5元)
初级中学	550(合国币82.5元)	500(合国币75元)	450(合国币67.5元)	400(合国币60元)	350(合国币52.5元)

资料来源:国民政府教育部.第一次中国教育年鉴:丙编.教育概况.上海:上海开明书店,1934:236.

注:上列金额,依据云南省通用富滇银行纸币计算,滇币约合国币 0.15 元。

表 4 - 19 至表 4 - 22 显示,1933 年,浙江省立高级中学教师月薪最高达 200 元,最低 120 元;云南省立高级中学教师月薪最高 112.5 元,最低 82.5 元;浙江省立初级中学教师月薪最高 160 元,最低 80 元;云南省立初级中学教师月薪最高 82.5 元,最低 52.5 元。

各省中学教师之间实际薪俸相差较大。著名教育家廖世承于 1924 年对全国中等学校的 1 470 名教师薪俸进行了调查,结果见表 4 - 23。

表4-23　1924年全国各省市中等学校教师薪俸调查表(单位:元)

省别	年薪中数
直隶	713.25
江苏	843.75
河南	646.68
江西	707.67
山东	612.07
浙江	845.83
安徽	743.75
湖北	475.00
陕西	811.11
山西	615.00
湖南	875.00
广东	825.00
福建	835.00
吉林	890.00
甘肃	283.22
云南	841.66
热河	525.00
黑龙江	675.00
四川	814.29
奉天	731.82
平均合计	706.45

资料来源:李文海.民国时期社会调查丛编.文教事业卷.福州:福建教育出版社,2004:318-320.

由表 4 – 23 可知，1924 年，全国各省市中等学校教师年薪中数为 706.45 元，即平均月薪 58.87 元；各省市中等学校教师年薪差距较大，年薪中数最高 890 元，最低 283.22 元，相差三倍多；被调查的 1 470 名教师中，年薪分布情况如表 4 – 24 所示。

表 4 – 24　1924 年中等学校调查人数年薪分配表

金额（元）	100 以下	100 ~ 200	200 ~ 300	300 ~ 400	400 ~ 500
人数（人）	3	57	75	122	153
金额（元）	500 ~ 600	600 ~ 700	700 ~ 800	800 ~ 900	900 ~ 1 000
人数（人）	60	229	151	134	134
金额（元）	1 000 ~ 1 100	1 100 ~ 1 200	1 200 ~ 1 400	1 400 以上	
人数（人）	40	76	25	27	

资料来源：李文海.民国时期社会调查丛编.文教事业卷.福州：福建教育出版社，2004：318 – 320.

表 4 – 24 显示，年薪 1 200 元（即月薪 100 元）以上者 52 人，占总数的 3.5%；年薪 600 ~ 1 000 元（即月薪 50 ~ 83 元）者 648 人，占总数的 44%；年薪 300 元（即月薪 25 元）以下者 135 人，占总数的 9.18%。

1929 年，学者郭珏对江西、湖南、山东、安徽、江苏 5 省 56 所中学 1 609 名教职员（805 名教员，初中教员 520 人，高中教员 285 人）所做的调查显示：全体教师月薪中数为 53.67 元，其中初中教员月薪中数为 45.1 元，高中教员月薪中数为 83.89 元。私立中学教员月薪中数为 45.31 元，其中私立初中教员月薪中数为 37.75 元，私立高中教员月薪中数为 77.5 元。[1] 1930 年杨效春对成都市部分中学教师薪俸进行调查，结果显示，中学教师月薪，1 人最多为 144 元，最少 2 元 4 角。各校平均最高额为 54.5 元，最低额为 9.5 元，大多数教师月薪为 25 元左右。见表 4 – 25。

---

①《教育杂志》第 23 卷第 1 期，1931 年 1 月.（编者按：无作者名和题名）

表 4-25 1930 年成都市中学教师月薪表(单位:元)

学校号次	最高月薪	最低月薪	大多数薪额	学校号次	最高月薪	最低月薪	大多数薪额
1	86	5	30	20	48	3	25
2	30	10	20	21	20	5	10
3	70	5	20	22	70	4	10
4	70	5	20	23	20	4	10
5	144	2	36	24	30	4	
6	100	8	30	25	36	20	24
7	100	6	50	26	70	6	30
8	—	—	—	27	70	4	40
9	36	7	24	28	95	30	—
10	80	20	40	29	20	—	—
11	80	12	35	30	—	—	—
12	35	10	20	31	60	5	25
13	20	8	14	32	35	7	20
14	60	20	35	33	56	10	20
15	45	30	—	34	80	6	
16	40	8	20	35	20		
17	50	10	30	36	30	15	—
18	24	—	—	37	45	3	—
19	24	6	9	38	62	15	—

资料来源:《中华教育界》18 卷 12 期,1930 年 12 月.(编者按:无作者名和题名)

注:"—"表示未找到统计数据。

1936 年，郑西谷对江苏、上海、浙江、安徽、山东、广东、江西、河北、河南、南京、山西、湖南、湖北、广西等地共 98 所学校（公立约占 80%，私立约占 20%）的2 735名中学教师薪俸进行了调查，结果见表 4 – 26。

表 4 – 26　2 735 名中学教师薪俸调查表（1936 年）

月薪（元）	人数（人）	百分比（%）	月薪（元）	人数（人）	百分比（%）
40 元以下	88	3.22	120 ~ 130	248	9.07
40 ~ 50	168	6.15	130 ~ 140	152	5.56
50 ~ 60	147	5.41	140 ~ 150	191	6.95
60 ~ 70	157	5.71	150 ~ 160	84	3.07
70 ~ 80	222	8.12	160 ~ 170	111	4.10
80 ~ 90	306	11.19	170 ~ 180	52	1.90
90 ~ 100	201	7.39	180 ~ 190	34	1.24
100 ~ 110	250	9.14	190 ~ 200	21	0.73
110 ~ 120	221	8.05	200 元以上	82	3.00

资料来源：教育杂志，1936，26（7）.（编者按：无作者名和题名）

郑西谷的被调查者月薪 40 元以下和 200 元以上者各占 3% 左右。被调查者月薪中数为 100.6 元。郑西谷在结论中指出，关于待遇，查中学教师待遇标准，各省市多有规定。大抵公立学校之待遇较私立者高，省市立学校又较县立者高。由于被调查的 98 所学校多为省市立学校和较好的私立学校，因此，统计结果可能与实际教师薪俸有出入，即中学教师实际月薪中数并不足 100 元。

抗战初期，中学教师薪俸未受到太大影响。1938 年，国民政府对国统区中学教师薪俸所做的调查显示：省立、县立、私立中学教师平均月薪分别为 79.12 元、44.54 元、55.29 元。[1]　与战前相比，相差不大。1941 年 12 月，国民政府教育部颁布《国立中学师范教职员支薪标准》规定：高中专任教员 140 ~ 200 元，初中专任

①教育部. 中华民国教育统计（内部资料）.1941:125.

教员 120～160 元。1942 年 2 月，教育部又颁布《国立中学及国立师范学校教职员年功加薪办法》规定："在国立中学服务满 3 年连以往服务学校满 10 年的教员增薪 2 级，满 15 年增薪 3 级，满 20 年增薪 4 级。自 31 学年度起，继续服务满 2 年增薪 1 级。"[1]1943 年 10 月，教育部再次颁布《国立中等学校教职员薪级表》规定：高中专任教员月薪 200～300 元，初中专任教员 160～260 元。详见表 4－27 所示。

表 4－27 国立中等学校教职员月薪表（1943 年 10 月）（单位：元）

级别	薪额	职别							
1	400	校长							
2	380	校长							
3	360	校长							
4	340	校长							
5	320	校长							
6	300	校长	分校长或分部主任	处主任		高中导师	高中专任教员		
7	280	校长	分校长或分部主任	处主任	课主任	高中导师	高中专任教员		
8	260		分校长或分部主任	处主任	课主任	高中导师	高中专任教员		
9	240		分校长或分部主任	处主任	课主任	高中导师	高中专任教员	初中导师	初中专任教员
10	220		分校长或分部主任	处主任	课主任	高中导师	高中专任教员	初中导师	初中专任教员
11	200		分校长或分部主任	处主任	课主任	高中导师	高中专任教员	初中导师	初中专任教员
12	180			处主任	课主任	高中导师	高中专任教员	初中导师	初中专任教员
13	160				课主任	高中导师	高中专任教员	初中导师	初中专任教员

资料来源：刘英杰.中国教育大事典（1840—1949）.杭州：浙江教育出版社，2001：479.

---

[1]刘英杰.中国教育大事典（1840－1949）.杭州：浙江教育出版社，2001：478.

（二）私立大学与中学教师薪俸比较

民国时期，私立大学教师薪俸普遍高于中学教师薪俸。以 1929 年为例，1929 年私立大学教师平均薪金为 160 元，职员平均薪金为 88 元，私立专科学校教师平均薪金为 125 元，职员平均薪金为 83 元。[①] 1929 年，郭玥对江西、湖南、山东、安徽、江苏 5 省 56 所中学 1 609 名教职员所做的调查显示：全体教师月薪中数为 53.67 元，其中初中教员月薪中数为 45.1 元，高中教员月薪中数为 83.89 元。[②] 1930 年杨效春对成都市部分中学教师薪俸进行调查的结果表明，中学教师月薪最多 1 人为 144 元，最少 2 元 4 角。各校平均最高额为 54.5 元，最少为 9.5 元，大多数教师月薪为 25 元左右。

20 世纪 30 年代以后，私立大学教师薪俸有所提高。1931 年，私立大学的最高月薪为：广州大学 600 元，厦门大学 500 元，广东国民大学 400 元，南开大学 360 元，光华大学 340 元，中法大学 300 元，复旦大学 294 元，南通学院 310 元，中国学院 300 元，大夏大学 290 元，焦作工学院 380 元，武昌中华大学 240 元，朝阳学院 200 元，民国学院 300 元，上海法政学院 226 元，上海法学院 210 元。[③] 1933 年，私立大学教授最高月薪为：南开大学 360 元，厦门大学 330 元，上海法政学院 308 元，中法大学 300 元，焦作工学院 300 元，广州大学 280 元，广东国民大学 272 元，中国学院 252 元，武昌中华大学和光华大学 240 元，复旦大学 220 元，大夏大学 200 元，大同大学 150 元，民国学院 140 元。[④] 1934 年，私立大学教授最高月薪为：南开大学 360 元，厦门大学 330 元，中法大学 300 元，复旦大学 260 元，大夏大学 300 元，广东国民大学 400 元，光华大学 340 元，广州大学 300 元，武昌中华大学 240 元。[⑤] 20 世纪 30 年代以后，发达地区中学教师月薪超过 200 元的极少，100 多元算是比较高的，大多数中学教师月薪几十元。而当时私立大学教师薪俸大多数在一二百元以上，最低的也有几十元。抗日战争爆发后，物价不断上涨，私立大学教师薪俸和中学教师薪俸都有所提高，但私立

①教育部高等教育司.全国高等教育统计.上海：商务印书馆，1931:6.
②《教育杂志》第 23 卷第 1 期，1931 年 1 月.（编者按：无作者名和题名）
③教育部统计室.二十年度全国高等教育统计.上海：商务印书馆，1933:56，141.
④教育部统计室.二十二年度全国高等教育统计.上海：商务印书馆，1936:58，122.
⑤教育部统计室.二十三年度全国高等教育统计.上海：商务印书馆，1936:62.

大学教师薪俸仍然普遍高于中学教师薪俸。

二、私立大学与小学教师薪俸比较

（一）小学教师薪俸

1.民初及北洋政府时期小学教师薪俸

民国最初几年，教育部对小学教师薪俸并没有统一规定。1915 年教育部颁布的《国民学校令》和《高等小学校令》规定："高等小学校教员之俸额由县知事依照教育总长所规定之标准定之。"①小学教员总体薪俸较低，而且学校之间差距较大。表 4-28 显示了直隶小学教员总体薪俸情况。

表 4-28　1914 年直隶小学教员月薪表（单位：人）

	6元以下	7元以上	10元以上	15元以上	20元以上	25元以上	30元以上	35元以上	40元以上	50元以上	总计
高等小学	13	36	83	70	87	72	95	13	10	2	531
高初两等小学	80	78	96	72	114	84	67	34	13	0	638
国民小学	9 234	1 311	526	72	40	3	1	0	0	0	11 187

资料来源：直隶巡按使署教育科.直隶教育统计图表（内部资料）：第二编.1914：19-20.

从表 4-28 可以看出，小学教员薪俸差距较大。高等小学教员月薪最高 50 元，最低不到 6 元，差距高达七八倍。高等小学教员月薪在 10~30 元的占调查总人数的 77%，国民小学教员月薪偏低，六七元者高达 10 545 人，约占调查总人数的 94%。1917 年，国民政府颁布了《小学教员俸给规程》，小学教员薪俸见

①沈云龙.近代教育史料丛刊：三编.第十一辑.台湾：文海出版有限公司，1966：147.

表4－29。

表4－29　小学教员薪俸级别表（单位:元）

类别	一	二	三	四	五	六	七	八	九	十	十一	十二	十三	十四
校长及正教员	60	55	50	45	40	35	30	26	22	18	15	12	10	8
专科正教员及专科教员	40	35	30	26	22	18	15	12	10	8	6			
助教员	22	18	15	12	10	8	6	4						

资料来源:东方杂志,1917,14(3):206.（编者按:无作者名和题名）

《小学教员俸给规程》将小学教员分为校长及正教员、专科正教员及专科教员、助教员三个级别,薪俸分为十四级,每级相差3~5元不等,各级最高薪俸分别为60元、40元、22元。还可以根据工作业绩上调,校长及正教员确有业绩者,得递增至80元;专科正教员及专科教员确有业绩者,得递增至60元;助教员确有业绩者,得递增至30元。1919年,为了促进义务教育发展,教育部制定了《全国教育计划书》,计划以国库补助各省义务教育,指出:"以期十年以后,义务教育渐图普及,除督促各省区酌量地方情形逐渐推广小学外,本部采用国库补助方针,迭次提列预算,以冀实行。拟每年由国库指拨常款,列入预算以作补助之用。或筹有大宗的款,仿照各国教育基金办法,即以其子金所入为补助费,至其补助用途,则定为各省区小学教员年功加薪费、小学教员退隐及遗族旌恤费、优良小学及私立小学奖励费或补助费等。"①

2. 南京国民政府时期小学教师薪俸

南京国民政府时期小学教师薪俸仍然不高。尽管国家对小学教员待遇比较重视,但实际情况不尽如人意。以直隶清苑县为例,城内高等小学教员月薪最高26元,国民学校教员月薪最高14元,乡村小学不过四五元而已,表4－30显示

_____

①教育杂志,1919,11(3).（编者按:无作者名和题名）

了 1928 年广州市部分小学教员薪俸情况。

表 4 - 30　1928 年广州市部分小学教员薪金数

校名	教员数（人）	最高薪金（元）	最低薪金（元）	全校教员薪金总数（元）	每教员薪金平均数（元）
市立第 50 小学	7	61	31	242.00	34.60
5 小学	15	61	41	700.91	46.73
72 小学	23	61	30	1 204.62	52.37
市师附小	14	51	41	816.00	58.30
30 小学	10	61	41	442.00	44.20
11 小学	6	73	31	233.30	38.90
46 小学	10	46	41	410.00	41.00
7 小学	9	61	31	457.00	50.77
52 小学	16	61	27	766.00	47.83
41 小学	12	61	31	573.00	47.70
23 小学	10	80	31	469.00	46.90
8 小学	6	61	31	272.12	45.35
14 小学	10	61	28	491.70	49.17
33 小学	16	61	31	610.00	38.10
3 小学	15	61	31	710.00	46.73
53 小学	18			694.88	38.60
48 小学	6	51	46	237.00	39.50
4 小学	10	46	28	350.00	35.00
10 小学	8	73	49	307.00	38.39
44 小学	9	51	31	400.00	44.44
42 小学	11	91	31	442.00	40.18

续表

校名	教员数（人）	最高薪金（元）	最低薪金（元）	全校教员薪金总数（元）	每教员薪金平均数（元）
21 小学	13	61	31	684.00	52.60
57 小学	12	61	31	376.13	31.34
南大附小	10	125	50	1 000.00	100.00
20 小学	7	73	19	313.12	44.73
56 小学	12	61	14	464.00	38.66

资料来源:中山大学《教育研究》第 4 期,1928 年 5 月。

由于社会上对小学教师不够重视,小学教师薪俸一再减少、积欠。教育界要求提高小学教师待遇的呼声不断。1933 年 3 月,教育部公布《小学规程》,规定:小学教师之薪给依各自经验和经历为差别,但至少以学校所在地个人生活费之两倍为标准;小学教职员俸金每年作十二个月计算;小学女教员生产期间可享受六个星期之产假,薪金照给;小学教员连续在一校任职满十二年得休假一年,休假期间仍支原薪;小学教职员之俸给等级表、年功加薪办法,由各省市教育行政机关依据当地情况自行规定,呈请教育部备案实行。[1] 在此背景下,各省市相继制定了小学教师薪俸标准,见表 4 - 31、表 4 - 32。

表 4 - 31　1933 年各省市小学教师月薪表(单位:元)

省别	校别	职别	最高薪俸	最低薪俸	备注
北京	完全小学校	校长	105	40	校长薪俸分为十四级,每级相差 5 元
	初级小学校	校长	100	35	
		级任教员	95	30	教员薪俸分为十四级,每级相差 5 元
		科任教员	90	25	

---

①周邦道.第一次中国教育年鉴:乙编教育法规.上海:开明书店,1934:31.

续表

省别	校别	职别	最高薪俸	最低薪俸	备注
江苏	县区小学	正教员	45	25	
		专科教员	35	20	
	城镇初小	正教员	35	20	
		专科教员	30	15	
	乡村初小	正教员	30	15	
		专科教员	30	15	
浙江	县立小学	专科教员	72	25	
		兼任科员	40	20	
湖北	小学	专任教员	90	60	平均70元
		兼任教员	60	30	平均40元
	乡村小学	教员			平均8元
云南	小学	专任教员	150	30	平均90元
		兼任教员	100	30	平均65元
青海	小学	专任教员	25	6	
		兼任教员	15	6	
南京	市立小学	专任教员	95	90	
	乡村小学	专任教员	90	18	
四川	小学	专任教员	55	15	分为9级，每级相差5元
		兼任科员			

资料来源:第一次中国教育年鉴:乙编教育法规.台北:台北宗青出版社,1991:205-206;熊贤君.中国近代义务教育研究.武汉:华中师范大学出版社,2006:273;四川省小学教员任用待遇暂行规程.1935.重庆市档案馆,北碚二岩乡公所全宗,第96-1卷.

表 4-32　1934 年天津市部分小学教员月薪表(单位:元)

学校	最高	最低	平均	学校	最高	最低	平均
1 小	55.00	51.25	40.00	20 小	55.00	40.00	45.00
2 小	55.00	40.00	52.80	21 小	55.00	45.00	52.00
3 小	55.00	40.00	49.00	22 小	55.00	45.00	52.00
4 小	50.00	45.00	46.00	23 小	55.00	45.00	54.00
5 小	50.00	40.00	45.00	24 小	40.00	40.00	40.00
6 小	45.00	45.00	45.00	25 小	45.00	40.00	43.75
7 小	45.00	40.00	42.50	26 小	50.00	45.00	47.00
8 小	45.00	40.00	42.50	27 小	55.00	40.00	47.00
9 小	55.00	40.00	52.90	28 小	55.00	45.00	52.00
10 小	55.00	45.00	52.27	29 小	55.00	40.00	47.50
11 小	55.00	30.00	45.00	30 小	45.00	30.00	40.00
12 小	50.00	45.00	45.00	31 小	55.00	37.50	47.00
13 小	—	—	30.00	32 小	50.00	40.00	45.00
14 小	45.00	—	—	33 小	45.00	40.00	42.00
15 小	45.00	—	—	34 小	45.00	40.00	42.50
16 小	60.00	40.00	54.00	35 小	45.00	40.00	43.33
17 小	60.00	45.00	55.00	36 小	55.00	40.00	41.20
18 小	55.00	55.00	55.00	37 小	45.00	40.00	42.50
19 小	55.00	40.00	47.50	—	—	—	—

资料来源:国立北平十大研究所教育专刊(内部资料).北平:北平十大研究所,1934.

注:"—"表示未找到统计数据。

3. 抗日战争时期小学教师薪俸

抗战爆发后，物价不断上涨，原本薪俸就很低的小学教师生活更加艰难。提高小学教师待遇迫在眉睫。1939 年春，第三次全国教育会议通过了《改善小学教师待遇案》。随后，教育部陆续公布了一系列改善和提高小学教员薪俸的办法。1940 年 5 月《小学教员待遇规程》规定："学教员薪给每年均以十二个月计算，按月十足以国币发给，不得折欠，其最低薪额除依照修订小学规程至少应以当地个人衣食住三者所需生活费之两倍为标准外，并应视下列各点分别增加其薪额：1. 资历高下；2. 职务繁简；3. 任期久暂；4. 成绩优否。"①此外，教育部还公布了《小学教员薪给支配及实施办法》《地方津贴小学教员米谷暂行办法》《小学教员年功加俸办法》等。由于各省省情不同，小学教员薪俸标准也不一样。而且随着政治经济形势及战局的不断变化，小学教员的薪俸也不断调整。以四川省为例，自 1939 年至抗战结束，不断调整小学教员的薪俸。表 4 - 33 显示了 1939 年四川省小学教员的薪俸情况。

表 4 - 33　1939 年四川省小学教师每月薪俸标准（单位：元）

类别	一级资格	二级资格	三级资格	四级资格	备考
完全小学校长	45	40	35	30	不合标准之代用教员支 15 元至 25 元
完全小学教员初级小学校长	40	35	30	25	
初级小学教员	35	30	25	20	

资料来源：四川省教育厅. 二十八四川教育年报. 成都：成城出版社，1940：13.

依据以上标准，四川省完全小学教员月薪 25～40 元，初级小学教员月薪 20～35元。1940 年 7 月，四川省政府又通过了《发给乡镇中心学校保国民学校工作人员生活补助费办法》，规定："乡镇中心学校保国民学校教职员，除原薪给外，每月予以二市斗至三市斗之食米，或按照市价给予同数之米贴或其它粮食。"②

①《江西省政府公报》，1940 年第 1199 期，第 28 页.
②郭有守. 国民教育论集（第一集）. 四川省政府教育厅印行，1940：83.

1941 年，四川省重新颁布小学教员薪俸标准，见表 4-34。

表 4-34　1941 年四川省小学教师薪俸标准(单位:元/月)

		一级	二级	三级	四级	五级	六级
乡镇中心学校	校长	75	70	65	60	55	50
	教员	65	60	55	50	45	40
保国民学校	校长	65	60	55	50	45	40
	教员	55	50	45	40	35	30

资料来源:杨学功.战时四川省小学教师生存境况的考察.南京师范大学硕士学位论文, 2007:26.

1943 年，小学教师待遇再次提高:"省立小学概照省级公务人员待遇标准支付，各县市局中心学校每人每月薪金最高者为一百二十元，最低者为五十元，另给生活补助费五十元。保国民学校每人每月薪金最高者为一百元，最低者为四十元，另增二十元作为生活补助费。"1944 年，再次调整国民教师薪俸:"合格教师最低月薪不得少于 60 元;中心学校及国民学校教师除原有待遇外，每人每月均增发生活补助费一百五十元。"①表 4-35、表 4-36 分别显示了 1942 年和 1944 年四川省小学教师薪俸状况。

表 4-35　1942 年四川省国民教师薪俸状况(单位:元)

校别		省(市)立小学	乡镇中心学校	保国民学校
每月实支薪额	最高	195	90	70
	最低	65	45	40
津贴及数量		1. 生活补助费月薪百元以上者 50 元，百元以下者 55～60 元。 2. 食米津贴每月 2 市斗 5 升。 3. 眷属米每月 2 市斗(限 3 人)	食米津贴最高每月 4 市斗，最低每月 2 市斗 5 升	同左

资料来源:教育部国民教育司、国民教育辅导研究委员会.三十一年度国民教育实施概况(上).1943:31.

---

①《四川省实施国民教育办法要览》(第六辑)，四川省政府教育厅印，1944:1-4。

表 4 - 36　1944 年四川省小学教师月薪表(单位:元)

	最高	最低	生活补助费	食米	地方增筹食米
中心学校	140	70	150	4 市斗	2 ~ 4 市斗
国民学校	120	50	150	4 市斗	2 ~ 4 市斗

　　资料来源:国民政府教育部.第二次中国教育年鉴:第三编.上海:上海商务印书馆,1948:246.

(二)私立大学教师薪俸与小学教师薪俸比较

　　民国时期,发达地区小学教师月薪很少达到 100 元,大多数小学教师月薪在 50 元以下,月薪二三十元的大有人在,有的甚至更低。而当时私立大学教师薪俸大多数在一二百元以上,最低的也有几十元,可见,私立大学教师薪俸远远高于小学教师薪俸。

第三节　私立大学教师与公务员薪俸比较

一、民初及北洋政府时期私立大学教师与公务员薪俸比较

　　民国初年,政府颁布了《中央行政官官等法》和《中央行政官官俸法》,将文官分为特、简、荐、委任四个等级。国务院总理及中央政府各部部长(总长)为特任官,简任官大致相当于现在的司局级,荐任官相当于现在的处级,委任官相当于科级及以下职员。1912 年 10 月 17 日颁布的《中央行政官官俸法》规定:官吏的俸给用货币支付,一般按月计算,称为月俸。在特殊情况下也按年计算,称为年俸。俸给按特任官分两级,国务院总理月薪 1 500 元,各部部长(总长)月薪 1 000 元;简任官以下官员薪俸分 9 等 22 级,简任官分 3 级,月薪 400 ~ 600 元,每级相差 100 元;荐任官分 7 级,月薪 200 ~ 360 元,除第 5 级至第 4 级和第 3 级

至第 2 级的级差为 40 元外，其余级差均为 20 元；委任官分 12 级，月薪 50~150 元，级差分别为 5、10、15 元。① 工程技术人员称为技术官，其职称分技监、技正、技士三类。技监的官等为简任，技正的官等为荐任，技士的官等为委任。技监分 6 级、技正分 12 级、技士分 14 级。技术官的薪俸一般比同级的行政官员高。技监 1 级月薪 860 元，比同级行政官员高 260 元，技正 1 级月薪 165 元，比同级行政官员高 15 元。②

因此，民国初期，私立大学教师薪俸大致相当于荐任官及委任官薪俸。民国初期，政府标榜司法独立，提倡高薪养廉。因此，当时法官薪俸较高。中央 1 级法院院长月薪 1 000 元；简任法官分 5 级，月薪 400~600 元，级差 50 元；荐任法官分 14 级，月薪 100~360 元，级差 20 元。私立大学教师薪俸大致相当于荐任法官 8 级以下。详见表 4-37。

表 4-37　北京政府时期司法官月薪表(单位:元)

任命级别	简任	荐任	任命级别	荐任
第 1 级	600	360	第 8 级	220
第 2 级	550	340	第 9 级	200
第 3 级	500	320	第 10 级	180
第 4 级	450	300	第 11 级	160
第 5 级	400	280	第 12 级	140
第 6 级		260	第 13 级	120
第 7 级		240	第 14 级	100

资料来源:国务院法制局.司法官考试任用官等及官俸法案、条例(1919 年).中国第二历史档案馆藏，全宗号 1002，案卷号 991.

二、南京国民政府时期私立大学教师与公务员薪俸比较

南京国民政府成立后，在文官制度基础上推行现代意义的公务员制度。公务

①慈鸿飞.二三十年代教师、公务员工资及生活状况考.近代史研究，1994:3.
②李明伟.清末民初中国城市社会阶层研究.北京:社会科学文献出版社，2005:163.

员分为特、简、荐、委任 4 等。各等又分若干级。1927 年 7 月南京国民政府公布《文官俸级表》，同年 10 月又颁布《修正文官俸级表》，1929 年 8 月再次颁布《文官俸给暂行条例》，1933 年 9 月 23 日又颁布《暂行文官官等官俸表》，此标准一直沿用到 1949 年，见表 4 - 38。

表 4 - 38　国民政府 1933 年暂行文官官等及月薪表（单位：元）

任别	级别	俸别	国民政府	五院及部会	省政府及厅	行政院及市府	县政府及各局
特任		800	文官长	部长委员长			
简任	1	680	局长	次长	省主席		
	2	640	主计官				
	3	600		秘书长	厅长		
	4	560	秘书				
	5	520		厅长			
	6	490	会计长	局长			
	7	460					
	8	430	参事	参事			
荐任	1	400	秘书				
	2	380	科长	秘书	秘书		
	3	360		科长	科长	市长	
	4	340					县长
	5	320					
	6	300					
	7	280					
	8	260					
	9	240					
	10	220					
	11	200					
	12	180					

续表

任别	级别	俸别	国民政府	五院及部会	省政府及厅	行政院及市府	县政府及各局
	1	200					
	2	180	一等科员			局长	
	3	160		一等科员		科长	秘书
	4	140			一等科员	秘书	
	5	130	二等科员				科长
	6	120					
	7	110					
委	8	100		二等书记官			
	9	90	三等科员		二等办事员		
任	10	85					
	11	80					
	12	75	三等书记官				
	13	70					
	14	65		三等办事员			
	15	60					
	16	55					

资料来源:国民政府公报,1244 号,1933 – 09 – 23.

现将南京国民政府历次修订的公务员薪俸进行比较,如表 4 – 39 所示。

表 4 – 39　1927 年、1929 年、1933 年公务员月薪比较表(单位:元)

类别	年份(年)	1	2	3	4	5	6	7	8	9	10	11	12	13	14 – 16
特任	1927	800													
	1929	800													
	1933	800													

续表

类别	年份(年)	1	2	3	4	5	6	7	8	9	10	11	12	13	14-16
简任	1927	675	600	525	450										
	1929	600	560	520	480	440	400								
	1933	680	640	600	560	520	490	460	430						
荐任	1927	400	350	300	250	200									
	1929	370	340	310	280	250	220								
	1933	400	380	360	340	320	300	280	260	240	220	200	180		
委任	1927	180	160	140	120	100	80	60							
	1929	200	180	160	140	120	100	90	80	70	60	50	40		
	1933	200	180	160	140	130	120	110	100	90	85	80	75	70	65-55

资料来源:根据1927年、1929年、1933年南京国民政府颁布的文官俸给表制定。

1934年,各私立大学的最高工资为:广东国民大学400元,南开大学和大同大学360元,光华大学340元,厦门大学330元,南通学院310元,大夏大学、焦作工学院和广州大学300元,武昌中华大学、福建学院240元,朝阳学院200元。也就是说,20世纪30年代初期,一些私立大学教授的最高工资相当于当时荐任官最高薪俸,一般私立大学的副教授薪俸与当时委任官1~3级相当。讲师及助教与当时委任官4~16级相当。

以上是中央对官员薪俸的规定,实际上,各省由于财政情况不同,不同省份公务员薪俸也有差别。《暂行文官官等官俸表》指出:"凡财政支绌及生活程度较低地方,得由各该省市政府就各该地方财政状况,依照本表所定等级,酌拟俸额或减成支给,并报铨叙部核定备案。"因此,各省公务员薪俸并不完全一致。如《福建省暂行文官官等官俸比照表》规定:简任官分8级,月薪390~640元;荐任官分12级,月薪140~360元;委任官分16级,月薪40~160元。《湖北省文官叙俸比照表》规定:简任官分8级,月薪320~520元;荐任官分12级,月薪110~300元;委任官分16级,月薪45~160元。《绥远省暂行文官官等官俸表》规定:

简任官分 8 级，月薪 250～600 元;荐任官分 12 级，月薪 70～160 元;委任官分 16
级，月薪20～80元。[1]　江西省由于财政较紧张，1932 年以后实行"七八九折"发薪
办法，即按照中央规定的数额，300 元以上者七折，百元以上者八折，百元以下
50 元以上者九折，50 元以下者实支不折。[2]　因此，江西省特任官薪俸为 560 元，
简任官为301～476元，荐任官为 144～280 元，委任官为 49.5～160 元。详见表
4－40。

表 4－40　江西省 1932 年以后"七八九折"月薪表（单位:元）

阶级	规定薪俸	实支	阶级	规定薪俸	实支	阶级	规定薪俸	实支
特任	800	560	荐六	300	240	委八	100	90
简一	680	476	荐七	280	224	委九	90	81
简二	640	443	荐八	260	208	委十	85	76.5
简三	600	420	荐九	240	192	委十一	80	72
简四	560	392	荐十	220	176	委十二	75	67.5
简五	520	364	荐十一	200	160	委十三	70	63
简六	490	343	荐十二	180	144	委十四	65	58.5
简七	460	322	委一	200	160	委十五	60	54
简八	430	301	委二	180	144	委十六	55	49.5
荐一	400	280	委三	160	128	雇一	50	50
荐二	380	266	委四	140	112	雇二	45	45
荐三	360	252	委五	130	104	雇三	40	40
荐四	340	238	委六	120	96	雇四	35	35
荐五	320	224	委七	110	88			

资料来源:江西统计月刊，1940，3(8).

南京国民政府时期，县长薪俸也因县的等级不同而不同。一等县长自荐任 4
级至简任 8 级，月薪 340～420 元;二等县长自荐任 5 级至荐任 1 级，月薪 320～

①铨叙部秘书处第三科.铨叙年鉴(民国二十年至二十二年):240－250.
②江西统计月刊，1940，3(8).

400元;三等县长自荐任6级至荐任2级，月薪300～380元。一等县秘书科长局
长为委任6级至委任1级，月薪120～200元;二等县秘书科长局长为委任7级至
委任1级，月薪110～200元;三等县秘书科长局长为委任8级至委任1级，月薪
100～200元。各县督学课员最高月薪160元，最低月薪分别为80元、75元、70
元，一般办事员月薪55～80元。① 但以上薪俸只是原则规定，实际上，各县由
于贫富差异导致县长之间薪俸也不同。大部分县长薪俸低于中央规定。例如1934
年湖北省一等县县长月薪240元，二等县和三等县县长月薪220元。② 1932年7
月至1935年6月间，江西省一等县县长月薪210元，二等县和三等县县长月薪
200元。1937年7至10月，一、二、三等县县长月薪分别为272元、256元和240
元。可见，当时私立大学教授薪俸要高于一些县长的薪俸。相比之下，地方高级
行政官员(省级、厅局级)薪俸较高。1936年内政部对21个省市高级官员薪俸进
行调查，在有据可查的19个省市中，薪俸最高680元，最低39元，平均399
元。其中14个省市最低薪俸超过300元，占所调查省市的70%，且14个省市高
级官员平均月薪超过400元，也占所调查省市的70%，见表4-41。

表4-41　1936年十九个省市地方高级官员月薪表(单位:元)

省份	实支薪俸			省份	实支薪俸		
	平均薪俸	最多	最少		平均薪俸	最多	最少
江苏	540	540	344	绥远	500	600	400
安徽	378	398	378	察哈尔	420	540	300
江西	420	560	300	甘肃	500	600	500
山东	560	560	560	宁夏	240	240	240
山西	420	473	368	青海	39	39	39
河南	494	532	200	南京	525	600	420
河北	400	400	400	北平	322	420	322
陕西	120	200	120	天津	430	560	430

①修正暂行文官官等官俸表(县行政人员部分).北平市市政公报，1936(375).
②湖北省民政厅.湖北县政概况(一).1934:2-4.

省份	实支薪俸			省份	实支薪俸		
	平均薪俸	最多	最少		平均薪俸	最多	最少
湖北	430	520	300	威海卫公署	680	680	680
福建	529	500	285				

资料来源:地方高级行政官吏调查统计.内政统计季刊,第2号,1937年1月.

实际上,地方高级行政官员除了固定薪俸外,还有各种补助补贴,即公费补助,详见表4-42。

表4-42　1936年部分省市地方高级官员公费补助表(单位:元/月)

省份	实支薪俸			省份	实支薪俸		
	平均薪俸	最多	最少		平均薪俸	最多	最少
江苏	400	640	160	绥远	350	350	280
安徽	360	576	216	察哈尔	160	240	50
江西	—	—	—	甘肃	400	800	400
山东	600	1 000	300	宁夏	—	—	—
山西	—	—	—	青海	3 000	3 000	3 000
河南	380	760	285	南京	200	800	200
河北	—	—	—	北平	300	600	300
陕西	300	1 000	240	天津	—	—	—
湖北	500	800	300	威海卫公署	500	500	500
福建	353	882	265	合计	417	3 000	50

资料来源:地方高级行政官吏调查统计.内政统计季刊,第2号,1937年1月.

注:"—"表示未找到统计数据。

青海省主席每月可领3 000元公费补助,察哈尔最低为240元。1928年7月21日的《中央日报》指出:"战前一个省政府委员,月薪为500元,另加办公补贴,合计可多达一两千元。"①

可见，地方高级公务员的实际薪俸比大学教师要高很多。1934 年 1 月，罗家伦在国民党中央党部总理纪念周上的演讲"中国大学教育之危机"时指出："学校经费较为困难，以致教授待遇不及政府人员之待遇，如普通大学教授的待遇，至多不过三四百元，而政府荐任官吏，可以高至四百元，简任官吏可至六七百元，所以与其在大学做一教授，不如在政府做一技正或科长、司长。大学教授的待遇如果不能提高到相当的限度，要大学教授安心研究学问，恐怕真是很困难的。"②

三、抗日战争时期私立大学教师与公务员薪俸比较

抗战爆发后，军费大增，教育经费紧张。1937 年 9 月开始，中央各机关公务人员薪俸打折发放，即除基本生活费 50 元外，余额按 7 折、7.5 折或 8 折发放。后来随着物价不断上涨，公务员薪俸恢复全额发放并逐渐增加数额，但由于物价飞涨，公务员单凭薪金养家糊口日渐紧张。表 4 - 43 显示了 1937—1945 年江西萍乡县县级公务员收支情况，从中可见一斑。

表 4 - 43　1937—1945 年江西萍乡县县级公务员每月收支一览表（单位：元）

时间	收入	支出	备注
1937 年上半年平均	80.00	7.10	可维持 11 人生活
1938 年 1 月	80.00	8.50	可维持 9.5 人生活
1939 年 1 月	100.00	12.60	可维持 8 人生活
1940 年 1 月	112.00	21.00	可维持 5 人生活
1941 年 1 月	128.00	49.00	可维持 2.5 人生活
1942 年 1 月	188.00	112.00	可维持 1.5 人生活
1943 年 1 月	364.00	430.57	不敷己身费用
1943 年 7 月	630.00	811.14	不敷己身费用

①浙省指委会呈请核减党员服务于行政机关者得薪给. 中央日报，1928 - 07 - 21.
②中国第二历史档案馆. 中华民国史档案资料汇编：第五辑. 教育（一）. 南京：江苏古籍出版社，1994:290.

时间	收入	支出	备注
1944 年 1 月	1 080.00	1 264.48	不敷己身费用
1944 年 9 月	1 880.00	2 366.00	仅能维持本人生活
1945 年 1 月	3 060.00	2 977.15	仅能维持本人生活
1945 年 7 月	7 340.00	6 615.86	仅能维持本人生活
1945 年 12 月	9 340.00	10 926.40	仅能维持本人生活

资料来源:江西萍乡县政府统计室.萍乡统计,1946(6):53.

注:收入包括薪俸、薪俸加成、生活津贴及公粮四项;支出为该月生活费用总消费。

战时物价上涨对各行业冲击程度并不一样,公务员和教师所受影响最大。有评论指出:"根据经济专家的估计,抗战时期的中国公教人员,实际上曾将其百分之九十六应得的收入,贡献给国家去打仗。"[①]表4－44反映了战时国统区各阶层实际收入的变动情况。

表4－44　1937—1944 年国统区各阶层实际收入统计表(1937 = 100 元)(单位:元)

年份	农民	公务员 (重庆)	教授 (成都)	非生产性 劳工	产业工人 (重庆)	乡村劳工 (四川八县)
1938	87	77	95	143	124	110
1939	85	49	64	181	95	126
1940	96	21	25	147	76	66
1941	115	16	15	91	78	82
1942	106	11	12	83	75	78
1943	100	10	12	74	69	60
1944	81		11	65	41	89

资料来源:(美)易劳逸.蒋介石与蒋经国(1937—1949).王建朗,王贤知译.北京:中国青年出版社,1989:56.

早在1940 年,公务员和大学教师实际收入的75%已被通货膨胀所吞噬。尽

---

①昭伦:《公教人员待遇亟需调整》,《民主周刊》,1945 年第 2 卷第 9 期.

管各行业实际收入都在下降，受影响最大的当属公务员和大学教师。相比之下，其他行业劳动者收入下降则较少，形成鲜明对比的是，非生产性劳工实际收入未跌反涨50%（见表4-45）。

表4-45　1937—1945年各行业人员的购买力指数

年份	教授（成都）	军人（重庆）	士兵（成都）	公务员（重庆）	工人（重庆）	农民	农村雇工（四川）
1937	100	100	100	100	100	100	100
1938	95	93	95	77	124	87	111
1939	64	64	64	49	95	85	122
1940	25	29	29	21	76	96	63
1942	12	10	10	11	75	101	75
1943	12	57	6	10	69	100	68
1944	11	—	—	—	41	81	—
1945	12	—	—	—	—	87	—

資料来源：张瑞德.抗战时期的国军人事.台北：中央研究院近代史研究所，1993：92.
注："—"表示未找到数据。

抗战期间，大学教师和公务员是受通货膨胀影响最大的职业。有人发现，1943年一个乡下厨师的收入居然是大学教授的8倍。[1] 而在昆明，县长月薪仅相当于裁缝匠、洋铁匠、泥水匠、木匠等月收入的一半；洋车夫、理发匠的收入是县长的3～4倍。[2]

市场物价在抗战胜利后仅仅稳定了两三个月，随即迅猛上涨。根据《经济周报》所发表的数据，1945年9月上海市的物价指数为346，1946年12月为9 713，一年三个月物价上涨了28倍。以1945—1948年上海市批发物价指数为例，1946年是1945年的4.36倍，1947年是1946年的7.74倍，1948年是1947年的75.25倍，相当于1945年战后平均总指数的2 541多倍。[3] 与战前1937年6月相比，

---

[1]胡国台：《抗战时期的教育经费与高等教育品质：1937－1945》，《中央研究院近代史研究所集刊》第19期，第450页.

[2]李树清.蜕变中的中国社会.上海：商务印书馆，1947：266－268.

[3]沈楠：《上海公立高校教师工薪收入及生活状态考察（1930年代—1950年代）》，华东师范大学硕士论文，2007年5月.

1948 年 8 月,法币贬值 400 万倍,物价上涨近 500 万倍。① 当时,美联社曾在一条电讯中说:法币 100 元,1937 年可买两头牛,1938 年可买一头牛,1941 年能买一头猪,1943 年能买一只鸡,1945 年能买一条鱼,1946 年能买一个鸡蛋,1947年只能买三分之一盒火柴了。②

第四节 私立大学教师与工人薪俸比较

工人是城市近代化的产物,随着近代工业的发生与发展,城市工人阶层诞生了。他们由从事体力劳动的人们和具有一定操作技能的人所构成。主要分布在加工制造业、采矿业、建筑业、交通运输业、城市公共事业及传统手工业等行业中。

一、工人薪俸

(一)民初及北洋政府时期工人薪俸

民国初年,由于大量流民涌入城市,社会上出现大量失业人口,劳动力市场经常处于供大于求的状态,因此,工人们的工资水平很低,表 4 – 46 显示了 20世纪 20 年代工人薪俸状况。

表 4 – 46 全国精工每月工钱表(单位:元)

类别		纺织工场	铁工及机械工	矿工	制丝工场	其他工业
男工	最高	30	50	40	22	30
	最低	12	20	16	6	9
	平均	26	25	22	12	15

①杨荫溥.民国财政史.北京:中国财政经济出版社,1985:208 – 209.
②马嘶.百年冷暖:20 世纪中国知识分子生活状况.北京:北京图书馆出版社,2003:283.

续表

类别		纺织工场	铁工及机械工	矿工	制丝工场	其他工业
女工	最高	24	—	—	22	20
	最低	8	—	—	6	7.5
	平均	12	—	—	9	12

资料来源:东方杂志,1927 年 9 月 25 日.(编者按:无作者名和题名)

注:"—"表示未找到统计数据。

据有关史料记载,20 世纪 20 年代,开滦煤矿矿工平均月薪 9~13 元,从事纺织行业的男工月薪 12 元,女工月薪 8 元。[1] 由于工种及工作性质等不同,工人之间收入差别也很大。据 1925 年统计,在上海江南造船所,"工人日薪最多 2 元 7 角,中等者 9 角,最少 2 角,工人平均工资每月 30 元左右"。[2] 化学工业是新兴行业,天津化妆品业的熟练工人"每月工资约 8~10 元,工作时食宿皆由工厂供应"。[3] 除了新式工厂企业外,还有很多手工业工厂,此类工厂设备简陋、技术落后,劳动生产率不高,工人工资收入较低。表 4-47 列举了当时广州市一些手工业工人的收入情况。

表 4-47 广州传统手工业工人薪俸表

工种	薪俸	工种	薪俸	工种	薪俸
镶作工人	月薪 10~30 元	制饼师	月二十多元	制伞工人	月薪数元
制铜器工人	月薪数元	舂米工人	月薪数元	制灯工人	月薪数元
制铁器工人	月薪数元	打石工人	月十多元	建筑工人	日薪 3 角
制藤器工人	月薪数元	制笔墨工人	月薪数元	建棚工人	日薪 4~5 角
制瓷器工人	日薪 1~2 角	制酱料工人	月薪数元	造币工人	小工 7~8 元
制瓦工人	月薪数元	制茶工人	月薪 5~6 元	制抬椅工人	月薪 5~6 元

①慈鸿飞.二三十年代教师公务员工资及生活状况考.近代史研究,1994:3.
②王清彬.第一次中国劳动年鉴:第一编.北平社会调查部,1928:275.
③王清彬.第一次中国劳动年鉴:第一编.北平社会调查部,1928:254.

续表

工种	薪俸	工种	薪俸	工种	薪俸
制砖工人	月薪 7～8 元	火柴工人	月薪十多元	刻字工人	月薪 10～20 元
制纸工人	月薪数元	制鞋工人	月薪十多元	屠牲工人	月薪十多元
制酒工人	月薪十多元	制粉工人	月薪数元	制席工人	月薪数元
制糖工人	月薪 6～7 元	制带工人	月薪 5～6 元	制药工人	月薪数元

资料来源:《东方杂志》1921 年 18 卷第 7 号.(编者按:无作者名和题名)

从表 4－47 可以发现,不同工种待遇差别较大,一般来说,技术含量较高的工种收入也较高。资本家为了节省开支,经常雇用大批女工,她们虽然干着与男工同样的工作,但工资却比男工低得多。以雇用女工较多的江浙两省为例,比较男工与女工的收入情况,见表 4－48。

表 4－48　江浙两省男工与女工月薪比较表(单位:元)

地方	工作	男工	女工
上海	精炼纺织工	0.35～0.55	0.3～0.45
上海	普通纺织工	0.3～0.7	0.2～0.4
上海	纸烟工	0.45～0.75	0.35～0.75
杭州	精炼纺织工	0.3～0.5	0.25～0.4
杭州	普通纺织工	0.2～0.4	0.2～0.35
杭州	制丝工	0.25～0.38	0.12～0.25
无锡	精炼纺织工	0.3～0.5	0.23～0.38
无锡	普通纺织工	0.18～0.4	0.2～0.3
无锡	制丝工	0.25～0.48	0.14～0.25

资料来源:刘明逵.中国工人阶级历史状况:第 1 卷.第 1 册.北京:中共中央党校出版社,1985:458.

大多数工人工资收入难以养家糊口。据 1918—1920 年北京社会调查资料显示，当时北京一个四五口之家，每年生活费至少需要 132.4 元，但 80% 的工人每年平均收入只有 66~93 元。连一家最低开支都保证不了。上海普通工人收入也难以维持家庭的最低开支。根据 1920 年 5 月 1 日出版的上海《星期评论》资料统计，上海工人家庭最低生活费见表 4-49。

表 4-49　上海工人家庭最低每月生活费开支表(单位:元)

项目	夫妻二人	夫妻二人和两个儿女	项目	夫妻二人	夫妻二人和两个儿女
米	6.0	8.0	巡捕捐		0.56
副食品	3.0	5.0	工会会费		0.20
房金	3.0	4.0	保险费		2.00
灯油薪火	1.5	3.0	缺工损失		2.00
衣帽被服	1.0	3.0	临时费	2.0	3.00
交通费	1.0	2.0			
教育费		2.0	合计	17.5	34.76

资料来源:上海社会科学院经济研究所经济史组.荣家企业史料(上册).上海人民出版社,1962:123.

从表 4-49 可以看出，一个普通工人的工资收入不仅维持不了四口之家的最低生活费用，就连夫妻二人的生活费用都难以维持。北京、上海还是工人收入较高的地方，其他地方就可想而知了。

当时，印刷行业工人工资较高，据 1926 年北京农商部调查统计，北京各印刷厂的普通工人，月薪在 10 元以上，最高者达 100 元。对于成绩优良者每年可涨 1 元。[①] 上海外资电厂工人月薪 20~23 元，北京电灯公司工人月薪 10~50 元，优者每年可进一级，加薪 5 元。电车公司成年工每日薪俸 6 角至 1 元 3 角。

---

①王清彬.第一次中国劳动年鉴.第一编.北平社会调查部，1928:269.

（二）南京国民政府时期工人薪俸

南京国民政府时期，工人薪俸较以前有所提高。1927 年社会调查部对塘沽永利制碱公司进行调查，工人月薪为：工匠 20.4 元，助手 10.19 元，常工 9.04元，伙夫 17.1 元，学徒 8.34 元，工人平均月薪 11.25 元。此外，工人还有双薪、加班津贴、物品馈赠等待遇。社会调查部曾亲自询问 50 名工人的工资情况，得出该厂工人所有收入年平均工资为 165.86 元。[①] 在机器行业中工人分为精炼工和普通工，据 1927 年北京农商部调查：上海机器行业精炼工月薪 20 ~ 40 元，普通工月薪 5 ~ 8 元；无锡机械工的工资，精炼工每日 0.5 ~ 1.2 元，普通工每日0.3 ~ 1.0 元。造船行业由于技术要求较高，工资也较高，根据 1930 年工商部对19 个城市的调查，多数城市中劳动者的平均月薪为十几元，个别城市男工平均月薪超过 20 元，女工没有超过 20 元的。上海平均月薪男工 15.28 元，女工 12.5元。[②] 又据 1933 年对天津十种行业工人工资的统计调查，平均月薪 12.138 元，其中 6 ~ 15 元的人数占被调查总人数的三分之二。[③] 据《青岛党史资料》（第二辑）记载：1928 年青岛纱厂女工的最高日工资为 0.73 元，约合每月 22 元，最低日工资为 0.18 元，约合每月 5.5 元，平均日工资 0.455 元，约合每月 14 元。[④] 上海市政府社会局对 1929—1930 年男性工人收入调查显示，男工平均月薪 18.5 元。[⑤]国民政府 1927 年编制的《全国粗工每月工钱表》《全国精工每月工钱表》显示：全国各行业男粗工平均月薪 10 ~ 12 元，精工 20 元左右；女粗工平均月薪约 7 元，精工 11 元左右。[⑥] 国民政府工商部 1930 年编制的《全国工人生活及工业生产调查统计报告书》记载：全国工人平均月薪 15 元，其中男工平均月薪 16.34 元，女工平均月薪 12.73 元。[⑦] 可见，这一时期一般工人月薪大约在 15 ~ 20 元。而城市苦力月薪还要低一些，内政部 1933 年对全国 16 个县的农村雇工工资进行的一次

[①] 王清彬. 第一次中国劳动年鉴：第一编. 北平社会调查部，1928：254.
[②] 邢必信等. 第二次中国劳动年鉴. 民国社会调查所，1932：29.
[③] 国民政府主计处统计局. 中华民国统计提要. 上海：商务印书馆，1935：280.
[④] 王勇. 真实的民国：1927 年女工资高于公务员科长. 青岛党史资料，2009 年 2 月 26 日.
[⑤] 上海市政府社会局. 上海市工人生活程度. 上海：中华书局，1934：15.
[⑥] 内政部. 内政调查统计，1933：2.
[⑦] 黄君略. 中国工钱制度. 东方杂志，1927 年 9 月 25 日.

调查显示，一个普通雇农月工资只有3.8元。①

除了工种以外，地域也是影响收入的一个重要因素，表4-50列举了1930年全国29个城市普通工业工人工资情况。

表4-50　1930年一些城市普通工业工人月薪情况（单位:元）

城市	男工			女工			每日工作时间（小时）
	一般	最高	最低	一般	最高	最低	
上海	15.3	50.0	8.0	12.5	24.0	7.0	11.0
无锡	20.0	30.0	7.8	17.1	21.0	15.0	10.0
南通	23.1	35.0	6.0	13.5	13.5	5.0	8.0
苏州	16.0	35.0	7.0	15.0	25.0	9.0	10.0
武进	14.0	34.0	5.5	11.5	14.0	7.5	10.0
宜兴	13.5	43.0	7.0	12.0	—	6.0	—
江都	8.1	23.0	4.0	8.1	—	—	10.0
镇江	15.0	42.3	6.0	15.0	15.0	7.2	9.0
南京	10.8	30.0	6.5	—	—	—	10.0
杭州	13.5	38.0	7.2	12.3	20.4	8.0	11.0
宁波	24.0	24.0	7.5	9.0	18.0	8.0	8.0
嘉兴	22.0	40.0	4.0	19.9	22.0	9.0	10.0
蚌埠	10.9	30.0	8.0	8.9	24.0	8.9	9.0
芜湖	16.0	35.6	4.0	12.6	—	—	12.0
安庆	8.4	26.2	3.0	6.0	—	—	10.0
九江	15.0	29.7	6.0	15.0	—	—	9.0

①工商部.全国工人生活及工业生产调查统计报告书，1930:42.

续表

城市	男工			女工			每日工作时间（小时）
	一般	最高	最低	一般	最高	最低	
南昌	13.0	22.9	5.5		—	—	14.0
汉口	19.5	41.0	8.0	19.2	19.2	6	10.0
武昌	18.0	30.3	9.0	12.9	17	—	12.0
青岛	15.0	24.0	8.0	15.0	—	—	12.0
广州	10.6	30.0	7.5	7.5			9.0
佛山	12.5	48.1	6.7	6.0	—		10.0
汕头	15.5	35.0	7.7	8.0	22.0	—	8.0
厦门	24.0	40.0	18.0	20.0	20.0	10.5	8.0
福州	18.0	33.0	12.0	12.0	21.0	10.0	10.0
平均	16.4	33.3	7.0	12.7	19.7	8.5	9.8

资料来源:国民政府主计处统计局.中华民国统计提要(民国二十四年辑).编者印,1935:277.

注:"—"表示未找到统计数据。

二、私立大学教师薪俸与工人薪俸比较

民国时期的工薪阶层中，工人薪俸基本上是最低的。除了个别经济较发达地区外，绝大多数工人薪俸普遍都很低，就全国而言，1927 年调查编制的《全国精工每月工钱表》表明，一个熟练技术工人的平均月薪十几元、二十几元，大约相当于私立大学教师的十几分之一，而粗工、临时工、家庭雇工工钱就更少。远远低于私立大学教师薪俸。

第五章

民国时期私立大学教师兼职考察

第一节　民国时期私立大学教师兼职概况

教师兼职，主要指本职工作之外兼任的各类工作，既包括教育领域内的兼课活动，也包括非教育领域的与教学无关的活动。民国初至 1927 年，高校兼职教师被称为"讲师"。1927 年南京国民政府公布的《大学教员资格审查条例》，将"讲师"作为教师职称的一种。此后，"讲师"既是一种职称，也指兼职教师。教师兼职分校内兼职和校外兼职两种。民国时期，公立大学和私立大学都有兼职教师，但私立大学教师兼职比例更高。

一、私立大学教师兼职情况

民国时期，私立大学教师兼职情况非常普遍。如复旦公学建校之初，其教师大多数是兼职，主要请上海各界社会贤达兼任。[①] 中国公学成立时经费极其紧张，教师也多系兼职。即使经费稍宽裕的德文医学堂，在开办时除三名专职教师外，其他教师均系兼职。[②] 特别是以赚钱为目的而开设的一些"学店"等私立大学，其教师几乎全都是兼职。一些高校为了自身的名誉和地位，还聘请了很多政府官员，其中很多人的学术水平和教学效果达不到要求的标准。表 5－1 显示了20 世纪 20 年代末一些私立大学的教员兼职情况。

表 5－1　1928—1930 年私立大学教员兼职情况（单位：人）

校别	专任			兼本校职务者			兼校外职务者		
	1928 年	1929 年	1930 年	1928 年	1929 年	1930 年	1928 年	1929 年	1930 年
厦门大学	73	51	49	1	10	10	10	—	—
大同大学	24	17	30	9	—	—	20	19	5

①宗有恒，夏林根.马相伯与复旦大学.太原：山西教育出版社，1996：30.
②翁智远.同济大学史：第一卷.上海：同济大学出版社，1987：67.

校别	专任			兼本校职务者			兼校外职务者		
	1928 年	1929 年	1930 年	1928 年	1929 年	1930 年	1928 年	1929 年	1928 年
复旦大学	10	51	64	8	15	15	58	25	12
光华大学	25	34	34	10	8		22	20	20
大夏大学	34	25	30	10	31	32	52	30	28
南开大学	38	40	36	2	1	1	8	8	12
武昌中华大学	14	17	21	8	11	13	6	8	8
中国公学	24	28	18	2	2	—	60	45	62
上海法政学院	8	10	23	5	—	—	29	31	29
南通学院	27	29	27	7	7	8	5	5	3
中国学院	15	25	32	10	5	5	92	103	107
朝阳学院	117	120	149	5	5	5	—	—	—

资料来源：教育部高等教育司. 全国高等教育统计. 上海：商务印书馆，1931：12.

注："—"表示无统计数据。

　　一些办学质量低劣的私立大学几乎完全靠兼任教师来支撑局面，当时在私立大学相对集中的上海兴建的一些私立大学，诸如上海法政学院、上海法学院、诚明文学院、新中国学院、民智新闻专科学校等，其教师几乎全部为兼职，其中新中国学院和民智新闻专科学校没有一位专任教师。即使一些办学成绩优良的私立大学也主要靠兼职教师维持学校的发展。表 5 - 2、表 5 - 3 显示了 20 世纪 30 年代初期一些私立大学教职员兼职情况。

表 5 - 2　1931 年部分私立大学教职员专兼职情况表

学校	教员			职员		
	专任	兼职员者	兼校外职	专任	兼教员者	兼校外职
大夏大学	39(37.5)	37(35.6)	28(26.9)	43(51)	37(44)	4(5)
复旦大学	61(63.6)	24(26.7)	14(9.7)	25(46.4)	24(44.3)	5(9.3)

续表

学校	教员			职员		
	专任	兼职员者	兼校外职	专任	兼教员者	兼校外职
广东国民大学	50(63.3)	12(15.2)	17(21.5)	38(73)	12(23.2)	2(3.8)
厦门大学	42(67.7)	12(19.4)	8(12.9)	40(74.1)	12(22.2)	2(3.7)
中法大学	47(56.6)	18(21.7)	18(21.7)	21(54)	18(46)	—
武昌中华大学	28(41.2)	15(22.1)	25(36.7)	16(45.8)	15(42.8)	4(11.4)
光华大学	29(45.3)	8(12.5)	27(42.2)	17(68)	8(32)	—
广州大学	35(62.5)	11(13)	21(24.5)	18(60)	11(36.7)	1(3.3)
南开大学	39(92.9)	1(2.4)	2(4.7)	30(93.8)	1(3.1)	1(3.1)
大同大学	30(68.2)	9(20.3)	5(11.5)	8(47)	9(53)	—

资料来源:教育部统计室.二十年度全国高等教育统计.上海:商务印书馆,1933:50-52.

注:表中括号外数据代表人数(单位:人),括号内数据代表百分比(单位:%),"—"表示无统计数据。

表5-3 1932年、1934年部分私立大学教职员兼职情况表

学校	1932年		1934年	
	教职员数	兼校外职及比例	教职员数	兼校外职及比例
中法大学	200	60(30)	100	49(49)
南开大学	132	13(9.8)	73	13(17.8)
复旦大学	119	68(57.1)	95	41(43.2)
大夏大学	114	29(25.4)	92	34(37)
厦门大学	104	3(2.9)	63	4(6.3)
广东国民大学	83	20(24)	70	27(38.6)
光华大学	70	28(40)	61	21(34.4)
广州大学	65	12(18.5)	52	12(23)

续表

学校	1932 年		1934 年	
	教职员数	兼校外职及比例	教职员数	兼校外职及比例
大同大学	60	13(21.8)	45	9(20)
武昌中华大学	44	8(18.2)	47	9(19)
中国学院	189	133(70)	150	117(78)
民国学院	151	56(37)	63	21(33.3)
朝阳学院	113	——	68	40(58.8)
持志学院	95	17(17.9)	43	12(28)
上海法政学院	91	——	47	23(49)
中国公学	79	——	57	43(75.5)
南通学院	69	——	62	6(9.8)
焦作工学院	46	1(2.2)	22	2(9)
福建学院	36	1(2.8)	14	3(21.4)

资料来源:教育部.二十一年度全国高等教育统计.上海:商务印书馆,1935:63-64,137-138;教育部统计室.二十三年度全国高等教育统计.上海:商务印书馆,1936:64-65.

注:表中括号外数据代表人数(单位:人),括号内数据代表百分比(单位:%),"——"表示无统计数据。

当时办的较好的立信会计专科学校,其兼任教师也占了绝大多数。尽管教育部三令五申,明令各私立大学减少兼职教师的比例,但收效甚微。根据第二次中国教育年鉴的统计,1947 年度第一学期,公立大学教师共计 15 031 人,其中兼职教师 1 537 人,约占教师总数的 10%。私立大学教师共计 5 102 人,其中兼职教师 1 656 人,约占教师总数的 32%。[1] 学校中兼职教师太多,给学校管理带来很多困难。教师队伍不稳定、教师流动频繁,一定程度影响了学校的教学质量,这也是民国时期大学教师管理中一直悬而未决的问题。

---

[1]第二次中国教育年鉴:第十四编.教育统计.台北:台北宗青图书公司,1991:8.

二、原因分析

（一）人才缺乏

民国初建，百废待兴，社会急需一批高级专门人才。由于某些专门学科的专家少，又多为政府和其他学术机关所聘任或倚重，加重了大学聘任专任教师的难度。1917年蔡元培就任北大校长时指出：现在我国精于政法者，多入政界，专任教授者甚少，聘请教员，不得不聘请兼职之人，亦属不得已之举。① 时任广州大学校长的陈炳权道出了当时所需人才的急迫："民国成立后，工商界、机关及社会之事业单位，百废待兴，需才孔急。新的事业更要新人才以经营，无论科学工程及工商组织，不只有才难之叹，简直无人可用。尤其是中小学校，师资缺乏，当时有些地方，急欲推广国民义务教育，但无从聘请适当之教师，或简直无人可以担充教师之职。虽欲勉强聘请，滥竽充数，亦不可得也。全国工商业，各机关团体，各级学校，对于人才之供给及需求，相差甚远，非急设法以培养专才不可。"②

可见，当时各行各业的人才非常缺乏。人才的一个重要来源渠道就是大学，而民国初的国立大学只有三所：北洋大学、北京大学和山西大学。三所学校的招生数量有限，这三所国立大学的招生人数只有1000人左右。

一方面是人才的缺乏，另一方面高校数量逐年增多，需要大量的师资队伍。表5-4列举了1912—1933年公立大学和私立大学数量。

表5-4　1912—1933年大学及独立学院数量（单位：所）

年度（年）	公立大学	私立大学	合计	年度（年）	公立大学	私立大学	合计
1912	2	2	4	1923	12	12	24
1913	3	4	7	1924	20	12	32
1914	3	4	7	1925	26	24	50

①甘阳，李猛.中国大学改革之道.上海：上海人民出版社，2004：37.
②陈炳权.大学教育五十年——陈炳权回忆录.香港：香港南天书业公司，1970：103.

续表

年度(年)	公立大学	私立大学	合计	年度(年)	公立大学	私立大学	合计
1915	3	7	10	1926	26	30	56
1916	3	7	10	1927	23	21	44
1917	3	7	10	1928	28	21	49
1918	3	7	10	1929	29	21	50
1919	3	7	10	1930	32	27	59
1920	3	8	11	1931	36	37	73
1921	4	11	15	1932	38	38	76
1922	7	11	18	1933	27	42	69

资料来源:教育部统计室.二十二年度全国高等教育统计.上海:商务印书馆,1936:4.

表5-4显示,1912年公立大学和私立大学共四所,1933年公立大学和私立大学达69所。以上统计还不包括专科学校和专门学校以及没在政府立案的学校。1934年1月,罗家伦在"中国大学教育之危机"的讲演中指出:"师资人选的困难,这或者也是因为大学太多的缘故。依照人口作比例当然并不算多,但是延聘师资而论,则中国的学者实在不够分配,这种现象不只中国如此。在中国更加上政府与学校抢人,于是人才更感恐慌。"另外,我国的学位制度确立较晚,高校所需博士、硕士等高层次人才主要是留学归国人员。1931年4月,国民政府才颁布了《学位授予法》,同年5月,教育部公布了《学位分级细则》,自此,学位制度才得到真正的确立和认可。

(二)教师经济困难

连年战争导致经济衰退,国库空虚。1912—1913年,中央政府的各项收入林林总总加起来不过两千万元左右,其主要财政来源要靠举借外债。民国初至五四运动时期,教育经费尚能维持,高校教师沿袭了清末较优厚的薪俸待遇。1920年中央财政吃紧,开始拖欠教育经费。南京国民政府时期,拖欠教育经费现象仍时有发生。1931 年国际联盟教育考察团对中国政府拖欠教育经费问题提出批评。他们认为，中国大学经费未能按时拨付，必将对高等教育产生严重影响。"因对于实施计划之经费既无把握，则计划将无法预订，教职员之薪俸既有拖欠，教师兼课之恶习，亦将无法制止，大学内受此影响之教职员，其全体之风气，必将为之败坏，流弊所及，将使学生之精神，亦受有害之影响。"①经费的短缺加上还屡被挪作军费，致使欠薪现象愈演愈烈。由于长期欠薪，教师生活非常困难。抗战时期，物价飞涨，大学教师生活极其困难。1941 年 12 月《西南联大常委会呈函教育部据本校教授会函请发给薪津》指出："查自抗战以来，物价逐渐高涨，而国家给予同人等之报酬初则原薪尚有折扣，继则所加不过十分之一二，以视物价之增高，实属望尘而莫及。同人等虽极力降低生活之标准，然尚须典卖借贷，始能自存于一时。乃自暑假以来，物价又复飞涨，比于战前多高至三十倍以上。同人等薪津平均每月不及六百元，以物价增长三十倍计，其购买力只等于战前之十七八元，平均五口之家何以自存。同人等昔已为涸辙之鱼，今更将入枯鱼之肆矣。"②当时，教师在一所大学任课的收入难以维持生计，为了养家糊口，很多教师到处兼职。

（三）政府及高校对教师兼职的政策

政府对大学教师兼职的政策经历了由允许到"有条件"限制的过程。民国初期，政府对大学教师兼职是允许的。1912 年 10 月 24 日教育部公布的《大学令》规定：大学遇必要时，得延聘讲师，大学各科设讲座，由教授担任之。教授不足时，得使助教授或讲师担任讲座。1917 年 9 月 27 日教育部公布的《修正大学令》规定：大学遇必要时，得延聘讲师。1924 年 2 月 23 日教育部公布的《国立大学校条例》规定：国立大学校得延聘讲师。以上文件中的"讲师"系兼职教师。随着兼职教师数量不断增多，影响了学校的办学质量。政府对大学教师兼职开始限制。1917 年，教育部通令专门以上各学校主要科目教员不得兼任。1927 年，政府公布《大学教员资格条例》规定大学教员以专任为原则。1929 年 6 月，国民政府立法院通过《大学组织法》规定大学聘兼任教员的总数不得超过全体教师的三分之

---

① (日)多贺秋五郎. 近代中国教育史资料：民国编(上). 台北：文海出版社，1976：175.
② 王文俊. 国立西南联合大学史料：第四卷. 云南教育出版社，1998：544－545.

一。就私立大学而言，政府对教师兼职的态度也经历了由允许到逐渐严格的过程。1927 年 12 月，政府颁布的《私立大学及专门学校立案条例》规定，私立大学专任教师必须占全数的三分之一以上。1929 年颁布的《私立学校规程》规定，私立大学专任教师必须占全数的三分之二以上。一些高校对教师兼职也做了限制。从政府及高校对教师兼职的规定可以看出，第一，政府和学校限制教师兼职；第二，没有绝对禁止教师兼职，即对教师兼职还是允许的。实际上为教师兼职开了"绿灯"。

（四）高校为了节约开支

聘请兼职教师可减轻学校运行成本，减少学校的开支。很多学校兼任教员的薪酬还不到专任教师的一半。民国时期，很多私立大学尤其是以营利为目的的私立大学，为了减少学校运行成本，大量聘请兼职教师。1912—1927 年，曾出现两次兴办私立大学的热潮，第一次出现于 1912—1913 年。据统计，1915 年时，仅在政府立案或备案的私立法政专门学校就有 21 所，此外，还有许多没在政府立案的学校。第二次出现于 1917 年，至 1924 年达到高潮。据 1916—1917 年全国专门学校统计，全国每个省区至少各有一所法政专门学校，有的省甚至多达七八所。当时有人称该时期为"大学热时期"。这一时期私立大学数量增长较快，质量参差不齐，除少数质量较好的如南开大学、厦门大学等学校外，很多学校质量得不到保证。其中徒有虚名、滥竽充数者甚多，有些是以牟利为目的的"学店""野鸡大学"。私立大学数量激增，很多学校只能聘请兼职教师。特别是为数众多的私立法政专门学校，总体质量更是低劣。师资力量非常薄弱，有些学校教师几乎全部为兼职，甚至没有一位专任教师。

（五）高校教师聘任政策

民国时期，很多高校与教师签订的聘用合同期限较短。1940 年教育部规定，专科以上学校教员，由教育部审查合格之等级聘任，审查合格的教师聘任期间，第一次试聘一年，第二次续聘一年，以后每次续聘二年。[30]聘用期限较短，职业稳定性不强，教师缺乏安全感，兼职就成了教师无奈的选择。

高校在聘用教师方面有较大自主权也是造成高校教师兼职的原因之一。民国时期，高校有很大的聘用教职工的自主权。1912年10月24日颁布的《大学令》、1917年9月27日颁布的《修正大学令》、1924年2月23日颁布的《国立大学校条例令》等都规定大学校长总辖大学全部事务。1914年7月6日教育部颁布的《教育部直辖专门以上学校职员任用暂行规程》规定，凡直辖专门以上学校之专任教员、兼任教员、学监主任、庶务主任、学监、事务员均由校长延聘相当之人充之。可见，校长在聘用教师方面有很大的自主权。学校一方面反对本校教师在外校兼职，另一方面又大量聘请兼职教师，这种矛盾的态度和做法也是高校教师兼职屡禁不止的原因之一。

第二节　民国时期政府对私立大学 教师兼职的规范与管理

高校教师兼职现象贯穿于整个民国时期。政府采取多种措施对高校教师兼职进行限制。

一、限制校长等学校管理人员兼职行为

1912年7月，时任教育总长的蔡元培通令各大学："凡担任校务者须开去兼差以专责成。"指出"盖人才各有专长，精力不可分用，专绩始克有功，兼任不免两败"。并点名指出"法政科大学学长王世澄有总统府兼任职务，农科大学学长叶可梁有外交部兼任职务，商科大学学长吴乃琛有财政部兼任职务"，认为"显于国务院通令相背，且大学学长所负教育责任至为重大，兼承他职必有顾此失彼之虑，外间舆论对于此事评陟颇多"，要求"于学校职务与官署职务之中，何去何从，择任其一"。① 1914年，教育部指出，凡直辖专门以上学校职员，除特别规定外，不得兼司他项职务。② 用法律法规的形式明令禁止教职员的校外兼职行为。1915年12月，北洋政府教育部发布的《大总统关于官吏不得兼充学校校长

---

①佚名.教育部照会大学校校长分科各学长多有兼任职务请转嘱各该学长于学校官署两项职务择任其一以饬官纪文.政府公报，1912，(68):4.又见北京大学档案，编号BD1912003.
②佚名.专门以上学校职员薪俸暂行规程.教育杂志，1914(5):9.

及限制兼任教员办法批令》中指出："奉大总统谕：京师各学校校长、教员，有以行政、司法各官兼充者，殊与本职职务、教授时间两有妨碍……教员向有专任、兼任之分，兼任教员系按钟点计算，所费较省，在校中为撙节经费起见，亦具苦心。而一校之中，兼任多于专任，究非良法。应由该部督饬各校长酌量办理，除教授勤恳、生徒翕服，及为学科必须者仍准延订外，余由校长慎选专员，一律更易，以重课程，是为至要……一麟自莅任一月以来，连日往专门以上各校参观、听讲。其教员临时缺席者，所在多有，全级学生同时停课。推原其故，大都以官吏兼任者为多……"①

1917 年，教育部进一步强调校长不得兼职，认为"各学校校长一职主管全校一切事务关系何等重要，所有筹划经费，督率职员，考察教科，整理校务，各项凡属学校行政范围均责成于校长之一身，自非专注精神于一校之间，安望教育能有进步"。② 抑或因校长乃一校之长，理应做好表率的作用。1946 年，教育部为各级学校主管人员不得兼任其他职务令"查公私立各级学校主管人员依照规定必须专任不得兼任其他职务，即社会事业或工商事业之主管亦在限制之列。为重视校务起见，特再重申前令，务期现任各校校长切实注意不得接受兼职，其有已兼任其他职务者，应即辞去兼职，以专责成"。③ 1948 年国民政府的《大学法》规定："校长除担任本校教课外，不得兼任他职。院长除担任本院教课外，不得兼任他职。"④可见，对于校长、各级学校主管人员、学校职员的校外兼职都是明确禁止的。

二、强调以专任为主，限制兼职教员数量和专任教员兼职时间

1927 年，教育部颁布的《大学教员资格条例》规定，大学教员以专任为原则。1929 年 6 月，教育部又明令"大学教授应以专任为原则""大学教授，不得兼任他校或同校其他学院功课。倘有特别情形，不得不兼任时，每周至多以六小时为

---

①中国第二历史档案馆.中华民国史档案资料汇编：第三辑.教育.南京：江苏古籍出版社，1991：73.

②佚名.校长不宜兼职.申报，1917 – 6 – 12(10).

③王学珍，郭建荣.北京大学史料：第四卷(1946—1948).北京：北京大学出版社，2000：107，136.

④法令：大学法.北平市政府公报，1948，(4)：23.

限，其在各机关服务人员，担任学校功课，每周以四小时为限，并不得聘为教授"。①
1929 年 7 月 26 日，国民政府颁布的《大学组织法》规定："大学得聘兼职教员，但
其总数不得超过全体教员三分之一。"②1933 年，教育部公布的《私立学校规程》
规定，私立大学的专任教员应该占教师总数的三分之二以上。1942 年教育部对
大学及独立学院教员人数按各学系专任教员共同必修科专任教员及助教三种订定
之。具体计算聘请专任教员人数如表 5 - 5 所示：

表 5 - 5　大学及独立学院教员人数暂行标准（单位：个）

院名	系数	聘请专任教员数
文学院	4	16 ~ 20
理学院	7	35 ~ 42
法学院	4	17 ~ 21
师范学院	9	40 ~ 50

资料来源：大学及独立学院教员人数暂行标准.教育部公报，1942，（13 - 14）：12 - 23.

　　通过对高校专任教员人数的规定，教员以专任为原则得以进一步落实。为使
高校教师将精力专注于本职工作，各高校限制了教师校外兼课的时间，由于各个
学校所限定的教师校外兼课时间不一致，因此，教育部决定从 1929 年度上学期
起，只要是国立大学教授，不仅不允许兼任外校课程，而且本校其他学院的课程
也不在许可的范围内，除非有特殊情形，则每周兼课的时间限制为六小时。教育
部对教师校外兼课时间进行了统一规定。此后一直以此为限制标准。1932 年 7
月，国立专科以上校长会议把教员在他校兼课的时间限制为四小时，③ 1938 年，
教育部公布了《各院校教授副教授及其他人员兼课限制办法》，对大学独立学院以
及师范学院的教授副教授的兼课做了规定，明确要以专任为原则，每周在校任课
时数至少为10 小时，除非教授副教授有特别情形才可以在他校兼课，但兼课的

①教育部公报，1929，1(7)：39 页.
②中国第二历史档案馆.中华民国史档案资料汇编：第五辑.教育.南京：江苏古籍出版社，1994：172.
③教育部教育年鉴编纂委员会.第一次中国教育年鉴.上海：开明书店，1934：6.

时间限制为六小时。① 教育部再次强调以专任为原则的同时，又将教师校外兼课的时间修订为以六小时为限。1940 年，教育部出台了《大学及独立学院教员任职待遇暂行规程》，重申了原则上专任教员不可以在所属学校以外的地方兼课，除非有特别的情况，但也需要由兼课的学校征得教员所在学校同意，并且把每周兼课的时间限定为最多四小时。②

三、规范高校教师兼课程序和兼课薪俸，限制教师校外兼课的内容

1912 年 10 月 24 日，教育部公布了《大学令》，提出"大学在有必要时候，可以延聘兼任教员"。③ 虽然允许大学可以聘请兼任教员，但并未明确聘请兼任教员的程序。1914 年 5 月，教育部颁布《专门以上学校职员任用暂行规程》，其中第四条明确指出："凡直辖市专门以上学校之兼任教员均由学校延聘相当之人充之，但须开具详细履历，详报教育总长。"④根据此项规定,很多高校规定，教师在校外兼课必须首先征得所在学校同意，然后报教育部备案。很多高校对于兼课教师的薪俸也做了一些规定，1933 年，国立浙江大学规定，教员兼课所得报酬，应由兼课之学校交付本大学会记课，再由校长商定数目，转发兼课之教员。⑤1939 年 3 月 14 日，国立西南联合大学出台规则，外校支给教授兼课的报酬，需由兼课学校交给教授所属的学校，而非直接给教授本人。另由学校致送车马费，其数目最多以 40 元为限。⑥ 1934 年 11 月 8 日，复旦大学校务会议决定:筹备建校三十周年纪念典礼，改善教职员待遇:自下学期起，专任教员薪水全年按照 12 个月致送;专任教员如在他校兼职，则仍支 11 个月薪水。⑦ 抗战时期，金陵大学按照下列方法分配教师校外兼课的薪金:①车马费自理者，可向会计室支领兼薪的 70%，车马费另外算，可领兼薪的 50%。②兼薪之最低额为 70 元，最高为 150 元，凡兼薪 70 元或不足 70 元者，可照其所得兼薪全部支取，凡兼薪超过 70

---

①各院校教授副教授及其他人员兼课限制办法.教育公报，1938，(3):58.

②王学珍，郭建荣.北京大学史料:第三卷(1937—1946).北京:北京大学出版社，2000:124.

③潘懋元，刘海峰.中国近代教育史资料汇编高等教育.上海:上海教育出版社，2007:376.

④专门以上学校职员任用暂行规程.教育杂志，1914，(5):11－12.

⑤国立浙江大学专任教员兼课规则.国立浙江大学校刊，1933:142.

⑥王学珍，郭建荣.北京大学史料:第三卷(1937—1946).北京:北京大学出版社，2000:120.

⑦《复旦大学百年纪事》编纂委员会.复旦大学百年纪事:1905—2005.上海:复旦大学出版社，2005:85.

元，经过 7 成或 5 成的折扣后，所得实数不足 70 元者，可支取 70 元，凡兼薪经过 7 成或 5 成折扣，所得实数超过 150 元者，可支取 150 元。[①] 1944 年，教育部发布关于兼职教员薪俸补助办法规定，兼任教授每周每小时薪俸拟改为国币 40 元、副教授 30 元、讲师 20 元，并停发补助费，改给薪俸加成，已兼课人员虽有超溢，实以师资缺乏，不易退聘。对教师校外兼课的报酬进行管控，因教员的兼课涉及教员归属校、授课学校、教员自身的利益，规范教员校外兼课的薪金，以此来协调各方利益。

为了减少教师兼课行为，一些高校提高了专任教师的待遇。一般认为，民国时期教员兼课最直接的原因是待遇不高，且得不到保障。胡适曾指出，现在大学教育具有三层困难，且是最大的，一是教授的薪水太少了，二是学校的经费不稳定，三是没有余财用来购置书籍和仪器。[②] 金陵大学在抗战时期对专任教师给予了不少优惠。《私立金大奖助专任职员办法草案》规定，专任人员在校服务 10 年以上者每人每年拨给 1500 元，在校服务 20 年以上者每人每年发给 3000 元；专任职员服务有成绩，除本身外，必须由本人赡养的直系亲属在五口以上而家庭困难、不能维持者，每人每月补助 200 ～ 400 元。陈裕光校长在一次通告中也宣布：为维持专任专职之精神，设置战时专任津贴，其办法将底薪百分之二十乘物价倍数的百分之二十。例如，一个教授底薪 200 元，当时物价上涨倍数为 45 倍，则专任津贴为 40 元乘 9 倍，即 360 元。[③] 通过提高教授待遇，减少了教授兼课行为，使他们专心于教学和研究学术，从而促进了教育质量的提升。

此外，教育部对教师兼课内容也加以限制。1919 年 4 月 10 根据教育部第 29 号令，对于专门以上学校聘用兼任教员应否酌加限制案，本案经决议学校聘请教员应注重专任，每学门至少应有专任教员一人以上，至延聘兼任教员，应具左列之条件：①非重要且时间过少之科目。②虽为重要科目难得专任之人。[④] 意思是说，高校教师校外兼课的科目，是非重要且时间少的和重要的科目但是专门人才难得的。1940 年，教育部订立的《大学及独立学院教员任职待遇暂行规程》从国家层面明确规定，不允许专任教员在校外兼课，除非情形特殊，但也需要由所要兼课的学校征得教员所在学校的同意，并且兼课的课程要与教授在本校现教授的

①张宪文.金陵大学史.南京:南京大学出版社,2002:96.
②中华教育文化基金会资助北京大学革新事业.东省特别区教育行政周报,1931,(5):61-62.
③张宪文.金陵大学史.南京:南京大学出版社,2002:96.
④教育部训令第二九号.北京大学日刊,1919,(348):1.

课程相同。① 从法规上，对教师校外兼课的内容进行了限制。

四、教育部加强巡视与监督，对大学教员兼课行为进行检查或批评

　　学校兼职教师太多，不但给学校管理带来了困难，而且影响了学校的教学质量。对此，教育部一面责令私立大学应控制兼职教师的比例，一面对一些大学进行整顿。1920 年 9 月 13 日，教育部派专人对教师兼职情况进行督查。1933—1935 年，教育部对北平国立师范大学、私立复旦大学等八校进行视察，在视察后，教育部分别对他们进行了批评，视察北平师范大学时指出："教员 135 人，专任者仅 37 人，且专任教员，实际仍多在外兼课兼职。该校重要职员，多有兼任他校院长系主任等职者"，提出"应加纠正，并尽量延聘专任教员。严订办法，限制校外兼课。院长、系主任及其他重要负责人员，绝对不得兼任校外课职"。② 教育部 8 月又训令"查该校教员共有 138 名，专任者仅 44 人，其中在外兼课兼职者仍有 28 人之多，即系主任亦有在外兼课者，核计兼任性质之教员实数，当在 100 人以上。下半年应严加裁减至不超过教员总数的三分之一"。③ 教育部改进国立北平大学训令"教授在外兼课者，必须严加限制。教员应以专任为原则。现有职员应力加裁减"。④

　　1933 年 12 月 28 日，教育部致复旦大学训令中指出："兼职教员几占全数百分之八十，殊属不合，应切实减少，并选聘优良合格之专任教员。"⑤ 另据 1934 年 10 月 14 日的《大学新闻》报道，这一年，复旦大学的兼任教师达 95%。⑥ 关于复旦大学中教员的兼职比例，在半年多的时间内出现了三个数据：1933 年 12 月 28 日，教育部致复旦大学训令中指出的其兼职教员几占全数百分之八十；1934 年教育部统计资料为 59%（当时复旦大学共有教员 95 人，其中专任教师 39 人，校内

---

①王学珍，郭建荣. 北京大学史料. 第三卷（1937—1946）. 北京：北京大学出版社，2000：120.

②中国第二历史档案馆. 中华民国史档案资料汇编：第五辑. 第一编教育（一）. 南京：江苏古籍出版社，1991：210.

③中国第二历史档案馆. 中华民国史档案资料汇编：第五辑. 第一编教育（一）. 南京：江苏古籍出版社，1991：211.

④中国第二历史档案馆. 中华民国史档案资料汇编. 第五辑：第一编教育（一）. 南京：江苏古籍出版社，1991：214.

⑤中国第二历史档案馆. 中华民国史档案资料汇编. 第五辑：教育. 南京：江苏古籍出版社，1994：219.

⑥大学新闻，1934 年 10 月 14 日.

外兼职者 56 人);1934 年 10 月 14 日的《大学新闻》报道,当时复旦大学的兼任教师达 95%。此三组数据之所以有如此大的出入,笔者分析有三种可能:一是《大学新闻》或教育部统计数据有误;二是二者统计标准不一样:教育部可能以复旦大学在编正式教员为基数,而《大学新闻》可能把所有在复旦大学讲过课的教员都计算在内;第三种可能是问题出在复旦大学内部。因为当时没有一所学校愿意承认其兼职教师比例较高,复旦上报的兼职教师数据本身存在问题。事实虽无法澄清,但有一点是毫无疑问的,即当时复旦大学兼职教师比例确实很大。1935 年 6 月 24 日,教育部致复旦大学训令中再次指出:"兼任教员数额尚嫌过多,应逐渐改聘专任,以符部定比率。"①

第三节　民国时期私立大学教师兼职的影响

民国时期,高校始终存在教师兼职情况,教师兼职是把双刃剑,在一定的程度上可以缓解因人才短缺所造成教学困境,但如果兼职教师处理不好兼职与本职工作的关系,就会加重教师负担,降低教学质量,不仅影响了教师本人对教学科研的投入,学风也受影响。

一、教师工作负担较重

(一)私立大学职员少,教师身兼数职

私立大学的经费来之不易,处处都要压缩开支,尽量少聘教职员是私立大学节约开支的一个重要措施,很多私立大学应该由职员做的事情都由教师兼做。教师们经常身兼数职。为了节省经费开支,很多私立大学精简机构,尽量少聘教职员,特别是少聘职员。中国公学创办之初因经费困难,机构设置非常简单。每个

---

①中国第二历史档案馆.中华民国史档案资料汇编:第五辑.教育.南京:江苏古籍出版社,1994:
172.

机构所用职员人数降至最低，很多机构的人员都是身兼数职，如秘书长及总务长（不支薪）都由校董兼任。所用职员人数也都降至最低，学校教务长、秘书、书记、会计、事务、商务各 1 人，注册组 4 人，图书馆 2 人（其中 1 人半工半读），全校职工总计 14 人，平均每 44 个学生 1 个职员。到后来学生人数增至 1300 余人的时候，职员仍维持 14 个人，平均约 100 个学生 1 个职员。①

焦作路矿学堂开办时为了压缩开支，学校仅聘请了五名教习，而未聘请职员。② 德文医学堂建校初期组织机构很简单，校长只设助手一人，帮助其办理各项事务。没有文书、会计、出纳等专职人员。③ 中华大学以机构精简而著称。学校的机构设置最为精简，建校初期，在校长之下设校监一人，辅助校长工作一人，直到 1921 年 3 月，学校才设教务处、总务处，后又设秘书室，充分发挥每个教职员工的潜力，全部人员控制在 30 人以内，就是到了鼎盛时期，学校的大、中、小学部共有学生千余人，可教职员工基本没有增加。无锡国学专科学校作为一所有近 300 个学生的学校，行政人员仅 10 人，工作人员除教务主任、总务主任外，各行政机构仅设主办人员一人，没有一个冗员。

南开大学机构精简，人员精干，办事效率高，是有口皆碑的。学校的机构设置和人员配备都从学校的需要出发，在行政人员的聘用上力求精简、高效。南开"因系私立，经费竭蹶，用费务求其省，效率务求其高，故组织方面，分部甚简"。④ 建校初期，校长下设大学部主任，下分教务、庶务、会计、训育、建筑等课，一般只有课员 1~2 人。当时，职员只有优乃如、华午晴、孟琴襄、张新波四人，第二年又新添了两人，其中有的还兼任中学的管理工作，当时学校草创，事务繁忙，不少事情只好约请学生兼任。20 世纪 30 年代初，规模相近的大学，其职员大都多于南开大学。有的国立大学学生人数与南开大学相差无几，但职员却比南开大学多 3.7 倍。据 1931 年统计，国立大学职员与学生比为 1∶8.6，而南开大学则为 1∶14.6。⑤ 那时，大学部主任下面主要由一个注册课和一个庶务课管理日常教学和后勤的具体工作。注册课只有一个主任优乃如和二个课员。优乃如还兼任校长办公室秘书。他们要负责公布执行教务会议的议决事项、安排授课时间表、办

①学府纪闻：私立中国公学. 台北：台北南京出版有限公司，1982：132.
②邹放鸣. 中国矿大九十. 徐州：中国矿业大学出版社，1999：10.
③翁智远. 同济大学史：第一卷. 上海：同济大学出版社，1987：3.
④南开学校一览，1929 年.（编者按：无作者名和题名）
⑤南开大学校史编写组. 南开大学校史. 天津：南开大学出版社，1989：123.

理学期考试并核算和公布考试成绩,掌理学生告假,襄助办理入学考试等事项。庶务课至多也仅七人,负责学校各种物件的添置及保管,校舍的保管与修缮,学校卫生的监督等事项。人员虽少,事情却办理得井井有条,每个职员都有明确的职责,奖优罚劣,功过分明。一切运转灵活,上下通达,调动自如。① 同时为了提高工作效率,学校强调健全规章制度,以法治校,使各事均有一定之秩序。由于学校管理工作始终遵循上述基本原则,所以,南开学校风气正,尤以精干、负责、效率高著称于世。

抗日战争时期的南开大学仍然保持着勤俭节约的传统,此时学校的办事人员仍然维持最低数量,要管理本校经费及南开师生的生活事宜,同时负责南开学籍学生的招考、注册、升留级、毕业等工作。② 学校的各项开销尽量节俭,即便是后来改为国立大学,南开大学在行政管理上仍然十分"小气"。有人指出:南开"在各方面好打算,爱计较,拘谨小心,放脱不开。特别是在行政方面,真是活像治理家务,看财如命。听说汽油煤电涨价,立即就停开汽车,管理电火。它如一切开支,向不敢抱'反正是公款'的大方态度。私立如此,国立后仍然一样"。③

复旦大学从建校开始一直到改为国立,始终贯彻机构精简的原则。早期的复旦大学,学生人数较少,行政组织十分简单,在校长(监督)下设立教务长一人管理教学、安排课程,庶务长兼斋务长一人,管理学校庶务、会计出纳等,并考验学生品行及管理学生宿舍等事务,设监学两人考察学生的勤惰品行等。1917 年升格为大学后,学生人数逐年增加,行政组织虽相应有所增加和扩大,但所设立之组织及人员配备一切从需要和提高办事效率出发,决不设多余的机构和人员。此时学校在校长下设注册组(相当于教务处)、会计组、庶务组、卫生组、图书组等单位,管理学校教学、行政。复旦使用人力十分节约。学校对于增聘职员十分慎重,在事务繁忙的情况下,宁可提高原职员的工资也不另添新人。④

为了更好地发挥学校民主管理的作风,学校从 1924 年开始设立行政院,统辖全校一切行政事务。学校为了发动教职工关心学校、提高学校办事效率、减少学校开支,还设立了各种委员会。例如审计委员会、建筑委员会、招生委员会、学生

---

① 《南开大学六十周年》(1919—1979),第 10 页(内部刊物).
② 南开大学校史编写组.南开大学校史.天津:南开大学出版社,1989:250.
③ 郭屏藩.南开特性.南开校友,1948,3.
④ 复旦大学校史编写组.复旦大学志:第一卷(1905—1949),上海:复旦大学出版社,1985:108
  – 109.

指导委员会、图书委员会、演说委员会、新闻委员会、出版委员会、卫生委员会、体育委员会、暑期学校委员会等。这样，既调动了各方面的积极性，又能够更好地做好工作。①

随着学校规模的不断扩大，私立大学的职员人数也有所增加，但与公立大学相比，私立大学职员所占的比例仍然较小。现将20世纪20年代末一些公立大学与私立大学教职员情况作一比较，如表5-6所示。

表5-6　1928—1930年部分公私立大学职员人数及所占比例

公立大学	1928年	1929年	1930年	私立大学	1928年	1929年	1930年
中央大学	231(40)	242(37)	214(40)	复旦大学	26(25)	31(24)	30(23)
北平大学	211(27)	209(22)	182(22)	厦门大学	21(26)	14(19)	12(17)
北京大学	55(17)	72(20)	62(18)	大同大学	9(14)	7(14)	8(15)
北平师范大学	56(31)	60(22)	105(23)	中华大学	13(32)	19(32)	21(33)
清华大学	48(37)	75(39)	85(38)	光华大学	18(24)	30(33)	33(35)
中山大学	261(64)	282(64)	283(61)	大夏大学	27(21)	36(29)	47(34)
浙江大学	53(37)	125(42)	130(38)	中国公学	24(22)	25(25)	28(25)
武汉大学	36(34)	33(26)	39(22)	朝阳学院	22(15)	23(15)	23(13)
河北大学	87(48)	77(49)	51(41)	中国学院	26(18)	42(24)	59(29)
河南大学	29(27)	39(33)	36(30)	上海法学院	10(14)	13(9)	14(9)

资料来源:教育部高等教育司.全国高等教育统计.上海:商务印书馆,1931:10.

注:表中括号外数据代表人数(单位:人),括号内数据代表百分比(单位:%)。

从表5-6可以看出，公立大学中，中山大学连续三年职员人数占教职员总数达60%以上;最低者也占17%;很多学校职员人数占教职员总数在30%~50%。私立大学职员人数占教职员总数最高者仅为35%，最低者仅为9%。

①复旦大学校史编写组.复旦大学志:第一卷(1905—1949).上海:复旦大学出版社,1985:207-208.

根据第二次中国教育年鉴的有关统计资料，1947 年国立大学学生为 81 153 人，职员为 8 955 人，学生与职员之比为 9∶1。私立大学学生为 58 156 人，职员为 2 598 人，学生与职员之比为 22.4∶1。[①]

(二)私立大学生师比高于公立大学生师比

学校的生师比是反映教师工作量及工作负担程度的重要指标之一。统计资料表明，绝大多数私立大学生师比大于公立大学的生师比。表 5 - 7 显示了 1928—1930 年一些公立大学与私立大学的生师比情况。

表 5 - 7　1928—1930 年公立大学与私立大学每百名学生之教职员数比较表

公立大学	1928 年	1929 年	1930 年	私立大学	1928 年	1929 年	1930 年
中央大学	34.4	42.4	35.7	复旦大学	8.5	11.0	9.5
北平大学	29.9	30.3	31.7	厦门大学	35.6	58.1	32.4
北京大学	29.3	29.4	28.8	大同大学	16.7	12.6	11.3
北平师范大学	20.9	26.3	31.4	武昌中华大学	13.7	14.3	17.0
清华大学	25.7	37.0	38.2	光华大学	16.3	15.5	12.4
中山大学	25.2	35.6	37.8	大夏大学	13.4	16.0	13.0
浙江大学	42.8	74.8	67.9	南开大学	19.5	25.4	19.9
武汉大学	33.8	24.0	31.9	朝阳学院	7.2	7.6	7.7
同济大学	27.7	16.7	19.5	中国学院	14.4	11.4	11.1
山西大学	15.7	11.7	11.6	上海法学院	27.6	17.0	19.0
河北大学	50.1	35.8	36.5	中国公学	11.9	9.4	7.7
河南大学	15.8	13.8	16.2	上海法政学院	9.2	10.2	10.7

资料来源：教育部高等教育司.全国高等教育统计.上海：商务印书馆，1931:16.

[①]第二次中国教育年鉴:第十四编教育统计.台北:台北宗青图书公司，1991:6 - 9.

根据第二次中国教育年鉴的有关统计资料，1947 年，国立大学学生为 81 153 人，教师为 12 755 人，生师比为 6.3:1；私立大学学生为 58 156 人，教师为 5 102 人，生师比为 11.6:1。[1] 如这时期的大同大学教职员与学生人数的比例是相当低的，1947 年教师为 105 人，职员为 38 人，学生为 2 254 人，生师比为 21:1，而学生人数在上海七个大学中排在第二位。[2]

表 5-8 至表 5-10 列举了 20 世纪 20 年代末到 30 年代初一些公立大学与私立大学每百名学生之教员数和生师比情况。

表 5-8　1929 年公立大学与私立大学每百名学生之教员数

公立大学	每百名学生教员数	私立大学	每百名学生教员数
中央大学	26.7	大同大学	10.9
北平大学	23.6	复旦大学	8.3
北京大学	23.6	光华大学	10.4
北平师范大学	20.4	大夏大学	11.3
清华大学	23.7	南开大学	12.4
浙江大学	43.0	武昌中华大学	9.7
武汉大学	17.7	中国公学	7.1
湖南大学	27.2	中国学院	8.7
安徽大学	13.0	朝阳学院	6.4

资料来源:教育部高等教育司.全国高等教育统计.上海:商务印书馆,1931:17.

表 5-9　1932 年公立大学与私立大学生师比(单位:人)

公立大学	在校生总数	教职工总数	生师比
国立大学	12 863	3 647	3.5:1
国立学院	1 019	261	3.9:1

①第二次中国教育年鉴:第十四编.教育统计.台北:台北宗青图书公司，1991:6-9.
②上海文史资料选集:第 59 辑.上海:上海人民出版社，1988:140.

续表

公立大学	在校生总数	教职工总数	生师比
国立专科	117	84	1.4:1
省立大学	3 796	916	4.1:1
省立学院	1 948	615	3.2:1
省立专科	921	572	1.6:1
私立大学	10 060	2 205	4.6:1
私立学院	9 593	1 436	6.7:1
私立专科	1 351	329	4.1:1

资料来源:教育部高等教育司.二十一年度全国高等教育统计.上海:商务印书馆,1935:3-4.

表 5-10 1933 年公立大学与私立大学生师比(单位:人)

公立大学	学生数	教职工数	生师比
中山大学	2 198	650	3.4:1
中央大学	1 158	569	2:1
北平大学	1 593	733	2.2:1
清华大学	888	339	2.6:1
武汉大学	578	181	3.2:1
北平师范大学	814	287	2.8:1
北京大学	1 054	344	3.1:1
浙江大学	709	252	3.4:1
河南大学	617	175	2.8:1
山西大学	865	135	6.4:1
私立大学	学生数	教职工数	生师比
南开大学	423	157	2.7:1
广东国民大学	1 045	94	11.1:1

续表

私立大学	学生数	教职工数	生师比
武昌中华大学	556	74	7.5:1
大夏大学	1 298	128	10.1:1
光华大学	760	92	8.3:1
厦门大学	555	106	5.2:1
复旦大学	1 365	138	9.9:1
大同大学	351	54	6.5:1
广州大学	521	71	7.3:1

资料来源:教育部统计室.二十二年度全国高等教育统计.上海:商务印书馆,1936:112 - 113.

从表5 - 8、表5 - 9、表5 - 10可见,1929年中央大学、北平大学、北京大学、北平师范大学、清华大学、湖南大学等公立大学每百名学生之教员数都是20几人,浙江大学达43人。而大部分私立大学每百名学生之教员数都只有10人左右。就全国而言,1932年国立大学生师比为3.5:1,国立学院生师比为3.9:1,国立专科生师比为1.4:1,省立大学生师比为4.1:1,省立学院生师比为3.2:1,省立专科生师比为1.6:1,私立大学生师比为4.6:1,私立学院生师比为6.7:1。公立大学比私立大学的生师比低,从侧面说明了公立大学教师比私立大学教师工作量少,工作负担轻。

二、兼职教师工作繁忙,无法保证教学质量

很多高校教师到处兼职,为了挣钱,一人在外兼几十节课的大有人在,甚至有的教师一星期兼课高达50几小时,谓之"商业化之教授"。上课就像"赶场子",疲于应付,兼职教师请假缺课是常有之事,冯友兰描述20世纪20年代初的北京指出:"一个人可以兼好几个大学的课,听起来好像是笑话,其实当时就是这个样子。当时在北京一个兼课最多的人,在他自己的功课表上,可能每天都排

满,而且还可能有重复。有重复怎么办?那就轮流请假。"①教育部不得不承认"负责人员多不在学校,各校教职员之多出人意料,教员在外兼课,有一人而担任几个学校系主任者,因之请假缺课是常事"②。学校兼职教师比例过高,严重影响了教育教学质量。以私立大学相对集中的上海为例,中华人民共和国成立前夕,上海法政学院、新中国法商学院、新中国学院、诚明文学院、上海法学院、民智新闻专科学校、光夏商业专科学校等都是办学质量低劣的学校。这些学校设备简陋、办学条件差,从师资力量来看,上述学校的教师几乎全部为兼职,其中新中国学院、光夏商业专科学校没有一位专任教师。教师上课只是应付差事,对学生缺乏责任心,上完课就走,根本谈不上教书育人。下面这段话反映了兼职教师与学生关系的真实写照:"一师兼授数校,桃李数以千计,于是师生之接触既少,两间之感情日疏,一是教授仆仆道途,直接是教授虚糜时间,间接是学生之损失。二是教授终日来去忙碌,无作更进深之研究,自少新见地贡献于社会,日以惟学生时代之所学者转贩之与学生。三是上课而来,下课而去,学生固少质难问疑之机会,教授更不能观察学生之个性而指导。"③

民国学者李宗义把教授校外频繁的兼课看作是大学教育病态的表现,"他们整天地夹着他那个奥藏很富的大皮包,东奔西跑,早晨奔江湾,午后跑真茹,今天到杨树浦,明天到徐家汇""今天在上海教书,明天到南京授课"。④ 有充足的时间备课是高质量教学的前提,课上师生的互动,课下教师对学生的辅导等工作是必不可少的。民国高校教师兼课过多,"他们预备教材的时间,就是在沪宁道上的车上"。⑤ 至于上课,只需预备一份讲义,因为同地方、同程度的学校,可以通用。高校教师是知识的传播者,肩负着教书育人的使命,教好书是老师首要的职责,对于教师课前准备不足甚至是没有准备,讲课念讲义,照本宣科,谈何育人。"一人兼数校之课程者,对于学生功课,难免不敷衍了事;影响于学生课业即教育前途者,实非浅鲜。""学术无进步,学生不能得较大的利益。"当时,有学者指出:

---

①冯友兰.三松堂全集(第一卷.三松堂自序).郑州:河南人民出版社,2001:56 – 57.
②萧超然等.北京大学校史(1898—1949).北京:北京大学出版社,1988:282.
③叶锦如.多聘专任教授.交大周刊,1930(2):8.
④李宗义.现代中国大学教育之病态.江苏教育,1932,(5):24.
⑤杨企静.那个大学教授不兼职.时代青年(上海),1930,(14):7.

教授对于一个大学的责任绝不限于讲堂的讲演，讲演是末节，最大的责任在领导学生做高深之学术的研究；给学生以治学的方法，治学的精神和研究的兴趣。兼课的教授为精力所限，只能顾及准备讲演，对于更重大的使命无暇顾及，这对于受该教授指导的学生是一个很大的损失，所以我们不希望一个大学的教授到别校去兼课。其次，为教授本身设想，真正的好教授应该以研究学术为他的整个的生命的寄托，为求人类知识之增进，为求民族学术之独立，此乃大学教授义不容辞之责任，亦世界各国大学教授之实况。兼课的教授费其可宝贵的时光于无用的课堂讲演，这对于教授自己的学术生命为一大消耗。关键使国内学术界受打击，所以我们不希望一个大学的教授到别校去兼课。最后，即退一步讲，认为在今日之中国谈不上所谓之研究，谈不上所谓之高深学术。我们希望好教授只是一点有系统的明晰的深入的不陈旧的讲演而已。

第六章

教师薪俸的影响因素

第一节　私立大学办学者与教师薪俸

与公立大学的经费主要靠政府拨款不同，私立大学的经费主要靠办学者自筹。特别是在多事之秋的民国时期，私人办学可谓步履维艰，办学者经常遇到校舍无着、经费短缺等困难。对于私立大学来说，经费是学校开办和得以正常运转的头等大事，也是学校的最大困难。只有筹集了足够经费，教师薪俸才有保障。民国时期，私立大学经费主要靠校长和董事会筹集。

一、私立大学校长捐助和筹集经费

筹集经费几乎是所有私立大学校长的重要职责，也是最艰难的工作。大学校长对大学的影响作用非常大，难怪有人说"一个好的大学校长，就是一所好大学"。诚然，影响大学发展的因素很多，诸如政治环境、经济条件等，但大学校长的作用绝不可忽视，有时一位大学校长会影响一个大学的发展方向甚至决定其命运。对于私立大学来说，校长的作用尤其重要。如果说一名优秀公立大学的校长是一位坚持原则、忠于职守、廉洁奉公、精通学校管理的政府官员，那么，一名优秀私立大学的校长除此之外，还应具有较强的筹集经费、社会交际、善于斡旋和调节各方面关系、根据不断变化的情况灵活调整办学策略的能力。曾任广东国民大学校长的吴鼎新曾回忆："建立事业之难，莫难于办学，而私立之学校尤甚为。私立者，以精神为其基址也；以毅力为其工料也；以血汗为其资产也；以忠恕为其出纳也；以淡薄为其导师也。"[①]私立大学校长为学校筹集经费方式有两种：一是无私奉献，将自己的财产捐给学校；二是想方设法为学校募集资金。

1.复旦大学校长马相伯和李登辉

复旦大学首任校长马相伯为了兴建大学，早在 1900 年就毅然决定将祖传遗产——松江、青浦两县良田三千亩捐献给教会，作为办学基金，当时他立下了捐

---

①广东国民大学十周年纪念册，1935 年 10 月.

献字据：①

　　　立献据人谨承先志，愿将名下分得遗产，悉数献于江南司教日后所开中西大学堂收管，专为资助英俊子弟斧资所不及，并望为西满安德助献祭，祈求永承罔替，中外善堂概由输献。此系主前熟思，遵先志以献者。自献之后，永无反悔，且系先人所遗名下私产，故族中一切人等，毋得过问。其系教中者，自无敢有违善举；其系教外者，则非先父先兄之嗣也，更无得过问。特此书献存档。时天主降生后一千九百年秋分后一日，即光绪庚子又八月一日。

　　　立献据人江苏镇江府若瑟马良（相伯）

　　　计开青娄田亩契据有绝有押一并献存。外清册一通，油坊一所。

　　　又近上海等处地亩数方，其契据俱一并在内，左译文另有添注，合并声明总之。

（1900 年 8 月 25 日）

教会接受了马相伯的捐献，但并没有办学。过了两年，他创办了震旦学院，捐献田产才移作学院基金（此基金后又成为复旦公学的一部分）。后来为了在卢家湾购地和建造校舍，他又捐了现洋 4 万元，英法租界地产八处（时值十余万两）。这样，马相伯将全部财产都捐献出来了。② 除将自己私产无私捐献给学校外，作为复旦大学的校长，马相伯还千方百计地为学校募捐。在学校危难之际，利用自己的关系，他多次向政府募捐，才使学校渡过难关。

复旦大学继任校长李登辉也为学校筹措经费做出了很大贡献。李登辉担任校长后，除授课外，大部分时间花在为学校募捐上。学校的建设基金，主要依靠李登辉校长、全校师生和校友向爱国侨胞和社会人士募捐而得。向人募捐，常遭冷遇。往往给某一认捐者的信件八九次，甚至十余次之多。辗转请托，一再登门拜访，使认捐者感其热忱，才乐于捐助。③ 李登辉为了筹集建校基金，很早就和南洋友好联系，动员华侨子弟入学，宣传祖国兴建学校、办教育的意义，预作募捐准备。1918 年，李登辉亲往南洋各地募捐，爱国侨胞踊跃捐款。共募集 150 000

---

①上海市高教局历史档案，第 599 卷.
②复旦大学校史编写组.复旦大学志：第一卷（1905—1949）.上海：复旦大学出版社，1985：35 - 36.
③李登辉.本校的过去.校友节特刊，1936 年 5 月 5 日.

多元。① 后经唐少川的介绍，得到南洋兄弟烟草公司简照南兄弟捐款五万元，中南银行黄弈柱捐款 1 万余元。②

2. 中华大学校长陈时

中华大学校长陈时堪称筹措经费的典范。他担任校长之时，国内动乱不堪，经济衰弱，民不聊生。公立大学经费尚捉襟见肘、难以维持，私立大学的情况就可想而知了。当时中华大学的主要问题就是一个"穷"字，因经费拮据，中华大学校舍破旧不堪，因校舍不足，大中学教室混杂使用，一些教师的工资常常发不出去，月薪一降再降。当时，武昌有三所大学，陈时常说："武汉大学是拿国家的钱替国家培养人才，华中大学是用美国教会的钱替美国培养人才，中华大学用中国社会的钱替中国社会培养人才。"在经济上以中华大学最为困难。办学之初，学校资金主要由陈氏家族提供，但是，学校像个无底洞，一家的银子是填不满的。为了筹集资金，陈时不辞辛苦，四处奔波，却从不灰心，他决心效仿清末武训"行乞兴学"。他常向学生说："以前有个武训靠沿街乞讨办个义学为人民，我也要向武训那样，即使乞讨也得把学校办下去。"③

为了筹措经费，陈时可谓费尽心机。他善于寻找各种时机为学校募捐。20世纪 20 年代初期，湖北督军肖耀南为表示礼贤下士，也为拉拢陈时，几次给陈时封官许愿，陈时都婉言谢绝了。肖耀南不解地问："你这不要，那不要，究竟对我有什么要求？"陈时答道："我只想把学校的房子盖盖，你能帮忙就帮这个忙。"当时肖耀南正值春风得意，于是慷慨解囊，使中华大学得以盖起一栋办公楼和四栋学生宿舍。像这样的"好运"是不多的。陈时托钵四方，总是有求不应者多。由于中华大学一无财团支持，二无固定基金，常年在困苦中煎熬。

除了为学校"四处化缘"外，陈时更是无私奉献的楷模。陈时出身仕宦家庭，本是家财万贯，又留学日本多年，还有其父的同乡好友黎元洪、汤化龙等名人相助，本可飞黄腾达于政界，但因他一心为实现办大学、育英才的理想，毅然毁家兴学，为办学清苦一生。他无私奉献、艰辛办学的事迹，早为周恩来所肯定，抗战时期，周恩来在重庆，与陈时同为国民参议员，在一次会见中，周恩来称赞陈

---

①复旦年鉴，1919.

②季英伯.李校长与其建设复旦之略历.复旦同学会会刊，1920，2(4).

③娄章胜.陈时教育思想与实践.武汉：华中师范大学出版社，2001:88.

时说:"我从你的学生恽代英那里知道你是一位清苦的教育家。"①1937 年，陈时邀请张伯苓到中华大学演讲，张伯苓当众赞扬陈时说:"我和陈校长相比，自愧不如，办南开我只是出点力。陈校长办中华，既出力，又出钱。我在北方……想到中华，就想到陈校长，中华大学有恽代英，南开大学有周恩来，这都是杰出的人才，是我们两校的光荣! 我们两校有许多共同点，正如陈校长所说，中华南开是亲如姊妹。"②

更令人感动的是，陈时当了几十年校长都是分文不取，纯属尽义务。在艰苦的抗战中，陈时生活极其困难，二三十年的校长都是义务职，还要到处奔波。1942 年 2 月 14 日星期六，阴历腊月二十九，正是除夕日，下了一场重庆罕见的大雪，大年初一屋顶、山坡一片银白，连室内气温都很低，他为了向校董拜年和还债，整天奔波于大雪之中，真可谓心力交瘁。③

为了节省钱财以支持学校，陈时一家也常常典贷度日。有时校款困窘，以致"于寒舍中罗雀掘鼠，以供校用。同事见旧衣银屑，送入质库，有相顾垂涕者"。④ 在极其艰难的情况下，中华大学被迫于 1926 年 9 月停办，后经多方努力，才于 1928 年重新开学。他居住了多年的旧居却不愿予以修整，他常说:"我是一个办教育的人，有时候腰缠万贯，有时候身无分文。如果为了自己的奢侈享受，把办学校的钱中饱私囊，我这个校长还当得下去吗? 住差一点儿不要紧，只要学校办得下去就行了，否则是会被社会人士唾弃的。"⑤

陈时最崇拜孟子的三句话，"富贵不能淫，贫贱不能移，威武不能屈"。每当危急关头，同事、朋友们总是劝他缩小办学规模，他坚决不从，他表示，遇到天大的困难，也要把中华大学办下去。他不无自负地说:中国近代教育史上难道还少得了中华大学四个字吗? 1930 年，重新开学的中华大学要在教育部进行登记，当时教育部规定，学校必须有一定数量的经费才能立案。中华大学当时一贫如洗，校库空空，只有赤字，万般无奈之际，陈时找到熟人周星棠，请他开了个 10 万元的空头存折，恰好教育部委派的调查大员是国立武汉大学校长王星拱，彼此相熟，中华大学才得以蒙混过关。

---

①陈庆中.中华大学校长陈时的一生.武汉文史资料:第 2 辑.1985:84.
②吴先铭.陈时与中华大学的几个片段.武汉市文史资料:第 3 辑.1983:119.
③王秋来.中华大学.武汉:华中师范大学出版社，1993:24.
④陈时.牟文.武昌中华大学 20 周年纪念特刊，1932 年 4 月.
⑤陈庆中.中华大学校长陈时的一生.武汉文史资料:第 2 辑.1985:80.

1932 年，中华大学举行 20 周年校庆，陈时在为校庆特刊所做的《牟文》中写道：

> 回忆二十余年之经过，艰苦备尝。有时潜心默祷，有时梦寐呼天，每逢年关节序，辄惊心动魄，算到难谋之时，也曾动自杀成仁之念，旋即觉为小丈夫怯懦之行，用以自制。仍储苦如辛，向前迈进，山穷水尽，柳暗花明，卒得以勉渡难关。此种情景，年必数遇。未尝不叹一事之经历，若忠心耿耿以赴之，如孤臣孽子，操心危，虑患深……①

"哀公一生，艰苦备尝。开创风气，文化拓荒，孤军奋战，信心坚强。不傍教派，不附北洋。"这几句悼词，真实概括了陈时先生惨淡经营、强撑苦斗的一生。

3. 厦门大学校长林文庆

厦门大学校长林文庆原来在南洋经商，生意兴隆，资产颇丰，应陈嘉庚邀请，放弃了南洋优越条件到厦门大学任校长。此后，林文庆多次向厦大捐款，还到处募捐。1924 年 6 月 17 日，陈嘉庚在新加坡《南洋商报》刊登的一篇《辟诬》中是这样描述林文庆的：

> 在南洋数百万华侨中，而能通西洋物质之科学，兼具中国文化之精神者，当首推林文庆博士。林文庆在南洋之事业，如数十万元之家产，与任数大公司之主席（华商、华侨两银行，联东、华侨两保险，东方碳矿、联合火锯），按年酬金以万数，姑不必论，但言其才德资望，而能于数百万华侨仅占一席叻屿岬三州府华侨义务代议士，独膺继任，十有七年，牺牲自己利益，又重且巨，稍明社会事者，对于林君之为人，莫不深致感激。厦大甫经成立，乃竟以鄙人数电之恳请，毅然捐弃其偌大之事业，嘱托于人，牺牲其主席之酬金，让而不顾，舍身回国，从事清苦，力任艰巨。一则为厦大关系祖国教育精神，人材消长；一则希望、冀华侨资本家，将来感悟，归办事业。其爱国真诚，兴学热念，尤为数百万华侨之杰出。②

林文庆舍弃富贵，从事清苦教育事业的精神感动了曾同他一块到南洋募捐的同事曾郭棠，曾郭棠在《林文庆在星洲的地位及其为厦大奋斗牺牲的精神》③一文

---

① 陈时.牟文.武昌中华大学 20 周年纪念特刊，1932 年 4 月.
② 陈嘉庚.辟诬.南洋商报，1924 年 6 月 17 日.
③ 曾郭棠.林文庆在星洲的地位及其为厦大奋斗牺牲的精神.厦大周刊，1935，14(18).

中写道:

> 陈校董请其回厦担任校长……他便放弃其在星洲优越的地位,来从事此清苦的教育工作了……他从前有产业颇多,因为委托不得其人,损失最巨。这是他到了厦门大学以后在物质上直接间接所受的牺牲。说到他这一回到南洋替本校募捐的精神,那更是可以使我们钦佩不置的了!他每天是在五时左右起床,九点多钟出发工作,一直到晚上一二点钟才得以睡觉。每天都要沿门叩户募捐,说了不少的话,跑了不少的路……每天中午或晚上要停止工作的时候,他常常这样问:"今天一共捐了多少了?"把数目告诉他,他便很高兴地这样说:"假如天天能够捐得这样的数目,就是天天这样跑,我们也是非常愿意这样做的!"有时碰到不大明白的人,劝募最难,所费的力量也最大,他甚至向他们这样说:"我求你,请你帮助厦大,为祖国培养建设的人才!"他们才很感动地答应了募捐的数目!我们想想看,林校长年纪这样高了,为什么要牺牲他在星洲那么高尚的地位,那么多的财产?!这一回更要亲身跑到了南洋去奔波,去受苦?!我们对他老人家这样为厦大奋斗牺牲的精神,应当要怎样地对他表示敬意啊?!

为了募捐,林文庆不辞辛苦,四处奔波。特别是在国外募捐时,更是艰难。林文庆在新加坡募捐时,可谓尝尽了酸甜苦辣。林文庆虽然在新加坡很有名望,但拜问者虽多,肯拿出钱来帮忙的人却很少。一次,他们到一位家产有四五百万元的老爷子家里去募捐,那个老爷子的眼睛已失明,但他们一进去还没有坐下,老爷子就知道他们是为募捐而来,啰啰唆唆地讲他的经济情形是如何困难,使得大家不敢开口而悻悻离开。[①]

募捐虽然艰难,林文庆等人还是克服种种困难,取得了不错的效果。在马六甲,当地多数人的思想非常陈旧,要叫一般人为中国教育事业捐款,实在是一桩很难的事情。幸亏林文庆在该地很有声望,一般素来没有捐过款的人,这次也慷慨解囊,在此地共募集 2 万元。在吉隆坡,请客吃饭的人很多,捐款的人却很少。于是,林文庆就想了一个办法:先请几个人捐款数千元,将他们的名字写在募捐本的前面,募捐时把募捐本拿给募捐对象看,结果不少人纷纷捐款,花了两个小时就募集 2 万元。在吉隆坡的半个月时间,共募集 7 万元。经过林文庆等人

---

①曾浪平,何建朝.南行募捐之经过.厦大周刊,1935,14(21).

的努力，那次共募集33万多元，实现了此次募捐计划，达到了预期效果。[①]

4.南开大学校长张伯苓

南开大学校长张伯苓为南开大学的创办和发展呕心沥血，为了筹措经费，到处奔波。当时，很多人对张伯苓要创办南开大学持怀疑态度。有人觉得"张伯苓先生这位中国人真特别。北平许多学校正在欠薪欠得一塌糊涂，政府的学校都快要关门了，这位张伯苓先生有什么本事，要在这时候来办个私立大学，这不是自己对自己开玩笑吗？且看他将来如何吧"。[②]

张伯苓深知办学之艰难，他和严修首先向政府政要募捐，首先得到北洋政府总统徐世昌、前总统黎元洪的赞助。交通银行董事长梁士诒、币制局总裁周自齐等也为南开认捐40万元公债票。1919年4月中旬，他们又不辞辛苦去山西，向时任祥记公司总经理兼太谷铭贤学校校长孔祥熙、山西督军兼省长阎锡山等募捐。阎锡山当场捐款5 000元。[③] 回来路经保定，又向川粤湘赣四省经略使曹锟募捐。1919年4月下旬，张伯苓和严修不顾连日颠簸劳累，又去南京会见江苏督军李纯。李纯表示愿为桑梓出力，为南开募集20万元，这在当时来说可谓是天文数字。不仅如此，李纯还派秘书杨某赴湖北、江西两省接洽王占元、陈光远二位督军为南开募捐。向社会人士募捐，并不是容易的事。为了筹措资金，张伯苓往往要写许多信件，请求各方大力捐助。张伯苓经常亲自出马，去各地游说。

除到处奔波为学校筹措经费外，张伯苓也是无私奉献的典型。据他的学生回忆说，张先生的伟大之处在于言行一致，自奉俭约，对于金钱，一介不取，一丝不苟。南开虽然有董事会，这些董事是挂名的董事，既不负筹款之责，也不问校务。一切财权、用人均由张先生一人总揽司理。[④] 南开的经费使用是完全公开的，每天的账目都放在图书馆里，欢迎查看和指教。校长取于学校的报酬，只是一份校长职务的薪水，月支100元。后来有了南开大学，他兼做大学校长时仍支100元。几十年如此，而物价不停地上涨。一家六口，四个儿子，一位太太，总是极度紧缩着过活，还难以支撑。而学校学费收入、外来捐款，全都归公，用于学校

①曾浪平，何建朝.南行募捐之经过.厦大周刊，1935，14(21).
②罗隆基.我对南开的印象.南大半月刊，1919，15.
③南开大学校史编写组.南开大学校史.天津：南开大学出版社，1989：86.
④学府纪闻：国立南开大学.台北：台北南京出版有限公司，1981：97，124.

的发展。即便如此，有时仍不够用，就到学校临时挂借。[①]

张伯苓生活十分俭朴是尽人皆知的，每日三餐是家常便饭，其夫人亲自下厨房做饭，几十年如一日，这同他的名人地位与当时国民政府官员的腐败形成了鲜明对比。他把教职员工安排在新建的宿舍和高楼大厦里，但没给自己建一座校长公寓，他住着简陋的两间厢房，室内外陈设十分简朴。有一次，张学良以少帅身份去拜访张伯苓，他所乘的汽车和随从在张伯苓住宅附近的一条泥巴路上转来转去，却总找不到张伯苓的住处，原来，张学良认为，凭着张伯苓的地位和声望，怎么也想不到他住在如此简陋的地方，可见张伯苓高尚的人格。[②]

5. 上海立信会计专科学校创办人兼校长潘序伦

上海立信会计专科学校创办人兼校长潘序伦，在建校之初就慷慨捐助现金6万元作为学校基金，并献出大部分家产作为学校的图书馆和房舍。学校收取的学费较低，经费经常入不敷出。建筑费更是捉襟见肘。每当学校遇到经费困难，潘序伦总是迎难而上，千方百计筹措资金。1940年7月，上海立信会计专科学校校长潘序伦决定将学校从上海迁往重庆，于是开始为在重庆建校忙碌奔波。开始租用房地产公司的房子作为校舍，不久，房地产公司要将校舍以10万元高价出售，公司限潘序伦10天内付款，否则将被强行搬出。潘序伦根本没有那么多钱，心急如焚的潘序伦向有钱的老板和经理们游说，他们终于向潘序伦捐赠10万元买下了这个校舍。

由于学校远在市郊，潘序伦打算在市中心建一幢立信大楼。但资金短缺，他的学生想了个办法，以庆祝潘序伦五十寿辰为名进行募捐。潘序伦一向不搞庆寿之类的活动，但为了给学校筹集资金，他还是违心同意了。经过多方努力，大楼总算如期动工了，可立信大楼动工不久，四川军阀杨森部下的一个师长来找潘序伦的麻烦，声称大楼的一角侵占了他的土地，逼学校立即停工或者赔偿地价10万元。潘序伦感到非常懊恼，真想甩手不干。可是一想到要为社会培养会计人才，他咬紧牙关，决心干下去。于是四处活动，几经交涉，最后才和这位师长达成协议，付给他4万元了结此事。[③]　可见，在当时要做一件事是何等困难！正如

---

①学府纪闻：国立南开大学.台北：台北南京出版有限公司，1981：98，124.

②李建永，张丽双.百年教育回眸.北京：中国经济出版社，2000：69.

③周川，黄旭.百年之功——中国近代大学校长的教育家精神.福州：福建教育出版社，1994：442
　－443.

鲁迅先生所说的:可惜中国太难改变了,即使搬动一张桌子,改装一个火炉,几乎也要血。

抗战胜利后,立信由重庆迁回上海,当时校舍尚未建成,潘序伦毅然捐出自己的私宅作为学校的临时校舍,并将 3 万美元的积蓄捐出用来建造学校的校舍。后来,潘序伦把存书二千数百册也全部捐赠给学校。①

6. 大夏大学校长马君武和王伯群

大夏大学的历任校长都曾为学校筹集经费而无私奉献、东奔西走。马君武于 1924 年 11 月 24 日就任大夏大学校长,他第一次对全体学生与教职员的讲话即以"三苦精神"与师生互勉。三苦精神为:①教授要苦教:要以教育为重,认真教学,不计较待遇之多寡。②职员要苦干:要以校务为重,切实办理,不能因经费缺少而敷衍了事。③同学要苦读:要以学问为重,认真求学,不能有缺课等情形之发生。② 马君武正是以三苦精神经营着大夏大学。

王伯群曾长期担任大夏大学校长,每当学校遇到经费困难,王伯群总是到处"化缘",同时慷慨解囊。抗战期间,大夏大学迁往贵阳,时任大夏大学校长的王伯群那时个人经济状况每况愈下,但他仍以自己有限的财力支撑着学校的运转,每当学校财政紧张时,他总是将私款借给学校,每学期都要借出几千元甚至上万元。③

二、私立大学董事会捐助和筹集经费

充分发挥集体力量——建立董事会,来解决学校经费遇到的困难,不失为明智之举。筹集经费是私立大学董事会的主要职责之一。这也是董事会大都由知名人士组成的重要原因。董事们筹集经费的方式大致有两种,第一种是校董本人对学校进行捐助;第二种是校董利用自身的社会关系、社会影响来帮助学校筹集经费。很多私立大学的校董都为学校经费的筹集做出过贡献。

复旦公学的创立是复旦各校董共同努力的结果。震旦学院的学生离校后,马相伯在"沪学会"召集学生商议复校办法。学生公推马相伯为会长,并选叶仲裕、

---

①潘朱纯.过去的学校.长沙:湖南教育出版社,1982:408.
②学府纪闻:私立大夏大学.台北:台北南京出版有限公司,1982:36.
③王守文.抗战时期内迁西南的高等学校.贵阳:贵州民族出版社,1988:149.

于右任、邵力子、王侃叔、沈步洲、张轶欧、叶藻庭等 7 人为干事，协助复校事宜。复校活动得到上海知名人士严复、熊希龄、袁希涛、曾少卿等人的支持。当时复旦校董会虽然没有正式成立，但这些人实际上履行着校董的职责。后来这些人都曾担任复旦校董。他们不但自己捐款捐物，还联名发表《复旦公学集捐公启》，积极向社会募捐。辛亥革命爆发后，复旦学生多数参加了革命军，加上经费停发，学校一度停办。民国成立后，学校仍因经费困难，束手无策。复旦毕业生于右任（后为校董）时任中华民国临时政府交通部次长，将复旦公学情况向大总统孙中山汇报。孙中山认为复旦为富有反抗外国压迫精神的学校，且为提倡高等教育，极为关注，在经济十分拮据的情况下，当即拨发 1 万元。复旦复学后不久，学校面临的最大问题是经费困难。由于经费短缺，学生一度罢课。罢课后，学校校董们开会研究，认为学校经费无着的一个主要原因是校董会没有正式成立，于是正式组织学校校董会，聘请孙中山、陈其美、于右任、王宠惠等人为校董。董事长王宠惠召集各校董开会，决定以后学校经费不足之处，由各校董共同负责筹措。

中华大学的校董们也为学校筹集经费做出了很大贡献。学校为了更多地筹措经费，成立了董事会。学校曾聘请了湖北省和武汉市政界、工商界、教育界等知名人士担任校董。利用他们的影响力为学校募集资金。前汉口市总商会主席黄贤彬、贺衡夫、周以灿曾分别被中华大学聘为第二至第六届校董事会主席。他们不但积极向社会募捐，还多次向学校捐助。如 1926 年，贺衡夫、周以灿等校董一次性向中华大学捐款 8 000 元；校董徐荣廷捐款 1 000 元。其他校董零星捐款约 3 000 元。又如，1942 年 3 月，校董事会经三个月的募捐，共募捐到 22 万元。[①] 特别是在学校困难时期，校董为学校做出了突出贡献。1941 年抗日战争进入极其艰苦的阶段，国家各项经费都处于紧张状态，中华大学经费更加困难，几百名师生的生活、吃饭都成问题，幸得校董们的支持，才使学校渡过难关。

大夏大学的校董也由很多知名人士组成，学校曾聘请国民党政要、交通部部长王伯群担任校董会的董事长，学校在创办伊始得到了王伯群的 2 000 元银币资助才得以开办。后来大夏大学在 20 世纪 30 年代建设中山北路校舍时，当时的校董王伯群担任南京国民政府委员兼交通部部长，他当即向第一期工程捐款 10 万元。[②] 大夏大学开办后的最初几年中，为了方便获得银行贷款，学校聘请了当时

①王文汉.华中师范大学校史.武汉:华中师范大学出版社，1993:35.
②政协西南地区文史资料协作会议.抗战时期内迁西南的高等院校.贵阳:贵州民族出版社，1988:145－147.

上海的浙江银行董事长徐寄庼、总经理徐新六，新华银行总经理望志莘，四行储蓄会主任、交通银行董事长钱新之、总经理胡孟嘉，中国银行行长张公权，信诚银行董事长王一亭，以及上海《时事新报》、《申时电讯社》、《大晚报》、英文《大陆报》等四家报社总经理为校董。担任过大夏校董的还有何应钦、吴稚晖、吴敬恒、汪兆铭、叶楚伧、马君武、邵仲辉、虞洽卿、杜月笙、孙科、居正、孔祥熙、王正廷、吴铁成、扬永泰等。①

由于大夏大学的校董中有上海、浙江、新华、交通、中国及信诚等银行的董事长或总经理。这样一来，每当学校遇到经费困难，便可以得到他们的贷款支援。正是以上这些知名人士担任校董，才使大夏大学经常能够"逢凶化吉"。1936年5月，大夏大学财政吃紧，为了使学校渡过难关，学校请王伯群、孙科、杜月笙、吴铁成、王志革(新华银行总经理)五位校董担保，代表校董事会发行建设债券，以应付开支。②

广州大学、海南大学、立信会计专科学校等学校的校董们也都为学校经费的筹集煞费苦心。广州大学迁校复员后，在名誉董事长孔祥熙的帮助下，得到了国民政府行政院、侨委会及赈济会共25万元的补助费。③ 海南大学校董陈策当时担任中央委员、国大代表、海军司令、广州市市长，在他的帮助下，海南大学获得了500亩椰子园土地及部分建筑设施。在学校开办过程中，由于陈策的特殊身份，他登高一呼，就能得到热烈支持。立信会计专科学校的董事会中，有中国银行总经理宋汉章、交通银行董事长钱新之、全国工业协会理事长吴蕴初、申新纺织公司总经理荣鸿元、中国标准铅笔厂总经理吴羹梅等上海著名资本家。他们为学校的发展都曾经做出了贡献。如校董会副董事长王云五，为了学校的发展而慷慨向学校捐赠了2万册左右的图书，董事长潘序伦也曾向学校捐赠了2 000多册图书，1942年学校迁往重庆及抗战胜利复员回沪以后，潘序伦以会计师的大部分收入捐助建筑基金。④

①学府纪闻:私立大夏大学.台北:台北南京出版有限公司，1982:12.
②上海文史资料选辑:第59辑.上海:上海人民出版社，1988:151.
③陈炳权.大学教育五十年——陈炳权回忆录.香港:香港南天书业公司，1970:129.
④钟叔河，朱纯.过去的学校.长沙:湖南教育出版社，1982:408.

第二节 学校办学质量与教师薪俸

一般来说，私立大学获取教育经费的多少与学校的办学质量成正比。办学质量高、学校声誉好的私立大学，社会捐款和政府补助就比较多，其教育经费就比较充足，教师薪俸比较高。很多私立大学认识到，要想得到社会认可，得到较多的社会捐助，就必须提高办学质量，要提高办学质量，就必须严格教学管理。

一、南开大学办学质量与教师薪俸

南开大学始终注重办学质量，因此得到了社会的广泛信任。国内外各界人士、机关团体、政府等给予了南开大学大力资助。

（一）严格教学管理

为了提高教学质量。学校首先把好入口关，从招生开始就注意选拔优秀中学毕业生入学。学校设有由教务长、各院院长等组成的入学委员会，专门办理新生考试及入学事宜。学校对新生入学资格做出了规定，男女学生具有下列资格之一者得入本校各学院一年级肄业：公立或已立案之私立高级中学毕业生应本校入学考试及格者；本校高级中学毕业生合乎免试条件者；国内外公立或已立案之私立大学学生应本校入学考试及格者。学校对学生的平时学习要求严格，学生如遇疾病或亲丧而旷课者，须到注册课告假，如因病告假者须交验校医证书。学生告假经注册课允许后发给准假单，学生持此假单交由各教授查验毕，仍须将此单交还注册课存查。① 对学生阅读教学参考书和习题作业均有严格要求，例如，每次数学课必有习题；星期一的课程习题学生务必于星期三的课前交卷，而教授必须于星期五上课时阅毕发还；物理课程的实验，学生必须作详细的报告。但这样的训练，

---

① 私立南开大学学则. 天津南开大学一览，1932 年.

学生当时从未以为苦,后来且多感念。①

此外,学校还坚持经常性的考察制度,有平时随堂测验、月考、期末考试等。南开大学的考试很严格,期末考试就像入学考试一样,各年级学生分别集中于一个大教室里,按号入座,由注册课职员监考,如有作弊,当场抓获。每门课的成绩分甲(90分以上)、乙(80~89分)、丙(60~79分)、丁(50~59分)、戊(50分以下)五等。丁、戊等为不及格,没有学分。就全学年来说,若第一学期得戊等,第二学期就不能继续学习。成绩为丁等允许补考一次。全年课程第一学期为丁等,第二学期为丙等或丙等以上者,第一学期的丁等即视为及格,不用补考。全年课程为丙等或丙等以上,而第二学期为丁等或戊等者,该课程须重习或全部补考。② 学校对上述规定执行非常严格,任何学生不得通融。学校每年都有相当数量的学生补考或受到处分。如1923年第二学期,各门课程考试完全及格者120人,只占全校学生总数的42%,补考者86人,成绩差受到警告者15人,成绩太差退学者14人,考试舞弊勒令退学者1人。南开大学的考试如此之严格,淘汰率如此之高,在当时的大学特别是私立大学中是少有的。③

为了提高办学质量,南开大学还规定了严格的奖惩制度,各学院学生于一学年内,其学业成绩在各该学院中最优者,免除其下学年之学宿费。凡家境清寒、天资优秀、有志深造之学生,经本校特种入学考试及格后,得领受特种奖学金。凡以有奖学科为主修学程之学生,其成绩经该学科奖金委员会审查合格后,得领受该学科之奖金。学校还实行差生惩罚制度,学生一学期内之成绩有六学分列戊等者,令其退学;学生一学年内成绩有十八学分不及格者,令其退学;学生第一学年之成绩有六学分列戊等者,而第二学年又有六学分列戊等并六学分列丁等者,令其退学;学生有品行不良者,令其退学。④

(二)注重学科专业建设

南开大学不但注重平时的教学管理,而且还非常重视学科专业建设。经过几年的发展,南开大学逐渐认识到,私立大学要想生存下去,其学科专业设置必须紧密联系社会实际,办出学校特色。在这一点上,南开大学有着深刻的经验教训。

①王文俊.南开大学校史资料选.天津:南开大学出版社,1989:72.
②私立南开大学学则.天津南开大学一览,1932年.
③南开大学校史编委会.南开大学校史.天津:南开大学出版社,1989:172-173.
④私立南开大学学则.天津南开大学一览,1932年.

南开大学办学是先仿日本，后仿欧美。1918 年张伯苓在美国考察研究后说："考察与中国需要最宜之教育制度，结果获得两种需要者：一则英法美之制度，一则日德之制度。前者专为计划各人之发达，后者性近专制，为造成领袖及训练服从者之用（即服从纪律）。敝校南开，多半以是二者为圭臬。"①但仿照西方教育，就不能很好地与中国实际相结合。早在 1919 年 5 月，周恩来在给南开留日同学会的信中曾公开批评了张伯苓的这些做法："从中学三年级起，耳朵里不大听中国话了，除开国文还有一个中国先生讲中国话外，英文、代数、三角、几何、历史、地理、物理、化学……都是用英文教，用英国的教本""把一个中国青年搞成这个样，还有什么办法跟中国的实践相结合呢？"②学生也不满这种状况，1925 年 4 月，80 多名南开学生联名要求学校除外语课外，所有课程一律改为国语讲授，张伯苓总结经验教训，开始感到形式上的照抄照搬的弊病："此种教育即非学生之需要，复不适于中国之国情，等于小贩经商，行买行卖，中国将长此拾人余唾矣。"③从此，他思想开始转变，强调实用科学教育，主张根据国情办应用学科。他从学校实际出发，坚持大力发展应用学科，走与中国实际相结合的道路。到 1928 年，在他的主持下，学校募款委员会颁布了《南开大学发展方案》，明确提出了"土货化"的办学方针：

> 何为土货的南开？已往大学之教育，大半'洋货'也。学制来自西洋，教授多数系西洋留学生，教科书非洋文原版即英文译本，最优者亦不过参合数洋文书而编辑之土造洋货。大学学术恒以西洋历史和西洋社会为背景，全校精神几以解决西洋问题为目标。就社会科学论之，此中弊端，可不言而知。社会科学，根本必以其具体社会为背景，无所谓古今中外通用之原则。倘以纯粹洋货的社会科学为中国大学之教材，无心求学者，徒奉行故事，凑积学分，图毕业而已；有心求学者，则往往为抽象的主义或原则所惑，而置中国之历史与社会于不顾。自然科学稍异，然亦不能谓洋货均能适用，更不宜为中国应永久仰给予洋货。地理、地质、气候、生物诸学，无不对环境而言。中国人在利用中国之天然环境，非有土产的科学不为功。此就科学之实用而言，但实用科学倘无

①梁吉生，杨琦.张伯苓先生的教育思想.张伯苓纪念文集.天津：南开大学出版社，1986：211.

②梁吉生，杨琦.张伯苓先生的教育思想.张伯苓纪念文集.天津：南开大学出版社，1986：211 – 212.

③梁吉生，杨琦.张伯苓先生的教育思想.张伯苓纪念文集.天津：南开大学出版社，1986：212.

锐进的理论科学为后盾，其结果不异堵源而求流。且今日国人思想之急需，莫过于科学精神与方法，故吾人可断言：中国大学教育目前之要务即'土货化'。吾人更可断定'土货化'必须从学术之独立入手。是故'土货化'者，非所谓东方精神文化，乃关于中国问题之科学知识，乃关于中国问题之科学人才。吾人为新南开所抱定之志愿，不外'知中国''服务中国'二语。吾人所谓'土货化'南开，即以中国历史、中国社会为学术背景，以解决中国问题为教育目标的大学。[①]

为了更好地适应社会发展和为社会服务，南开大学在20世纪20年代末增设了与工业发展关系密切的电机工程系、化学工程系和经济学院。电机工程系一反当时国内大学的电机工程系偏重理论、轻视中国工业实际的倾向，强调理论与实践并重，学生既求专门技术，又兼学管理能力。为了培养学生的实际业务能力，该系在天津电灯电车公司建立实习基地，请该公司工程师具体指导，并与该公司合作开设了电机工读门学程，且开设两门课程：电机制造及工厂管理、设计及管理公共电气事业。第二学年暑假学生到公司所属工厂实习七周，第三学年到工厂实际操作。化学工程系是应时势之需要，为培养洽合中国环境的化工实用人才，为谋求中国化学工业之发达及其自治而设立，同时设有应用研究所，系所合力，使学生受到基础理论、实践能力和科学研究三方面的系统训练。经济学院也是密切联系中国实际的教学单位，该学院因各国经济背景不同，教授经济学以使培养出来的学生本国化；同时该学院也非常注重研究，以达到教学相长的目的。鉴于此，该学院采用本国教材，不专采用西方教材；此外，学院还减少教课钟点，使教授能在其教课范围内，作个别有系统的研究。当时经济学界权威人士认为这个制度在当时的中国各大学中是个创举。

可见，南开大学办学质量的提高，靠的是严格的教学管理和紧密联系实际的学科专业设置。而没有像一些私立大学那样靠卖文凭或盲目扩大招生之类有害社会和学生的行为来谋取钱财。当时的大学一般规模都比较小，在校学生也不多。20世纪二三十年代，一般大学的学生为三四百人左右。这个时期南开大学的学生数量大体上也是如此。1921—1928年约在二三百人，1929年以后达到400人以上，抗战前夕有学生429人。与其他高校相比，南开大学的学生数量处于中间水平。就南大的师资和设备而言，在校生可以达到500人，但是，校长张伯苓办学

---

①南开大学发展方案.南开大学募款委员会计划书，1928，存南开大学档案馆.

不以赚钱为目的，而是非常注重办学质量。当南开大学的学生达到400人以上时，张伯苓就明确表示："今日南开在十年内，大学生决不扩大至五百名以上，庶良好之校风易于培养，而基础可以稳固也。"①南开大学重视办学质量，由此可见一斑。

（三）社会认可、回报与教师薪俸

严格的教学管理得到了教育部的赞赏。1930年4月，戴观应、冯友兰等代表教育部来校视察，对南开的教学管理赞不绝口，他们回南京后发表谈话：南开大学"其学生程度亦甚整齐。余等视察时，见商科二年级上经济课，男女生俱以英语记笔记，敏捷正确，全班皆然。又文理科各班有在考试验者，据云该校临时考试极多，学生皆习惯自然，从未知有考试不合教育原理之新说"。② 高质量的办学和良好的社会声誉给南开大学带来了丰厚的回报。社会各界人士、机关团体纷纷向学校捐款，政府补助费也大大增加，学校经费收入逐年增多，学校经费收入总体上呈上升趋势，见图6－1。

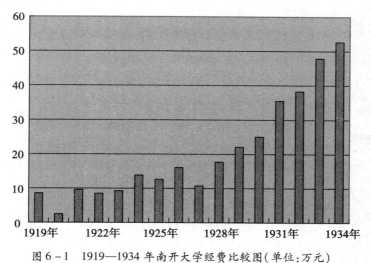

图6－1　1919—1934年南开大学经费比较图（单位：万元）

资料来源：据《第一次中国教育年鉴》丙编"教育概况"102－105页数据绘制.

---

① 南开大学校史编写组.南开大学校史.天津：南开大学出版社，1989：125.
② 教育部视察员对本校之评语.南开周刊.1930：87.1930年5月20日.

社会各界人士纷纷向学校捐款。学校曾得到北洋政府总统徐世昌、前总统黎元洪(时任中美实业公司董事长)赞助。交通银行董事长梁士诒币制局总裁周自齐等也曾为南开认筹40万元公债票。① 学校还得到冯国璋、孔祥熙、阎锡山、曹锟等许多人的资助。② 由于南开大学办学成绩优良,社会声誉较佳,在私立大学中堪称佼佼者。因此,向其捐款的单位和个人较多。捐款在南开大学经费中占了相当大的比例,表6-1显示了1919—1934年社会向南开大学捐款情况。

表6-1 1919—1934年社会向南开大学捐款情况表

捐款者	年份(年)	款额(元)	指定用途	备注
徐世昌	1919	16 744.71	创办费	3万元京钞
李秀山	1919	37 165.76	创办费	自捐及代捐
王仲希	1919	100.00	创办费	
蔡虎臣	1919	2 000.00	创办费	
袁伯森	1919	4 790.00	理科	1 000英磅
交通总银行	1919	10 000.00	创办费	
阎锡山	1919	5 000.00	创办费	
陈光远	1919	1 000.00	创办费	
黎元洪	1919	8 010.00		七长公债1万元
李炳麟	1919	1 000.00	购书费	1 000美元
严范孙	1919	2 000.00	购书费	2 000美元
梁士诒、周自齐	1919	400 000.00	创办费	公债券
李秀山	1920	190.00	创办费	自捐及代捐
王占元	1920	5 000.00	创办费	
沈庆辉	1920	200.00	创办费	
南洋兄弟烟草公司	1920	10 000.00	创办费	

①南开大学校史编写组.南开大学校史.天津:南开大学出版社,1989:86.
②王文俊.南开大学校史资料选(一九一九至一九四九).天津:南开大学出版社,1989:12.

续表

捐款者	年份(年)	款额(元)	指定用途	备注
蔡虎臣	1920	3 000.00	创办费	
李秀山	1921	500 000.00	基金	民国元年公债218.8万
李组绅	1921	20 000.00	矿科常费	
李组绅	1922	10 000.00	矿科常费	
李炳麟	1922	455.00	购书费	
严范孙	1922	2 000.00	购书费	2 000美元
严范孙	1922	18 130.00		捐地5.18亩
袁述之	1923	70 000.00	建筑费	科学馆
李组绅	1923	45 000.00	矿科常费	
靳云鹏	1923	10 000.00	建筑费	
许静仁	1923	500.00	建筑费	
金伯平	1923	500.00	建筑费	
谭真工厂	1923	165.00	建筑费	
丁美英	1923	105.00	建筑费	
施雷德	1925	100.00		
何庆成	1927	1 638.50		捐地32.77亩
卢木斋	1927	100 000.00	图书馆建筑	捐图书2万册
李兴臣	1927		捐赠图书	7万册
张学良	1928	500.00	满蒙研究会	
张学良	1928	200 000.00	基金	
陈芝琴	1929	30 000.00	建设芝琴楼	
国内捐款	1932	24 000.00	经济学院	匿名
国内捐款	1933	24 000.00	经济学院	匿名
国内捐款	1934	25 000.00	经济学院	匿名

资料来源:王文俊.南开大学校史资料选(一九一九至一九四九)天津:南开大学出版社,1989:40-42.

其中，捐款数额比较大的是爱国将领张学良。张学良十分敬慕张伯苓的抗日爱国精神，早在 1916 年张伯苓到奉天作《中国之希望》的演讲时，张学良"奇而往听，志气为之大振"。① 1928 年 1 月 14 日，张伯苓向张学良致函："我公学识超卓，熟知乡国情形，敬请屈居名誉董事，以资指针而便策进，并请便中多为介绍，群策群力俾收大效。至费用方面，因会中工作甚多，所需孔繁，筹措无从，亦不能不设法一为呼吁……务乞大力协助募集捐款，藉促该会前途之发达。"② 张学良当即捐银洋 500 元，后来，他又捐款 20 万元，分 10 年交付，作为南开大学发展基金。③ 除社会各界的捐款外，政府也给予了南开大学大力资助。1922 年北洋政府财政部开始给南开拨整理债券 90 万元的利息，每月约 4 500 元。④

20 世纪 30 年代初至抗战前夕，政府对南开大学的资助约占其经费总数的三分之一，有的年份甚至超过了二分之一。如 1931 年南开大学的办学经费共计 35.5 万元，其中省拨款为 19 万元，占其经费总数的 53.5%。⑤ 1932 年国民政府给南开大学补助 6.2 万元，河北省教育厅补助英文系 1.8 万元，1933 年政府补助仍为 6.2 万元，加上地方政府补助，共计 253 125 元，占当年学校总收入的 52.8%。1934 年政府对南开大学的补助有所提高。这一年度学校共获得 24 万元补助，除拨给南开中学 4 万元、南开女中 2 万元，并预留南开四部临时费 4 万元外，南开大学净剩 14 万元。⑥ 这一时期政府补助及社会捐款占其经费总数的比例很大。见表 6-2。

表 6-2　南开大学 1931—1934 年经费来源情况表

年份(年)	岁入总额	国省款及百分比	捐助款及百分比	学杂费	租息	杂项
1931	355 366	190 000(53.5)	62 384(17.6)	41 380	59 351	2 251
1932	382 489	80 000(20.9)	114 559(30)	39 289	115 217	33 424
1933	479 256	253 125(52.8)	110 030(23)	36 983	40 242	38 906
1934	526 232	240 000(45.6)	152 031(28.9)	38 675	80 608	5 543

①张汉卿先生来校.南大周刊，1930:100.
②天津文史资料选辑.第 8 辑.天津:天津人民出版社，1980:201.
③南开大学校史编写组.南开大学校史.天津:南开大学出版社，1989:114.
④南开大学校史编写组.南开大学校史.天津:南开大学出版社，1989:90.
⑤王文俊.南开大学校史资料选(一九一九至一九四九).天津:南开大学出版社，1989:137.
⑥南开大学校史编写组.南开大学校史.天津:南开大学出版社，1989:115.

资料来源:陈能治.战前十年中国的大学教育(1927—1937).台湾商务印书馆,1990:235.
注:括号外数据代表钱数(单位:元),括号内数据代表所占比例(单位%)。

　　由于南开大学较高的办学质量和良好的社会声誉,也得到美国等国外一些组织和个人的不少资助。对南开大学捐助最多的是美国洛克菲勒基金会和太平洋国际学会。20世纪30年代以前,洛克菲勒基金会主要补助理科建设,如建筑费、设备费、教员薪金等,以后主要补助经济学院。太平洋国际学会主要补助东北研究会及经济研究所。此外,中华教育文化基金董事会、管理中英庚款董事会等也为南开大学捐款,见表6-3所示。

表6-3　1923—1934年南开大学接受境外捐款情况表

捐款者名称	年份(年)	数额(元)	指定用途	备注
洛克菲勒基金会	1923	125 000	建筑费及设备费	科学馆
洛克菲勒基金会	1923	1 127	理科	
洛克菲勒基金会	1924	2 900	理科	
洛克菲勒基金会	1925	4 110	理科教员薪金	
施雷德	1925	100		
洛克菲勒基金会	1926	6 800	理科	
中华教育文化基金董事会	1926	45 000	理科	
中华教育文化基金董事会	1927	30 000		
中华教育文化基金董事会	1927	4 000	社会经济调查委员会	
洛克菲勒基金会	1927	5 400	理科	
洛克菲勒基金会	1928	8 500	理科	
中华教育文化基金董事会	1928	30 000	理科	
中华教育文化基金董事会	1928	20 000	图书馆	
太平洋国际学会	1928	80 000	东北问题研究会	2 000美元

续表

捐款者名称	年份(年)	数额(元)	指定用途	备注
洛克菲勒基金会	1929	2 600		
太平洋国际学会	1929	4 000		
太平洋国际学会	1929	17 600	社会经济研究委员会	8 000美元
太平洋国际学会	1930	30 750		
中华教育文化基金董事会	1930	2 000	理科	
太平洋国际学会	1931	20 000	经济学院	
中华教育文化基金董事会	1931	10 000	理学院	
洛克菲勒基金会	1932	8 000	理学院	
洛克菲勒基金会	1932	60 000	经济学院	
太平洋国际学会	1932	30 000		
E. R. Hickoi	1932	100		
洛克菲勒基金会	1933	60 000	经济学院	
太平洋国际学会	1933	30 000		
中华教育文化基金董事会	1933	30 000		
E. R. Hickoi	1933	100		
中华教育文化基金董事会	1934	30 000		
太平洋国际学会	1934	15 000		
E. R. Hickoi	1934	100		
管理中英庚款董事会	1934	20 000	算学系设备	三年为期
洛克菲勒基金会	1934	60 000	经济学院	

资料来源:王文俊.南开大学校史资料选(一九一九至一九四九).天津:南开大学出版社,1989:42-44.

需要说明的是，以上捐款并非都是主动自发的，而是南开大学募捐争取的结果。南开大学在美国募捐主要通过募捐委员会进行。美国募捐委员会成立于1929年6月，贾德任该委员长主席，委员多系美国各界名人。1929年张伯苓去美国募捐，在南开校友等的帮助下，由美国著名人士孟禄等联名印制为南开大学募捐书分发各处，一时颇有成效。纽约一位富翁每年允捐2 000美元，以五年为限，又有芝加哥一位女士每年允捐1 000美元，也以五年为限。还有每年允捐1 000美元者。①

还有一件事可以进一步说明南开大学的社会声誉。1944年，南开校友总会发起伯苓四七奖助基金运动，原定募捐目标为数量为40万元加70万元，即110万元。取庆祝南开建校40年（南开中学创办于1904年）和张伯苓70岁诞辰之意。继而增至280万元，后来改为470万元，但由于社会捐款踊跃，活动结束时，捐款总数竟然超过600万元。这实在是出人意料，创造了国内教育捐款之最高新纪录。②

高质量的办学为学校争取了较多的经费，南开大学教师薪俸在私立大学中是比较高的。

二、复旦大学办学质量与教师薪俸

（一）注重教学内容和教学方法改革

为了提高教学质量，复旦公学非常注重教材的选用。学校一反当时一些学校使用浅薄外文做课本的习俗。当时教英文所用的教材，大都是英国人教印度人用的，浅薄鄙俗，毫无意义。复旦公学所用教材大多数是名家所著。

为了提高教学质量，复旦在校长马相伯的主持下在教学内容和教学方法上进行了富有成效的教学改革。学校的教学既有别于公立大学，也不同于教会大学。马相伯认为，培养救国兴邦、振兴民族的人才，必须使他们习得"真的知识"和"活的学问"，他反对把读经作为学校的主要课程，认为经学是空虚的形式，大家

---

① 南开大学校史编写组.南开大学校史.天津:南开大学出版社，1989:112.
② 南开四十周年纪念校庆特刊，1944年10月17日.

中了空虚形式的毒。他认为中国目前的危机在于科学的落后，要救国必先学习和振兴科学。要振兴科学，就必须改造中国封建教育制度，学习西方文明。他虽然提倡学习西学，但他又不赞成盲目学习西学，他鼓励青年学习西方先进科技，但他决不视传统文化为敝屣，这在当时"滔滔然有蔑视国文之恶风"的环境中可谓独树一帜，令国人刮目相看。

学校教学中还强调因材施教。针对不少学生有很好的国文底子，学有所长，且年龄较大，理解力、自制力、自学力较强等特点，学校采用名儒师徒传授的方法，循序渐进。教学中还注重启发诱导，由浅入深。如在外语教学中，从最基础的拼读教起，逐渐使学生会独立地拼读外文。教数学时不仅教他们具体的验算技术，还着重教他们理解数学原理，引导学生进入科学研究的王国。学校特别鼓励学生的研究探索精神，每个星期日上午都要召集学生开演讲会，或研究学术，或探讨时事，鼓励学生畅所欲言，以训练学生的思维和表达能力。这也是当时复旦公学的一大教学特点。在马相伯的倡导下，复旦公学主张"自主之学"，反对"奴隶之学""为人之学"。所谓"自主之学"，表现在教育要独立自主，不受教会和封建专制政权的控制；在学校内部实行学术自由。学校在教学上虽然提倡严谨、认真，但绝不独裁。校园内弥漫着民主自由的教学气氛。不同意见通过讨论取得一致认识，反对拘泥于文字训古和生硬灌输。他认为，科学之教授，尤当自由，否则徒读古书　物而不化，而所授与授法，皆故步自封，无以应世界维新之用。

高质量的教学培养了一批高水平的毕业生。从 1905 年到 1911 年的七年中，复旦公学培养出了四届高等正科毕业生共 57 人。其中不少人后来成为著名的政治家、教育家、科学家和工程技术人员，如张大椿、胡敦复、邵力子、于右任、陈寅恪、竺可桢等。由于教学严格，成绩显著，学校多次得到了清政府的资助。社会捐款也逐渐增多。使学校很快走上了良性发展的道路。

（二）严格教学管理

复旦大学在建校之初就非常注重教学管理，对教师、学生及教学要求很严格，当时学校聘请了一批名师，如李登辉、朱葆芬、薛仙舟等。他们教学认真，对学生要求严格，因此，学生学习刻苦，学风淳朴。学校非常重视基础课的学习，特别是国文、英文、数学三科。为了让学生打好基础知识，校章规定：国文一种，以尊重国学，特设专部教授；学生至少须习完本级四年程度，方授予大学文凭。同时规定:凡学生国文、英文、数学三科,须考试及格,方准升级。为了保证学生的质量,复旦大学规定了新生入学资格:凡欲入大学本科者,须具有与本校大学预科毕业相当程度。欲入大学预科者,须具有中学卒业程度。投考者年龄须满十五岁以上为合格,如有不及此年龄而学识优异者,经本校考验特许,亦可录取。投考者须体格健全,品行端正。①

复旦大学还严格请假制度,学校规定凡学生因有疾病或有要事不能上课,须报告监学请假,否则不得擅自旷课或私自离校。逢星期六下午及星期日,准许学生外出,但必须回校住宿,若家在附近,预向监学请假者,则可于星期一早晨上课前到校。学生遇父母丧及婚姻等重要事,须将家信呈请监学查存,由监学酌定假期。若遇患病须回家调治者,应由监学察看情形方准请假,病愈回校。各学科每星期修业时间有五时或六时者,准每月请假三小时,每星期有三时或四时者,准每月请假二小时,逾期不到不给分数。②

为了更好地管理学生,复旦大学规定了奖惩规则。学校将奖励分为四等:四学年内总平均分在85分以上者,列最优等毕业;四学年内总平均分在75分以上者,列优等毕业;四学年内总平均分在65分以上者,列中等毕业;四学年内总平均分在60分至65分内者,列寻常毕业。按等次分别给予金章、书籍、银杯、银盾、金银奖牌等。对违反学校规定者分别给予训诫、记小过、记大过、开除四种。以下事项给予训诫:于各堂有犯规之事者;对于教职员有失礼之事者;对授课自修时为蹴球游戏者;在校内蹴球游戏者。以下事项给予记小过:未经请假或请假未经允许不上课者;请假逾期者;妄骂夫役不自约束者;训诫至三次者。以下事项给予记大过:假出在校外为不规则游戏者;谩骂同学好勇斗狠者;未经监学允许擅自外出或外宿者;于校内各处乱秩序者。以下事项给予开除:犯部章禁令各条者;行为不端损害本校名誉者;侮辱教职员者;记大过三次者。③

复旦大学对学生学习情况的考核极其严格,凡考试作弊者试卷立即作废,学分取消,并要记过。凡是考试成绩优良者,则给予奖励。当时有人这样描述复旦考试的情形:

---

① 复旦大学校史编写组.复旦大学志:第一卷(1905—1949).上海:复旦大学出版社,1985:118 – 121.
② 复旦大学校史编写组.复旦大学志:第一卷(1905—1949).上海:复旦大学出版社,1985:127 – 128.
③ 复旦大学校史编写组.复旦大学志:第一卷(1905—1949).上海:复旦大学出版社,1985:129 – 130.

复旦的考试在国内各大学里，可以说是'别开生面，独树一帜'。凡是来复旦参加过入学考试的，没有一个不说'复旦的考试真厉害'。复旦每学期考试分为两次，一次是期中考，一次是期终考，或称大考，两次考试都是采集中制，全校两千余同学都集中在大礼堂参与考试，不准夹带不准偷看，违者记大过一次，扣三学分。所以在复旦，莫说研究、商量，就是头稍微一转动，当时就记你一大过，扣三学分，所以复旦同学进了'考场'，绝大多数能遵守考试纪律。考试的时候，教务长那一副铁也似的面孔，真是令人骇怕，上课号一响，像狮子吼'不要说话'，从他喉头里发出来的声音响彻全场，闹哄哄的声音马上静下来……①

自20世纪20年代始，复旦学生即以成绩优异而享誉国内外。复旦学生进入美国加利福尼亚大学、华盛顿省立大学、康乃尔大学、芝加哥大学、密西根大学、斯坦福大学等都不需经过正常考试，入学便能和美国学生一样学习，凡复旦的学分一律承认。②

（三）注重学科专业建设

复旦大学提高办学质量的另一个经验是联系社会实际，发展学校特色学科。由于当时经济发展落后，产业不发达，大学整体上处于盲目的无序竞争状态，如何适应社会需要在专业和课程设置上走出新路子，避免与公立大学直接竞争，集中办好某些学科专业，以增强竞争力，提高学校知名度，成为私立大学生死存亡的关键问题。1917年以后，复旦大学密切关注经济和社会发展的需要，注重应用学科建设。根据当时国际、国内商业发展及上海民族工商业对商业人才的需要，在国内首创商科。而北洋大学、北京朝阳大学、中国大学、武昌中华大学等到1918年才设置商科。③ 20世纪20年代，复旦大学的商科迅速发展，1924年商科学生人数达301人，几乎占全校学生总人数的三分之二，系科扩充为银行金融系、工

---

①复旦大学校史编写组.复旦大学志:第一卷(1905—1949).上海:复旦大学出版社,1985:395.
②周川,黄旭.百年之功——中国近代大学校长的教育家精神.福州:福建教育出版社,1994:72
  -73.
③中国第二历史档案馆编.中华民国史档案资料汇编:第三辑.教育.南京:江苏古籍出版社,
  1991:176.

商管理系、会计学系、国际贸易系四个系。[①] 为了避免与公立大学的学科重复，复旦大学力图创设那些应用性强、有自身特点的新专业。如当时东南大学的文科下设国文、历史、外国语文、政治、经济和哲学六个系，而复旦大学根据经济发展和社会需要，文科设立了政治学系、社会学系、新闻学系、法律学系、市政学系、教育学系、土木工程系。[②]

20 世纪 30 年代的复旦大学为了全面提高学生的素质，模仿欧美大学的普遍做法，大量开设选修课，学校鼓励学生多修课程以扩大知识面，到 1930 年全校开设的选修课共有 260 多种，数量之多居上海各大学之冠。[③] 学校相继成立了统计系、统计专修科、茶叶专修科、合作学系、银行专修科、农艺学系、农业化学系等。其中很多学科属国内首创。一直到 1949 年，茶叶专修科还是国内培养茶叶方面人才的唯一高等学校。创设与社会发展相适应的应用学科专业，使复旦大学受益匪浅，受到了社会的广泛关注和支持，得到许多捐助和投资用来聘请高水平的教授、建筑校舍、添置仪器及图书设备。如茶叶专修科、银行专修科主要由实业部门投资兴办。在北洋军阀和国民党反动统治时期，民不聊生，生产落后、科学不发达，许多理论学科的学生毕业即失业，在社会上没有出路。但是，应用学科由于经济部门求才若渴，复旦大学土木建筑、银行金融等系科的毕业生往往供不应求。[④] 从 20 世纪 30 年代开始，学校进一步明确提出了为社会服务的办学理念，认为"纯科学的研究，为知识而求知识的研究，在大学中诚然也占有一个位置，然而，我们学校特别重视国家社会的迫切需要。我们以后当致力于解决现代社会实际的问题，而不专崇尚经院式的理论研究"。[⑤]

由于复旦大学办学成绩显著，学校曾多次得到教育部和当地政府的补助。如抗战爆发前夕的 1937 年，国民政府决定由行政院每年补助复旦经费 18 万元。[⑥] 政府补助的这个数额对复旦大学来说是空前的，相当于复旦平时一年的收入。高质量的办学获得了较多的社会捐助和政府补助，复旦大学教师薪俸不但有保障，而且在私立大学当中是比较高的。

---

①复旦大学校史编写组.复旦大学志:第一卷(1905—1949).上海:复旦大学出版社,1985:392.
②复旦大学校史编写组.复旦大学志:第一卷(1905—1949).上海:复旦大学出版社,1985:392.
③复旦毕业纪念刊,1930:189.
④复旦五日刊,1930 年 3 月 31 日.
⑤复旦大学校史编写组.复旦大学志:第一卷(1905—1949).上海:复旦大学出版社,1985:392 – 393.
⑥又见吴南轩.复旦大学受赠太湖大雷嘴校地文献.复旦通讯:30 期.复旦大学历史档案 1892 号.

三、厦门大学办学质量与教师薪俸

（一）严格教学管理

为了不断提高教学质量，厦门大学加强了教学管理。1927 年重新修订了教学管理制度，学生学业成绩的评定及毕业考试，均按照有关规定严格管理。各门课的成绩分平时试验及学科试验两种，成绩分甲（最优）、乙（优等）、丙（及格）、丁（补考）、戊（重修）五等，最后成绩由教师根据平时及学科试验的成绩决定之。凡学生缺课时数在授课总时数五分之一以上者，不得参加学科试验。凡两学期继续之学科如其第一学期之最后成绩在丁等，得准其继续学习第二学期之功课，如第二学期之最后成绩在丙等以上时，则其全学年之成绩记为及格；如其第二学期之最后成绩仍在丁等时，须补考其全学年之功课；如其第二学期之最后成绩在戊等时，须重修其全学年之功课。凡学生因特殊事情（至亲重病或死亡、本人有病——须有医生的证明）不能参加学科试验时，应向各该科主任请假，并经各该科主任准假后，方能按规定时间补考；倘若未经准假擅自旷考者，该生对于该项学程应重修之。凡学生考试舞弊屡戒不悛者应即除名。[1]

为了奖励品学兼优的清寒学生，学校设陈嘉庚奖学费额若干名，分甲乙两种，甲种每名除免交学费外，每年另有津贴 20 元；乙种免交纳学费。新生入学试验成绩突出而家境贫寒，经入学试验委员会推荐者，同样可以享受奖学费。品学兼优但家境富裕的学生，由学校发给奖学证书，不享受奖学费优待。除奖学费外，学校还设陈嘉庚补助费 10 名，专门补助闽南籍学生。学校严肃校规校纪，还制订了惩戒条例。惩戒方法有六种：训诫、记过、停止应享权利、停学、退学、除名。凡学生违反校规者、对教职员无礼者、旷课或屡次请假者、其不正当行为与校内风纪有关者，由校长或各该科主任予以训诫，令其悛改。凡犯有上述各项情节严重，或曾经训诫仍不悔改者，得予以记过。凡学生对于所习各种功课敷衍塞责、屡诫不悛，或在教室、实验室违背教员命令及言动无礼者，担任教员认为必要时，得命其对所受功课暂时停学，并将详细情由及停学日期函达各该科主任转

---

①厦门大学学生通则.厦门大学商科布告(1928—1929 年度).

告该生知悉，在停学处分终止或取消时，所停钟点均作为缺席论。凡学生成绩或品行过于恶劣时，学校得随时停止其原享之各权利。凡一学年内所习绩点（学分）有二分之一以上在戊等、三分之二以上在丁等以下者，或预科学生满三学年尚未能毕业者，应令其退学。凡不法行为或品行不端与本大学秩序或名誉有重大关系者、一年内记过三次者、考试舞弊屡戒不悛者，应即除名。①

（二）注重办学特色

除了严格的教学管理，厦门大学也非常注重发展特色学科。厦门大学地处侨乡，同海外在历史和地理环境上都有密切联系，而且其经费也得到海外侨胞的大力支持，因此，学校将服务华侨作为重要任务之一。当时海外华侨遇到了两个问题，就是子女的受教育问题和获得谋生能力的问题，鉴于此，厦门大学最早开设的两个专业就是师范、商学两个专业，这两个专业在厦门大学整个私立期间的 16 年里，都是学校的重点专业，在社会上有很好的声誉。另外，学校濒临海滨，在海洋的教学和科研方面有特殊的便利条件，学校利用这一优势，由动物学系和植物学系合并而成的生物学系的教学和科研领域在全国颇有名气。生物学系收集、保存的各种动植物标本的数量和种类在当时居全国之冠，其中文昌鱼标本不仅供应国内各大学，还出口欧美各国。后来，厦门大学生物学系与中华文化教育基金董事会联合在厦门举行暑期生物研究会，以后又连续举行了三届，同时又在厦门联合发起成立中华海产生物学会，从事有经济价值的海洋生物研究。②

经过陈嘉庚和厦门大学广大师生的共同努力，到 20 年代后期，学校各方面都有了一定的基础，而且形成了面向华侨、面向海洋、注重实用、注重研究的办学特色。当时有人认为，能专心从事研究者，在华北有南开，在华南有厦大。当时厦门大学被誉为"南方之强"。到了 20 世纪 30 年代，厦门大学已成为全国著名的大学之一。

（三）社会与政府的认可与回报

由于厦门大学办学成绩突出，在国内外有了一定影响，加上陈嘉庚倾家兴学

---

① 厦门大学学生通则.厦门大学商科布告(1928—1929 年度).
② 王增炳，骆怀东.教育事业家陈嘉庚.北京：教育科学出版社，1989：113.

精神的影响，1927 年以后，一些爱国华侨陆续捐款资助厦门大学。1932 年至 1933 年厦门大学得到 60 多万元资助。由于厦门大学出色的办学质量，得到了国民政府的特殊照顾，当时厦门大学的声誉日隆，到 1926 年办国学院时，可以说已达顶点。当时，全中国都注视着厦门大学，国民政府每年特别拨给津贴国币九万元，这是当时中国大学所得的最高数目了。1930 年国民政府决定按月由财政部向厦大补助 5 000 元。① 1933 年 1 月 18 日，福建省政府决定，从当年 7 月起每月向厦大补助 5 000 元。② 据统计，1929—1937 年，中央与地方政府给予厦门大学的津贴与基金接近百万元。③ 1935—1936 年度，厦门大学的总经费 38 万多元，中央与地方政府给予的补助约 15 万元，约占其经费总数的 40%。见表 6-4。充足的经费使得厦门大学教师薪俸在私立大学中一直是比较高的。

表 6-4　1935—1936 学年度厦门大学经费来源

来源	经费(元)
1. 南洋捐款	122 390
2. 国民政府补助费	27 500
3. 教育部补助费	81 406
4. 福建省政府补助费	41 601
5. 厦门市政府补助附小	270
6. 中英庚款补助费	10 000
7. 中华文化基金补助	3 000
8. 洛克菲勒基金会补助	2 791
9. 学生缴费	54 651
10. 其他	39 457
合计	383 066

资料来源:厦门大学校史编委会.厦门大学校史:第一卷.厦门:厦门大学出版社,1990:121 -122.

---

① 大公报，1930 年 6 月 24 日.
② 申报，1933 年 1 月 18 日(第十二版).
③ 申报，1937 年 5 月 27 日(第十四版).

四、同济大学办学质量与教师薪俸

（一）严格教学管理

同济大学的前身是德文医学堂，德文医学堂对教师要求很严格。学堂开办之初，有些兼职教师缺乏教学经验，不认真备课，还经常迟到、早退，对这些教师，学校严加管理。德文医学堂对个别教学不认真、不负责任、不受学生欢迎的教师予以辞退。如当时的德籍教师辛德勒教学不认真，对学生毫不关心，教学方法简单粗暴，经常利用口试百般刁难学生，动辄令学生退学或降级，他教的班级被诅咒为"阎王班"。而且蓄意侮辱中国，他还要求学生蓄发留长辫子，脱下西装穿大褂。他的所作所为遭到学生强烈抵制。愤怒的学生举行罢课，加上学校对辛德勒的做法也不满，于是辞退了辛德勒。[①]

同济医工学堂（由德文医学堂改名而来）经过几年的发展，到1915年达到了德国国内医科大学的水平。学校教学实行目标管理，形成了不同于其他私立大学的教学管理特色。学校的平时教学管理及考试按照德国大学执行。平时上课不实行点名制度。学校发给每人一本小册子，每学期入学时，由校方盖上学校收讫章，然后由各科教师写上入学日期并签名，期终时同样办理。如学生对某门课缺课太多，就在附设栏内注明，主持毕业考试的教师就会引起特别注意。由于平时上课教师反复讲，一再问，讲究教学方法，所以课堂教学效率高，课后复习容易，学生一般不会任意旷课。关于考试制度，德文科各班每节课开始均进行口试，以考查学生对所讲授内容的掌握程度，以此督促学生预习和复习，以便教师有的放矢地组织好教学。每学年结束时都要组织一次笔试，以决定升留级。医预、医正两科毕业班，均只在毕业时才考试一次。医预科由各科教师分别口试，教师们评议学生能否升入医正科。那时，医正科尚无毕业论文制度，由各任课教师带领学生施诊，以此考查学生是否具有独立施诊的能力，然后在约期进行口试，由教师们评议成绩。合格者由校长最后审定，发给毕业文凭。各门课程口试

---

①翁智远.同济大学史：第一卷.上海：同济大学出版社，1987：6-7.

成绩，不计入平均分数。如考10门课，9门合格，1门不合格，必须重新温习这门课，在三个月后补考，及格后才能得到毕业证书。①

（二）注重教学方式方法改革

学校不断改革和完善教学制度。在教学方法上注重理论与实践相结合，仿照德国医科大学的教学制度，注重培养学生的研究能力。在教学中学校重视实验，医正科十分重视临床实习。在工科方面，按照德国工科大学的教学方式，学校很重视学生的工厂实习，设有模拟工厂，初进工厂的学生每周必须在工厂实习三天，教师经常在工厂中给学生讲解实验原理。教学方法上注重理论联系实际，着重培养学生的自由研究能力，崇尚务实、严谨、勤恳的学风。德籍教师授课采取演讲式，着重讲清概念、规律，启发诱导，不拘泥于书本上的讲解，也不发讲义。有些教师讲课内容善于结合个人实践经验，自由或即兴发挥之处甚多。讲课时尽量利用各科教具，包括实物、标本、挂图等。这样学生在课堂上不但能听到还能看到，有利于加深对课堂内容的理解和记忆，使课堂教学生动活泼，有较大的吸引力。学堂重视实验和实习课。要求教师对学生不但要授以书本知识，而且要教会其观察，再自己动手，做到知行合一、知行相济。医正科很重视临床实习。三年级毕业班随教师施诊，低年级学生站在周围观看、旁听。内科方面，先由教授做临床讲演，介绍有关发病原因、病史、病变的可能等，然后由学生具体了解病人的情况，提出治疗方法，由教师审核和评价。外科方面，小手术由三年级学生动手，大手术由院长做，学生轮流做副手，负责写下病人的病历及施行手术的状况。此外，妇产科、儿科等临床课程，也坚持一定的实习制度。②

从1917年3月下旬起，同济结束了德国人办学的阶段，进入了中国人办学的新的历史时期。这一时期，同济随着从医工专门学校向大学过渡，各项制度进一步建立和健全，逐步形成了本校的教学特色和严谨求实的学风。学校注重基础理论教学，陆续开设了一些在德国人办学时期尚未开设的课程，包括细菌学、生理化学、毒物学等。课程由浅入深，循序渐进。使学生扎扎实实掌握基础理论，

---

①翁智远.同济大学史:第一卷.上海:同济大学出版社,1987:5.
②翁智远.同济大学史.第一卷.上海:同济大学出版社,1987:5.

有利于加深领会和掌握各门专业课程。同时，学校特别重视实习环节，提高学生的动手动脑能力。医预科第一学年每周安排解剖学课程 6 小时，解剖实习 10 小时。第二学年，除有解剖实习外，每周还开设 6 小时的生理学课程，安排生理实习 3 小时;配合每周 2 小时的组织学课程，安排显微镜实习 2 小时;配合 2 小时化学课，安排化学实习 3 小时。医正科更强调学生的实习。每周一、三、五下午 5:30 到 7:30 为外科实习期，小手术由三年级学生承担，大手术由高年级学生充当主治医生的副手;每周二、四为内科实习时间。寒、暑假期间，经医科领导批准，学生可随从各科医生进行实习。工科学生第一学年首先要在本校工厂实习，每个工种都要学会，以便为以后各门功课的学习打下实践基础。学校对学生的实习环节要求非常严格。如机械科的学生绘制机械图，必须由草图、零件图、装配图、实体图、总体图到施工明细图，画上几百张，技艺要求也须达到德国二等或三等技工的水平，才能参加毕业考试。在放假前，工科教师为学生拟出一些实习题目。如要求土木科的学生计算某处的石桥、铁桥和钢筋水泥桥的承受力，设计某城市的自来水厂或铁路、公路等工程。……这样经过几年严格训练而培养出来的工程师，就具有精益求精、一丝不苟的作风，真正做到图画的精确，机器操作熟练，指导技工有方。[1]

　　1917 年 2 月 3 日，美国宣布同德国断绝外交关系，第二天又要求中国采取对德一致行动。1917 年 3 月 14 日，中华民国政府正式宣告与德断交。这样一来，由德国人举办的同济医工学堂的经费面临枯竭的危险，而学校师生仍想维持学校的私立性质。此时政府的态度就显得十分重要。由于同济医工学堂始终把办学质量放在首位，学校社会声誉很好。为了维持学校的发展，在此危难之际，政府伸出了援助之手。1917 年北洋政府教育部与江苏省商定，每月由国库拨给同济 11 000 元，江苏省拨给 4 000 元，共计 15 000 元的补助费。[2] 政府之所以帮助同济医工学堂渡过了难关，是因为学校有较高的办学质量和良好的社会声誉。因此，从某种意义上来说，是同济自己挽救了自己。

---

①翁智远.同济大学史:第一卷.上海:同济大学出版社，1987:28 - 29.
②翁智远.同济大学史:第一卷.上海:同济大学出版社，1987:19.

五、武昌中华大学办学质量与教师薪俸

创建于1912年的武昌中华大学，于1915年得到教育部正式认可升为大学后，学校非常重视教学质量的提高。学校很重视学科建设，逐渐发展为学科门类齐全的综合大学，其中包括中、小学部及大学部。大学部分三科：文科，设中国文学系、外国文学系、教育学系、政治学系、法律学系和附设师范专科；理科，设数学、物理、化学和附设农艺学四系；商科，设工商管理、会计、银行、经济和附设农业经济五系，在全国影响很大。

在重视学科建设的同时，中华大学还十分注重教学管理。由于严格教学管理，学校声誉极佳，深得各省信任。外省如吉林、云南、四川等的很多学子慕名而来到学校报考；山东、山西、福建、河南等都督，江西、广东、黑龙江等省教育司或提学使等函电保送学员来校学习。这种情况在当时私立大学中是少有的。1914年教育部虞铭新、程良楷来校视察，认为中华大学组织健全，教学得法，学生成绩优良，为湘鄂所罕见。严格的教学管理使学校取得了较好的成绩。1917年教育部首次举行选拔留学生考试，全国共录取几十名学生，中华大学就占了五名，在各公私立大学中名列第二，预科班学生夏维海名列第二。中华大学以优异的成绩被誉为长江各省私立大学之冠。[①]

由于突出的办学成绩，赢得了社会各界人士的广泛信任。人们纷纷向学校捐款，捐款成为中华大学最重要的经费来源。1928年、1929年、1931年、1932年、1934年，中华大学得到的社会捐款分别为135 000元（占总收入的70.7%）、258 000元（占总收入的78.1%）、300 000元（占总收入的70.4%）、244 780元（占总收入的64.3%）、126 000元（占总收入的46.7%）。[②] 同时，较高的办学质量也使中华大学不断得到政府补助。中华大学是20世纪20年代末30年代初连续多年获得政府补助的少数私立大学之一。1928年和1929年，许多私立大学，包括

①王秋来. 中华大学. 武汉：华中师范大学出版社，1993：4.
②教育部高等教育司. 全国高等教育统计. 上海：商务印书馆，1931：68，71；教育部. 二十一年度全国高等教育统计. 上海：商务印书馆，1935：131 - 132；教育部统计室. 二十三年度全国高等教育统计. 上海：商务印书馆，1936：54 - 55，132 - 133，200 - 201.

复旦大学、南开大学、厦门大学、光华大学、大夏大学等著名的私立大学没有得到政府补助的情况下，中华大学分别得到了政府 14 985 元和 15 385 元的补助；1931年、1932 年、1934 年，中华大学分别得到 31 792 元、14 580 元、41 967 元的政府补助费。①

　　经费充足致使中华大学教师薪俸较高且从不拖欠。

_____

①教育部高等教育司.全国高等教育统计.上海:商务印书馆，1931:68、71;教育部.二十一年度
　全国高等教育统计.上海:商务印书馆，1935:57－58，131－132;教育部统计室.二十三年度
　全国高等教育统计.上海:商务印书馆，1936:54－55，132－133，200－201.

参考文献

[1]教育杂志[J](1909—1948).

[2]中华教育界[J](1912—1950).

[3]教育部总务厅文书科.中华民国第四次教育统计图表(1915,8—1916,7)[M].出版地、出版者不详.

[4]贾士毅.民国财政史[M](上下册).北京:商务印书馆,1917.

[5]新教育共进社等.新教育[J](1919—1925).

[6]教育部总务厅文书科.教育部文牍汇编[M].出版者不详,1921.

[7]中华教育改进社.中国教育统计概览[M].上海:上海商务印书馆,1923.

[8]舒新城.民国十四年中国教育指南[M].上海:上海商务印书馆,1926.

[9]舒新城.民国十五年中国教育指南[M].上海:上海商务印书馆,1926.

[10]舒新城.近代中国教育史料[M].上海:上海中华出版,1928.

[11]中华民国大学院.全国教育会议报告[C].上海:上海商务印书馆,1928.

[12]教育部高等教育司.全国高等教育统计[M].上海:上海商务印书馆,1931.

[13]庆俞、贺圣鼎.最近三十五年之中国教育[M].上海:上海商务印书馆,1931.

[14]贾士毅.民国续财政史[M](1~7册).北京:商务印书馆,1932—1934.

[15]教育部.十九年度全国教育统计简编[M].出版者不详,1934.

[16]教育编译馆.教育参考资料选辑[M]第一集——第七集.出版者不详,1934—1935

[17]私立焦作工学院一览[M].出版地、出版者不详,1934、1936.

[18]丁致聘.中国近七十年来教育记事[M].南京:南京国立编译馆,1935.

[19]教育部统计室.二十一年度全国高等教育统计[M].北京:商务印书馆,1935.

[20]民国财政部.财政年鉴[M](上下册).北京:商务印书馆,1935.

[21]邰爽秋等.教育经费问题[M](教育参考资料选辑单行本).上海:上海编译馆,1935.

[22]舒新城.近代中国教育史稿选存[M].上海:上海中华出版,1936.

[23]教育部高等教育司.二十三年度全国高等教育统计[M].北京:商务印书馆,1936

[24]吴树滋.教育法令大全[M].上海:上海世界书局,1937.

[25]中国教育研究社.现行教育行政法令规章大全[M].上海:上海新陆书局,1937

[26]商务印书馆编译所.中华民国教育新法令[M].上海:上海商务,1937.

[27]教育部.教育部令汇编:中华民国元年份[M].教育部总务厅文书科印,1937.

[28]教育部参事室.教育法令汇编[M].教育部秘书处公报室印,1937.

［29］教育部高等教育司.高等教育法令汇编［M］.出版地、出版者不详，1938.

［30］潭宪澄.地方财政［M］.上海：商务印书馆，1939.

［31］教育部统计室.中华民国二十九年度第二学期全国教育统计［M］.出版者不详，1942.

［32］第二次教育部教育年鉴编撰委员会.中国教育年鉴［M］.上海：上海商务印书馆，1948.

［33］大同大学校史［M］.上海教育科学研究院藏，1951.

［34］朱寿朋.光绪朝东华录［M］.北京：中华书局，1958.

［35］王增炳，余刚.陈嘉庚兴学记［M］.福州：福建教育出版社，1981.

［36］杨格.1927—1937年中国财政经济情况［M］.中国社会科学院，1981.

［37］学府纪闻：私立大厦大学［M］.南京：南京出版有限公司，1982.

［38］学府纪闻：私立中国公学［M］.南京：南京出版有限公司，1982.

［39］陈景磐.中国近代教育史［M］.北京：人民教育出版社，1983.

［40］陈学恂.中国近代教育文选［M］.北京：人民教育出版社，1983.

［41］熊明安.中国高等教育史［M］.重庆：重庆出版社，1983.

［42］中国人民政治协商会议广东省广州市委员会文史资料研究委员会.广州近百年教育史料［M］.广州：广东人民出版社，1983.

［43］朱有瓛.中国近代学制史料第1辑［M］（上册）.上海：华东师范大学出版社，1983.

［44］孙华旭.辽宁高等学校沿革［M］.沈阳：辽宁人民出版社，1984.

［45］全国政协文史资料研究委员会.陈嘉庚［M］.北京：文史资料出版社，1984.

［46］复旦大学校史编写组.复旦大学志第一卷（1905—1949）［M］.上海：复旦大学出版社，1985.

［47］杨荫溥.民国财政史［M］.北京：中国财政经济出版社，1985.

［48］贾士毅.民国初年的几任财政总长［M］.台北：台北传记文学出版社，1985.

［49］朱斯煌.民国经济史［M］.台北：台北文海，1985.

［50］南开大学校长办公室.张伯苓纪念文集［M］.天津：南开大学出版社，1986.

［51］朱有瓛.中国近代学制史料第1辑［M］（下册）.上海：华东师范大学出版社，1986.

［52］朱有瓛.中国近代学制史料第2辑［M］（上册）.上海：华东师范大学出版社，1987.

［53］高等财经院校试用教材编写组.中国财政史［M］.北京：中国财政经济出版社，1987.

[54]毛礼锐，沈灌群.中国教育通史[M]（四、五卷）.济南:山东教育出版社，1988.

[55]黄宗实，郑文贞.厦门大学校史资料第二辑（1937—1949）[M].厦门:厦门大学出版社，1988.

[56]南开大学校史编写组.南开大学校史[M].天津:南开大学出版社，1989.

[57]王文俊等.南开大学校史资料选[M].天津:南开大学出版社，1989.

[58]王增丙等.教育事业家陈嘉庚[M].北京:教育科学出版社，1989.

[59]吴家莹.中华民国教育政策发展史（1905—1940）[M].台北:五南图书出版公司，1990.

[60]熊明安.中华民国教育史[M].重庆:重庆出版社，1990.

[61]宋恩荣，章咸.中华民国教育法规选编[M].南京:江苏教育出版社，1990.

[62]陈能治.战前十年中国的大学教育（1927—1937）[M].台北:商务印书馆，1990.

[63]宋恩荣等.中华民国教育法规选编[M].南京:江苏教育出版社，1990.

[64]中国第二历史档案馆.中华民国史档案资料汇编.第三辑.教育（一）[M].南京:江苏古籍出版社，1991.

[65]魏贻道.民办高等教育研究[M].厦门:厦门大学出版社，1991.

[66]喻本伐，熊贤君.中国教育发展史[M].武汉:华中师范大学出版社，1991.

[67]陈振汇.简明中国近代史[M].天津:天津人民出版社，1991.

[68]中国第二历史档案馆.中华民国史档案资料汇编.第三辑.财政（一）[M].南京:江苏古籍出版社，1991.

[69]忻福良.上海高等学校的沿革[M].上海:同济大学出版社，1992.

[70]吴惠龄.北京高等教育史料[M].北京:北京师范大学出版社，1992.

[71]黄逸平.近代中国经济变迁[M].上海:上海人民出版社，1992.

[72]王秋来等.中华大学[M].武汉:华中师范大学出版社，1993.

[73]曲士培.中国大学教育发展史[M].太原:山西教育出版社，1993.

[74]潘懋元，刘海峰.中国近代教育史资料汇编.高等教育[M].上海:上海教育出版社，1993.

[75]（美）费正清.剑桥中华民国史（上下卷）[M].北京:中国社会科学出版社，1993.

[76]中国第二历史档案馆.中华民国史档案资料汇编.第五辑.教育（一）[M].南京:江苏古籍出版社，1994.

[77]张志义.私立、民办学校的理论与实践[M].北京:中国工人出版社，1994.

[78]郑登云.中国高等教育史(上)[M].上海:华东师范大学出版社,1994.

[79]申晓云.动荡转型中的民国教育[M].郑州:河南人民出版社,1994.

[80]田正平.中国教育思想通史.第六卷[M].长沙:湖南教育出版社,1994.

[81]董宝良.中国教育思想通史.第七卷[M].长沙:湖南教育出版社,1994.

[82]王炳照.简明中国教育史[M].北京:北京师范大学出版社,1994.

[83]梁吉生.张伯苓教育思想研究[M].沈阳:辽宁教育出版社,1994.

[84]周川,黄旭.百年之功—中国近代大学校长的教育家精神[M].福州:福建教育出版社,1994.

[85]大厦大学建校七十周年纪念[M].上海:华东师范大学出版社,1994.

[86]中国第二历史档案馆.中华民国史档案资料汇编:第五辑.教育[M].南京:江苏古籍出版社,1994.

[87]中国第二历史档案馆.中华民国史档案资料汇编:第五辑.财政经济(一)[M].南京:江苏古籍出版社,1994.

[88]梁吉生.张伯苓与南开大学[M].太原:山西教育出版社,1995.

[89]光华的足迹——光华大学建校七十周年纪念[M].上海:华东师范大学出版社,1995.

[90]中法大学史料编写组.中法大学史料[M].北京:北京理工大学出版社,1995.

[91]靳希斌.从滞后到超前——20世纪人力资本学说·教育经济学[M].济南:山东教育出版社,1995.

[92]王善迈.教育投入与产出研究[M].石家庄:河北教育出版社,1996.

[93]田正平,商丽浩.中国高等教育百年史论[M].北京:人民教育出版社,2006.

[94]孙培青.中国教育管理史[M].北京:人民教育出版社,1996.

[95]何国华.民国时期的教育[M].广州:广东人民出版社,1996.

[96]朱国仁.西学东渐与中国高等教育近代化[M].厦门:厦门大学出版社,1996.

[97]财政部财政科学研究所,中国第二历史档案馆.国民政府财政金融税收档案史料[M].北京:中国财政经济出版社,1997.

[98]李兴华.民国教育史[M].上海:上海教育出版社,1997.

[99]吴霓,胡艳.中国古代私学与近代私立学校研究[M].济南:山东教育出版社,1997.

[100]涂又光.中国高等教育史论[M].武汉:湖北教育出版社,1997.

[101]杜成宪.中国教育史学九十年[M].上海:华东师范大学出版社,1998.

[102](美)费正清.剑桥中华民国史(1912—1949)[M].北京:中国社会科学出版社,1998.

[103]章开沅.社会转型与教会大学[M].武汉:湖北教育出版社,1998.

[104]北京大学等.国立西南联合大学史料(1~6)[M].昆明:云南教育出版社,1998.

[105]陈宴清.当代中国社会转型论[M].太原:山西教育出版社,1998.

[106]俞启定.中国教育简史[M].北京:中央广播电视大学出版社,1999.

[107]霍益萍.近代中国的高等教育[M].上海:华东师范大学出版社,1999.

[108]中国矿业大学校史编写组.中国矿大九十年[M].徐州:中国矿业大学出版社,1999.

[109]吴忠魁.私立学校比较研究——与国家关系角度的分析[M].北京:北京师范大学出版社,1999.

[110]华银投资工作室.思想者的产业——张伯苓与南开新私学传统[M].海口:海南出版社,1999.

[111]金以林.近代中国大学研究[M].北京:中央文献出版社,2000.

[112]宋荐之.中国近世通鉴·教育专卷[M].北京:中国广播电视出版社,2000.

[113]刘玉梅.近代教师群体研究[M].北京:人民出版社,2016.

[114]李建兴.百年教育回眸[M].北京:中国经济出版社,2000.

[115]刘世军.近代中国政治文明转型研究[M].上海:复旦大学出版社,2000.

[116]刘莉莉.中国民办高等教育发展的现状与展望[D].华中科技大学高教所博士学位论文,2000.

[117]秦国柱.私立大学之梦[M].厦门:鹭江出版社,2000.

[118]刘兆伟.东北高等教育史[M].大连:辽宁大学出版社,2000.

[119]全国人大教科文卫委员会教育室·香港大学中国教育研究中心.民办教育研究与立法探索[M].广州:广东高等教育出版社,2001.

[120]张惠芬,金忠明.中国教育简史[M].上海:华东师范大学出版社,2001.

[121]陈桂生.中国民办教育问题[M].北京:教育科学出版社,2001.

[122]别必亮.承传与创新——近代华侨教育研究[M].石家庄:河北教育出版社,2001.

[123]阎广芬.经商与办学——近代商人教育研究[M].石家庄:河北教育出版社,2001.

[124]商丽浩.政府与社会——近代公共教育经费配置研究[M].石家庄:河北教育出版社,2001.

[125]王炳照.中国私学·私立学校·民办教育研究[M].济南:山东教育出版社,2002.

[126]张辉荣.广东高等教育发展史[M].广州:广东高等教育出版社,2002.

[127]许美德.中国大学(1895-1995)[M].北京:教育科学出版社,2002.

[128]潘懋元.中国高等教育百年[M].广州:广东高等教育出版社,2003.

[129]张博树,王桂兰.重建中国私立大学:理念、现实与前景[M].北京:教育科学
　　出版社,2003.

[130]金忠明.中国民办教育史[M].北京:中国社会科学出版社,2003.

[131]宋秋蓉.近代中国私立大学研究[M].天津:天津人民出版社,2003.

[132]陈科美.上海近代教育史(1843—1949)[M].上海:上海教育出版社,2003.

[133]谢安邦,曲艺.外国私立教育[M].北京:中国社会科学出版社,2003.

[134]袁振国,周彬.中国民办教育政策分析[M].北京:中国社会科学出版社,
　　2003.

[135]金忠明.中国民办教育史[M].北京:中国社会科学出版社,2003.

[136]私立武昌中华大学校史组.中华大学[M].武汉:华中师范大学出版社,
　　2003.

[137]李冬君.中国私学百年祭[M].天津:南开大学出版社,2004.

[138]杨昂.学风、世风与民国法学:朝阳大学研究(1912—1946)[D].博士论文,
　　2005.

[139]邓小林.民国时期国立大学教师聘任之研究[D].四川大学博士学位论文,
　　2005.

[140]陈育红.战前十年中国教师薪俸研究[D].中国社会科学院硕士学位论文,
　　2005.

[141]陈育红.民国时期国立大学教授薪俸研究(1912—1945)[D].博士学位论文,
　　2011.

[142]张明武.经济独立与生活变迁——民国时期武汉教师薪俸及其生活状况研究
　　[M].武汉:华中科技大学出版社,2012.